经济管理国家级实验教学示范中心（嘉兴学院）
经管类专业系列实验教学指导书

市场营销专业实验（实训）指导书

◎ 翁胜斌 章璇 主编

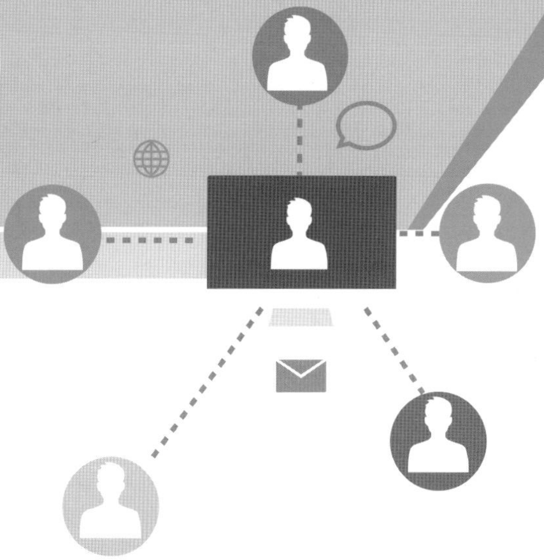

FE 东北财经大学出版社 Dongbei University of Finance & Economics Press | 大连

图书在版编目（CIP）数据

市场营销专业实验（实训）指导书 / 翁胜斌，章璇主编．—大连：东北财经大学出版社，2021.5

（经管类专业系列实验教学指导书）

ISBN 978-7-5654-4136-3

Ⅰ．市…　Ⅱ．①翁…②章…　Ⅲ．市场营销学-高等学校-教学参考资料
Ⅳ．F713.50

中国版本图书馆CIP数据核字（2021）第031904号

东北财经大学出版社出版

（大连市黑石礁尖山街217号　邮政编码　116025）

网　　址：http：//www.dufep.cn

读者信箱：dufep@dufe.edu.cn

大连永发彩色广告印刷有限公司印刷　东北财经大学出版社发行

幅面尺寸：185mm×260mm　字数：365千字　印张：15.5　插页：1

2021年5月第1版　2021年5月第1次印刷

责任编辑：王　莹　孔利利　责任校对：晓　媛

封面设计：原　皓　版式设计：原　皓

定价：45.00元

教学支持　售后服务　联系电话：（0411）84710309

如有印装质量问题，请联系营销部：（0411）84710711

经济管理国家级实验教学示范中心（嘉兴学院）
经管类专业系列实验教学指导书
编委会

前言

为适应未来社会发展对人才的需求以及营销专业特点，营销人才的培养必须从“专业型”向“复合型”转变，必须把专业素养和能力培养放在更加突出的位置。我们希望让学生认识到，营销不是一种与特定职业完全对应的技能，而是一种在市场经济环境下必不可缺的专业素养和综合能力，专业素养体现在面对市场问题的敏锐洞察能力和独特的系统思维方式，这种能力和思维方式为每一个学习营销的学生都印上了“营销”的印记。正因如此，本书努力倡导和践行以专业素养为基础、以能力培养为核心、以专业技能培养为支撑的营销人才培养理念。

嘉兴学院市场营销专业有悠久的办学历史，2004年开始又招收营销本科专业，是嘉兴学院重点建设专业和特色专业。本专业奉行“素质养成+能力培养+技能训练”的营销人才培养理念，依托嘉兴学院经济管理国家级实验教学示范中心良好的实践教学环境和丰富的实践教学资源，在营销人才的实践教学方面形成一定的特色。“市场营销人才培养实验区”“产教融合基地建设”“校内外双导师制”“实例实做”等一系列实践教学探索取得了较好的成效。在未来的人才培养中，将进一步加大实践教学的比例，在“2018版人才培养方案”中，专业实践教学的课时比达到了25%，让学生“在做中学，在学中悟”，使学生真正成为素养高、能力强、会做事的营销人才。

根据营销专业的人才培养理念，为了突出营销人才素质训练，本书将营销职业素养模块放在第二章。第三章到第七章分别为市场策划能力培养模块、销售能力培养模块、客户服务能力培养模块、数字营销能力培养模块、营销综合能力培养模块共50个实验（实训）训练项目，能全面支撑“市场营销学”“市场调查与预测”“客户关系管理”“市场营销策划”“营销渠道”“网络营销”“销售管理”“推销学”“品牌管理”“营销工程”“战略营销沙盘”等营销专业主干课程开展实验（实训）的要求。

本书在编写过程中努力打造三个特色：一是注重专业素质的养成，从一般职业素养到专业素养编制了大量实训项目，如时间管理、金字塔原理、创新思维训练等都是商务职场上必须掌握的；二是提供了大量的“延伸阅读”材料，这些阅读材料包括案例、方案模板、理论模型等，让学生在项目实训的过程中进一步拓宽理论知识，掌握应用技能，相应地，实验实训难度也有所提高，以符合教育部对“金课”的要求；三是特别增加了数字营销的内容，把自媒体工具的应用以及微信营销、微博营销、抖音营销、搜索引擎营销等新的工具、方法吸收进来，更加贴近当前营销课程的需要，让学生实现“所练即有所用”的效果。

本书由翁胜斌博士和章璇博士担任主编，李勇教授、杨国勇教授、程利仲教授担任顾问，刘志成教授、刘相国教授、钱大可博士、方芳副教授、周国生副教授、苏海林博士、栾斌博士、安娜博士参与编写。此外，本书还参考借鉴并引用了国内一些专家、同仁刊登在营销书籍、杂志、互联网平台上的优秀案例、文章、观点，在此一并表示最诚挚的感谢。

我们尚处在理论与实践的学习和探索中，水平和视野较为有限，偏颇、疏漏甚至错误在所难免，恳请专家学者对本书的瑕疵之处不吝赐教，以便我们进行修订，更好地服务于中国营销人才的培养。作者邮箱：weng@zjxu.edu.cn。

翁胜斌

2020年12月

目录

第一章

概述

第一节　专业实践教学指导概要

市场营销专业是应用性和实践性很强的专业，从1992年列入教育部《普通高等学校本科专业目录》开始在全国招生，继综合大学、财经类院校率先开设后，基于这一专业的社会需求，很多理工类院校、医学类院校、农林类院校及各类专业院校也纷纷开设这一专业。截至2010年6月，全国开设这一专业的院校已达680所。随着专业招生规模的快速扩展，专业人才培养也与时俱进。在教学型本科院校中，市场营销专业人才培养目标与定位逐渐从“应用型”人才向更高要求的“复合型、创新型”应用人才培养转变。例如嘉兴学院市场营销专业的培养目标定位是培养掌握管理学、经济学等现代科学基本理论和基本知识，以及系统的市场营销专业知识，能够满足社会多元化需求，适应21世纪社会主义市场经济建设和社会发展需要，具备较高政治素养、良好道德修养，具有一定的策划、协调、组织和决策能力，基础扎实、知识面宽，有较强学习能力和创新创业精神的“应用型、复合型”市场营销管理高级人才。

专业人才培养目标与定位的实现要以专业教学体系为依托。专业教学一般按教学性质可分为理论教学体系与实践教学体系。随着市场营销专业人才培养目标与定位的变化，专业实践教学越来越凸显其重要性。与之相应的是，专业实践教学改革也向内容规范化、形式多元化的方向发展。目前，市场营销专业的实践教学体系一般由依托理论课程体系的课程实践环节与较为独立的实习实践活动环节构成，在教学内容上根据理论教学体系的设置强化课程理论在实践中的应用，在教学形式上主要有案例教学、实验验证、仿真实训、设计实训、实习等几种形式。与市场营销专业实践教学相关的培训教材或实践指导教材其主要形式为针对某一特定课程的系列实践内容培训或指导，这一形式为课程实践教学活动的开发提供了大量的参考内容。然而，对于专业实践教学体系的构建而言，却存在着难以进行规范化、系列化整合的缺点。为此，本书尝试从分解市场营销专业人才能力的基础上，制定规范化、系列化的实践指导内容，从而为市场营销专业实践教学建设目标的总体把握与体系配置提供支撑与参考。

本书以市场营销专业人才能力培养方向为不同主线，并在各个主线下设计了相应的系列化实验、实训项目以形成能力培养支撑。为体现能力培养的整合效果，本书还设计了能力综合应用创新的综合性实验、实训项目。

本书的一些约定：

1.实践项目依据实践性质主要分为实验项目与实训项目，实验项目主要是指以验证为主要目的的实践内容，实训项目则以应用、创新为实践目的。

2.为方便进行教学计划配置，大部分实验项目、实训项目学时为2学时，其他一些项目为4学时。

3.本书的每章以能力培养方向为主线，各节则按不同主题设计了相应的实验项目、实训项目。各子项目的选做/必做要求仅为参考，可由指导教师根据实践教学需要进行安排。

第二节　专业素养和能力培养框架

本书将市场营销专业素养和能力培养方向确定为四个方面：基础素质与基本能力、基础应用能力、营销基础能力、营销专业能力，并对四个方面的能力和素质进一步细分，分化到具体的能力指标，形成了营销专业人才的能力树，继而通过相应的课程、实践来实现相应的能力培养（见表1-1）。本书着重体现了“点、线、面”教学理念的实践教学架构设置：以实验、实训主题及其子项目为“点”，强化学生对营销理论特定知识点的把握及应用能力训练；多个主题合成能力培养的“线”，并在每个能力方向下增设了基于“线”的综合训练项目；在“线”的基础上，开发了综合型实验项目、实训项目以加强对各种能力综合下的应用与创新。

表1-1　　市场营销专业人才能力和素质分解表

知识/能力/素质			实现途径
基础素质与基本能力	具有良好的职业道德和开拓创新精神；健康的身心素质	热爱祖国，树立正确的世界观和人生观	思政、形势与政策、大学生心理健康教育
		掌握市场经济基本知识	政治经济学、微观经济学、宏观经济学
		责任心、事业心、法治观念	思想道德修养与法律基础，大学生职业规划与就业指导
		审美观	人文艺术类通识课
		掌握科学锻炼身体、保养身体的基本技能	体育（Ⅰ-Ⅳ），体能测试、健康与生活类通识课
	学习能力、逻辑思考能力	掌握合理的学习方法，掌握判断事物的逻辑思考方法	高等数学（B1-B2），线性代数A，概率统计A
基础应用能力	信息技术应用能力	计算机硬件结构的了解、操作系统的使用、常用办公软件的使用、数据库系统使用、网络基础知识、浏览器的使用、邮件使用	现代信息技术导论，大学计算机B，Access数据库系统，photoshop应用与设计
	复合型知识应用能力	掌握特定行业产品知识，了解特定行业领域的营销特点	自然科学类、社会科学类通识课程、产业概论、商品学
	外语应用能力	英语阅读、听说及笔译能力	大学外语（Ⅰ-ⅢⅠ），大学外语综合、口语实训
营销基础能力	营销基础知识	掌握营销基本原理、方法的能力	市场营销学、商品学、服务营销、营销渠道及物流管理、消费者行为学、“互联网+”营销基础
	管理知识学习与应用能力	掌握管理类专业必需的专业知识能力及相应的应用能力	管理学，会计学，统计学，财务管理
	管理技术应用能力	应用管理技术与工具进行营销分析、设计、策划能力	营销工程，Access数据库系统、统计学
	协作、沟通能力	企业内外部公共关系协调与沟通、商务谈判	商务沟通、礼仪与公关、演讲与口才

续表

知识/能力/素质			实现途径
营销专业能力	市场分析能力	独立进行市场调查、分析及预测的能力、应用调研工具、调研方法的能力，调研策划能力	市场营销学，市场调查与预测，消费者行为学，统计学、营销工程，“互联网+”市场调研应用实训
	销售及销售管理能力	市场推广与行销的执行能力、制订销售管理与营销策略计划的能力、组织能力	销售管理，推销与新零售，“互联网+”营销管理实训
	客户管理能力	了解客户心理与把握客户需求的能力、发展与维系客户的能力	商务沟通，电子商务客户关系管理，电子商务客户关系管理实训、阿里系列企业微课
	营销策划能力	制定企业经营战略和竞争策略计划的能力、进行企业策略制定的总体规划能力	广告与新媒体，“互联网+”品牌营销，“互联网+”市场营销策划、定价战略与战术
	“互联网+”营销能力	进行“互联网+”营销管理，分析与策划的能力	“互联网+”营销基础、营销工程、“互联网+”营销管理实训、“互联网+”营销策划综合实训
	综合应用及创新创业能力	分析研究特定项目或案例的能力，结合社会实践、毕业实习进行毕业设计的能力	战略营销沙盘运营，创业基础，“互联网+”与大学生创新创业，毕业设计(论文)、课外学分

第二章

营销职业素养模块

第一节　营销职业测评

项目一　16PF个性测验

一、实验目的

1.掌握人格的定义，认识人格对工作绩效和方式的影响；

2.掌握16PF的理论基础，知道16PF的优点，了解每个维度；

3.借助标准化测试，了解自己的个性特点；

4.在相关的人力资源管理环节中运用16PF测验。

二、实验要求

（一）软硬件要求

北森人力资源测评教学系统NETV3.0、学生上机进入前台模块。系统所需软件环境为Microsoft Windows 2003 or Microsoft Windows 2000，并安装IIS Microsoft SQL Server2000。

（二）实训描述

本测验包括一些有关个人性格与态度的问题，所有问题都取自人们的日常生活，测验者的回答只是表明其通常是如何看待和处理事务的。每个人都有自己的看法，对问题的回答自然不同，所有的问题都无对错之分，更无好坏之分。请试着尽量按照自己真实的情况作答。

作答的时候，请注意以下四点：

1.请不要费时斟酌，顺其自然地按照个人的第一反应作答。通常每分钟可以做5～6题，全部问题应在35分钟之内完成。

2.除非在万不得已的情况下，尽量避免选择如“介于A与C之间”或者“不确定”这样的答案。

3.作答的时候，请坦白表达自己的态度、兴趣、性格，不必顾忌他人的意见或者立场。

4.请不要遗漏任何问题，对每个问题都必须作答。

三、实验步骤

学生实践任务概述：本项目要求学生以个人为单位，应用北森人力资源测评系统进行个性测验。在实验过程中，学生应充分应用系统的操作流程完成测评，熟悉并掌握16PF人格测验所包含的个性特质与测评基本原理。测评完成后形成实验报告并提交。

1.在前台页面用自己注册的邮箱和密码进行登录（如图2-1所示）。

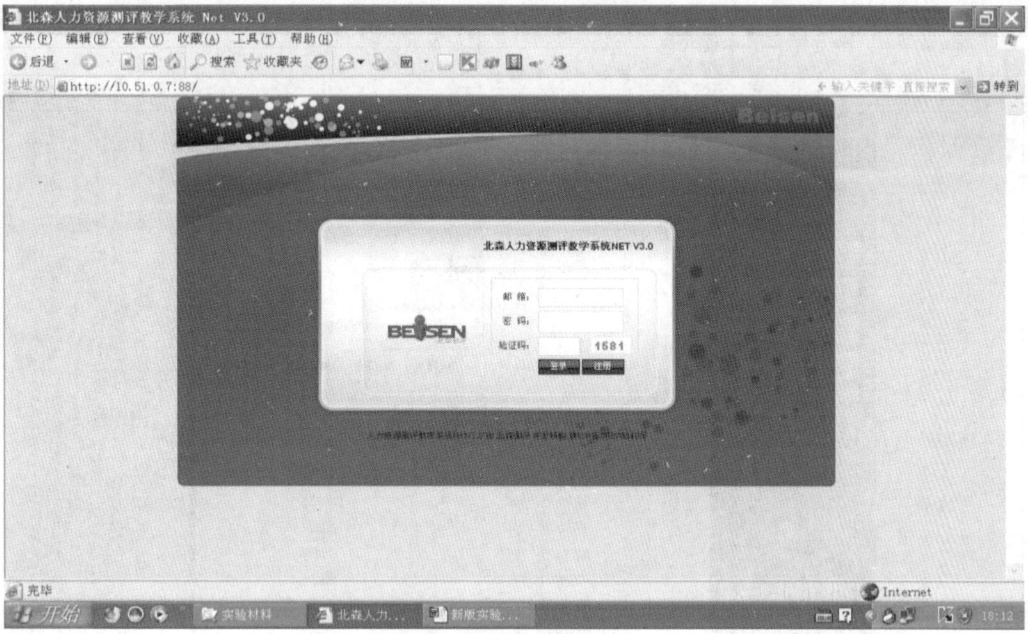

图2-1　学生登录页面

2.登录后，进入“测验列表”页面后输入教师分配的序列号（如图2-2所示），出现教师在建立测评活动时选择的测验列表（如图2-3所示）。

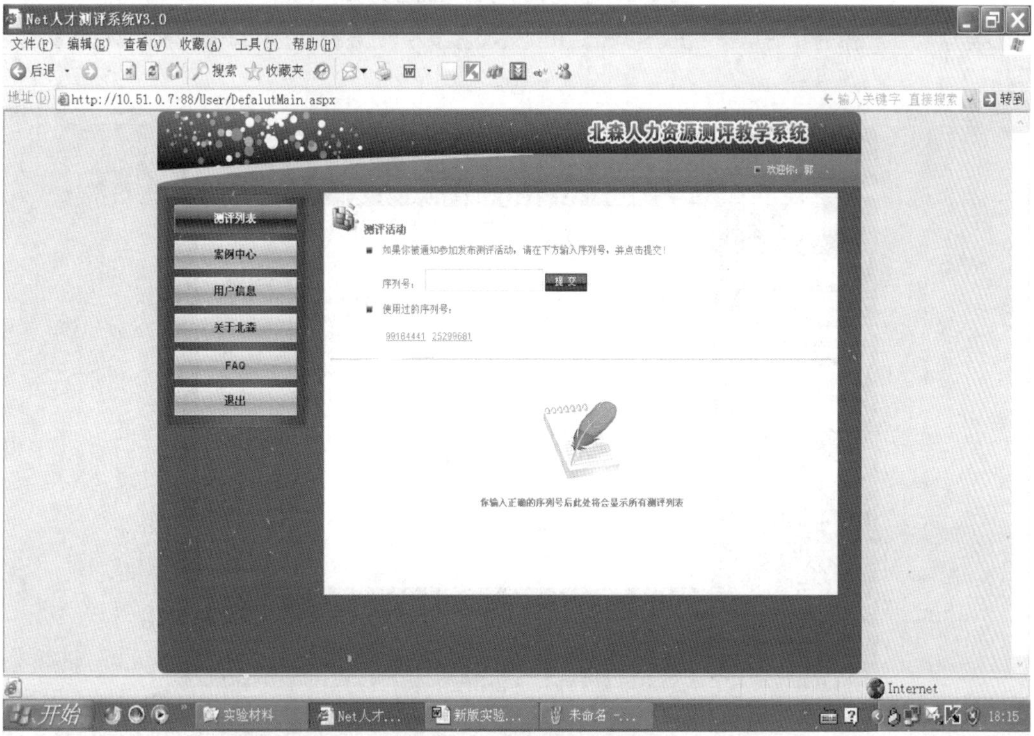

图2-2　学生输入序列号

3.在“测验列表”页面点击“北森16PF人格测验”后的“开始测评”，进入测验页面，阅读完指导语后，点击“进入测评”，即开始做测验（如图2-4所示）。

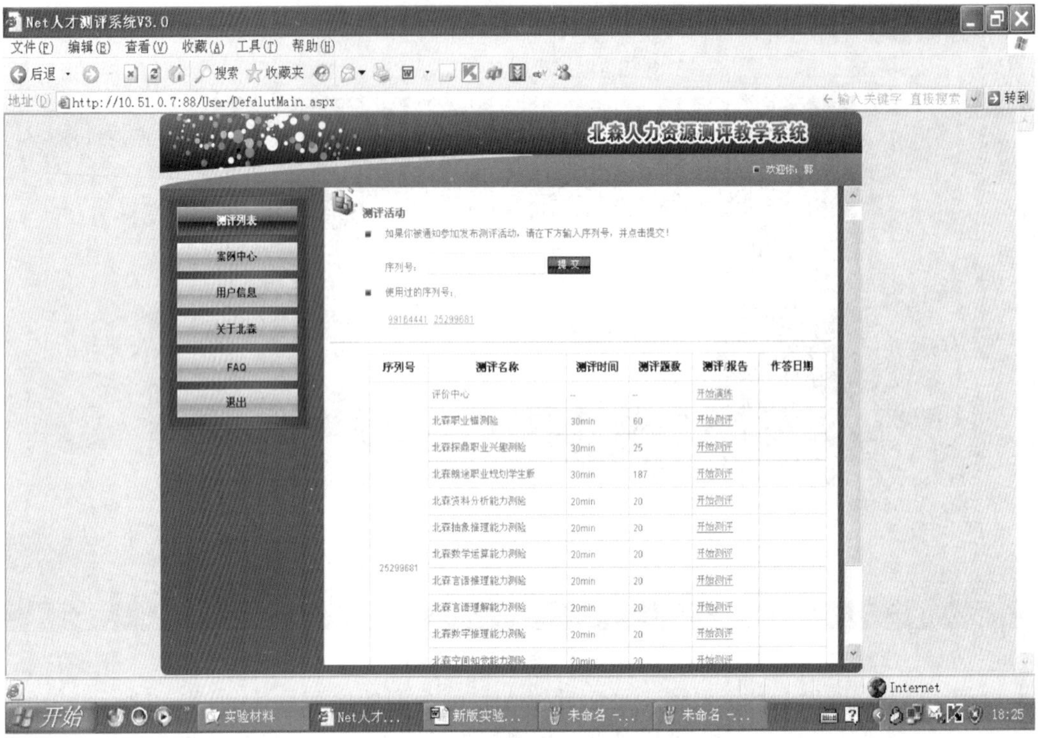

图 2-3　输入序列号出现测验列表

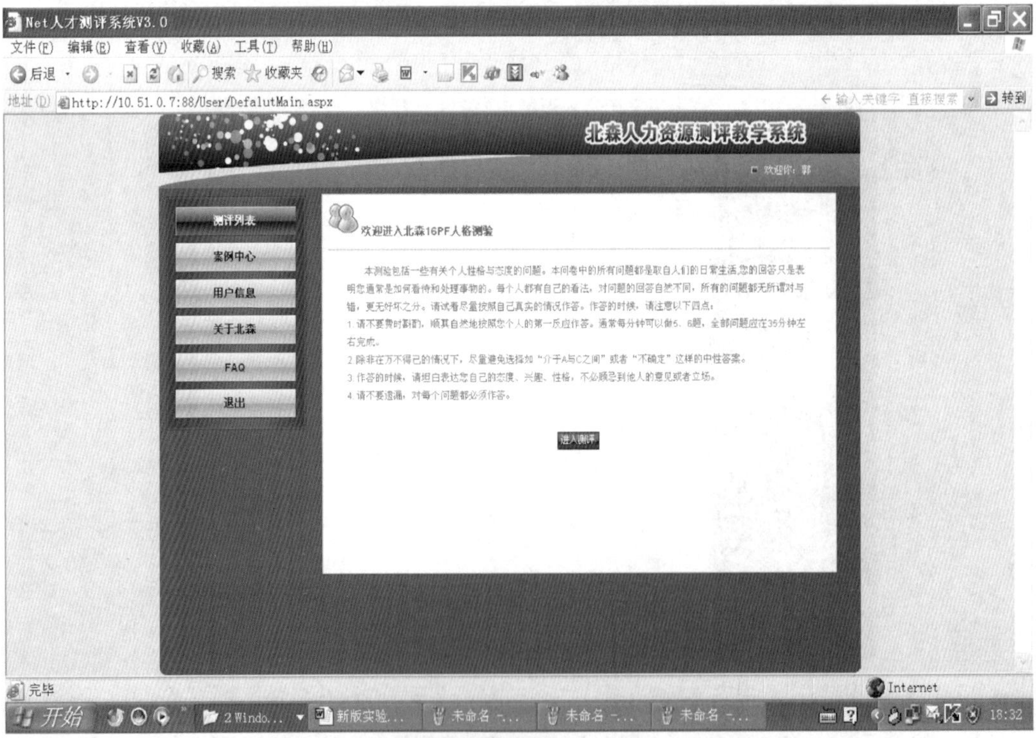

图 2-4　学生做测验

4.做完测评，点击“提交完成”，完成测验（如图 2-5 所示）。

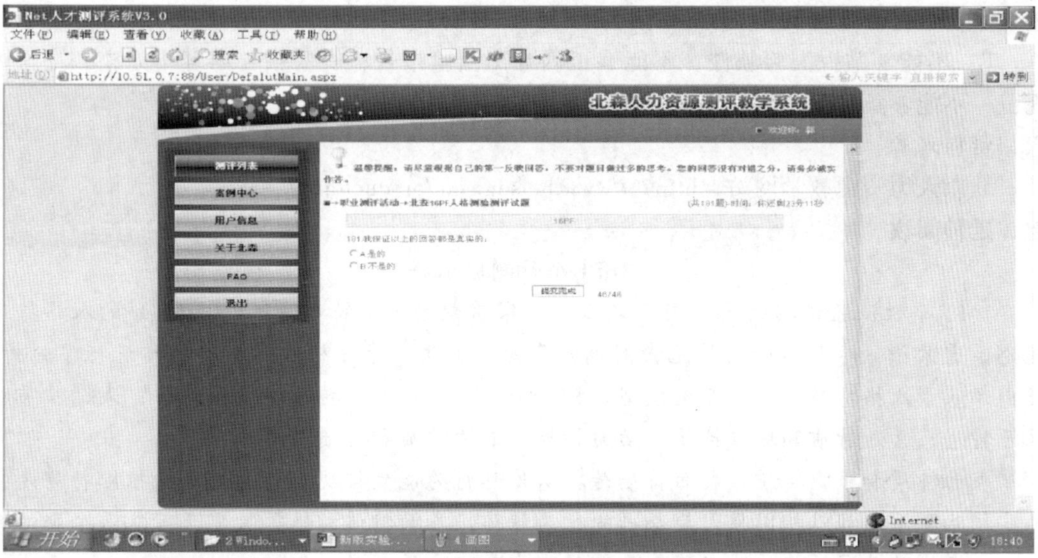

图2-5　学生做完测验

5.完成测验后，点击“查看报告”，查看测验报告（如图2-6所示）。

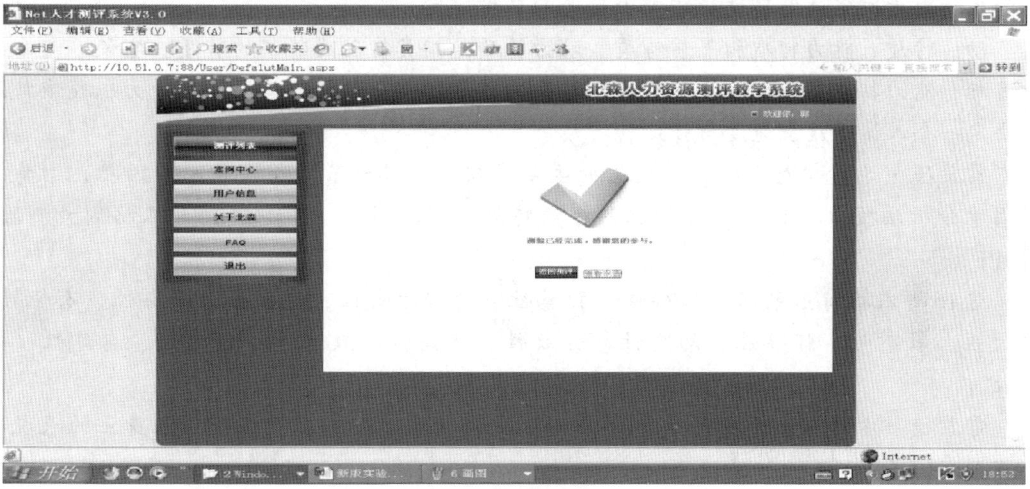

图2-6　学生查看测验报告

四、实验成果

实训成果以打印的实验报告为准。理解测验报告，总结实验过程，完成实验报告。

五、实验评价

本实验采用五级评分制

A：能够熟练掌握测验软件，正确导出测验报告；实验报告内容完整、书写规范，能够正确理解实训成果。

B：能够熟练掌握测验软件，正确导出测验报告；实验报告内容完整、书写比较规范，能够基本理解实训成果。

C：能够熟练掌握测验软件，正确导出测验报告；实验报告内容基本完整、书写基本规范，能够基本理解实训成果。

D：能够掌握测验软件，正确导出测验报告；实验报告内容基本完整、书写规范性较差，不能够完全理解实验。

E：不能够掌握测验软件，不能够正确导出测验报告；实验报告内容不完整、书写不规范，不能够正确理解实训成果。

六、资料来源

北森人力资源教学网站，http：//www.beisen.com/product/hrts/.

七、延伸阅读

16PF个性测验依据

16PF个性测验依据的是美国著名心理学家雷蒙德·卡特尔（R.B.Cattell）的人格特质理论。雷蒙德·卡特尔受化学元素周期表的启发，用因素分析法对人格特质进行了分析，提出了基于人格特质的一个理论模型。模型分成四层：个别特质和共同特质；表面特质和根源特质；素质特质和环境特质；动力特质、能力特质和气质特质。

表面特质和根源特质。表面特质是指从外部行为能直接观察到的特质；根源特质是指那些相互联系而且以相同原因为基础的行为特质。表面特质和根源特质既可能是个别的特质，又可能是共同的特质。它们是人格层次中最重要的一层。

素质特质和环境特质。根源特质可以再分为素质特质和环境特质两类。素质特质由先天的生物因素决定；而环境特质则由后天的环境决定。

动力特质、能力特质和气质特质。动力特质是指具有动力特征的特质，它使人趋向某一目标；能力特质是表现在知觉和运动方面的差异特质，包括流体和晶体能力；气质特质是决定一个人情绪反应速度与强度的特质。

雷蒙德·卡特尔对人格特质理论的主要贡献在于提出了根源特质。1949年，卡特尔用因素分析法提出了16种相互独立的根源特质，并编制了《卡特尔16种人格因素测验》（16PF）。

这16种人格特质包括：乐群性、聪慧性、情绪稳定性、恃强性、兴奋性、有恒性、敢为性、敏感性、怀疑性、幻想性、世故性、忧虑性、激进性、独立性、自律性、紧张性。

雷蒙德·卡特尔认为在每个人身上都具备这16种特质，只是在不同人身上的表现存在程度上的差异。

雷蒙德·卡特尔是在英国成长的美国伊利诺大学心理学教授，是用因素分析法研究人格特质的著名代表。他同意高尔顿·威拉德·奥尔波特的看法，认为人格有共同特质和个别特质，但认为奥尔波特列举的特质太多、太繁，于是把1万多个形容人格特质的词归类为171个，然后用统计方法归并为35个特质群，雷蒙德·卡特尔称之表面特质。表面特质是可直接观察的个体行为的外在表现，不是人格的本质。为探究人格的基本特质，雷蒙德·卡特尔运用因素分析法对35个表面特质进一步加以分析，获得16个根源特质。表面特质和根源特质是有层次的，前者是表面的，可直接观察的，后者是内蕴的、本质的、隐藏在表面特质后面和人格结构的内层，只能通过表面特质去推知和发现，为此雷蒙德·卡特尔设计了一种16项人格因素问卷（16PF），用以测量16个根源特质。

项目二　职业发展测验

一、实验目的

1.理解职业发展与规划的相关理论；

2.借助标准化测试，了解影响自己职业发展的因素；

3.在相关的人力资源管理环节中运用职业发展规划测验。

二、实验描述

（一）实验要求

北森人力资源测评教学系统NETV3.0、学生上机进入前台模块。系统所需软件环境为Microsoft Windows 2003 or Microsoft Windows 2000，并安装IIS Microsoft SQL Server2000。

（二）实训描述

请仔细阅读每一部分的指导语，并根据指导语选择合适的选项。在答题时不必对每个题目多加考虑，只要按感觉判断进行作答即可。

本问卷中的所有问题都取自人们的日常生活。您的回答只是表明您通常是如何看待和处理事物的。所有的问题都无对错之分，更无好坏之分，因此，如实作答是最基本的要求。

三、实验步骤

学生实践任务概述：本项目要求学生以个人为单位，应用北森人力资源测评系统进行职业发展规划测验。在实验过程中，学生应按照以下系统的操作流程完成测评，并充分了解与掌握职业发展规划的基本含义与测评的基本原理。测评完成后形成实验报告并提交。

1.在前台页面用自己注册的邮箱和密码进行登录（如图2-7所示）。

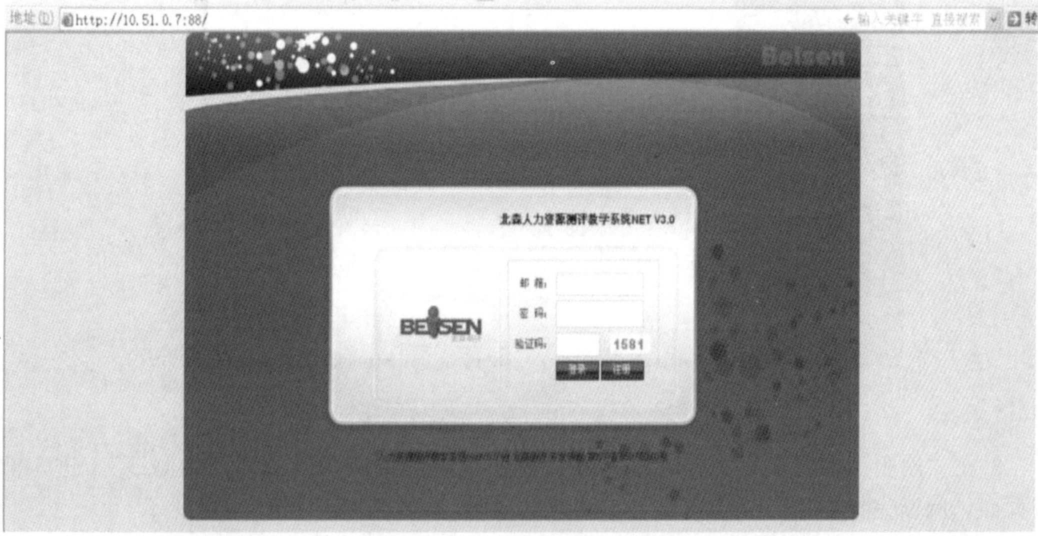

图2-7　学生登录页面

2.登录后，进入“测验列表”页面后输入教师分配的序列号（如图2-8所示），出现教师在建立测评活动时选择的测验列表（如图2-9所示）。

图2-8　学生输入序列号

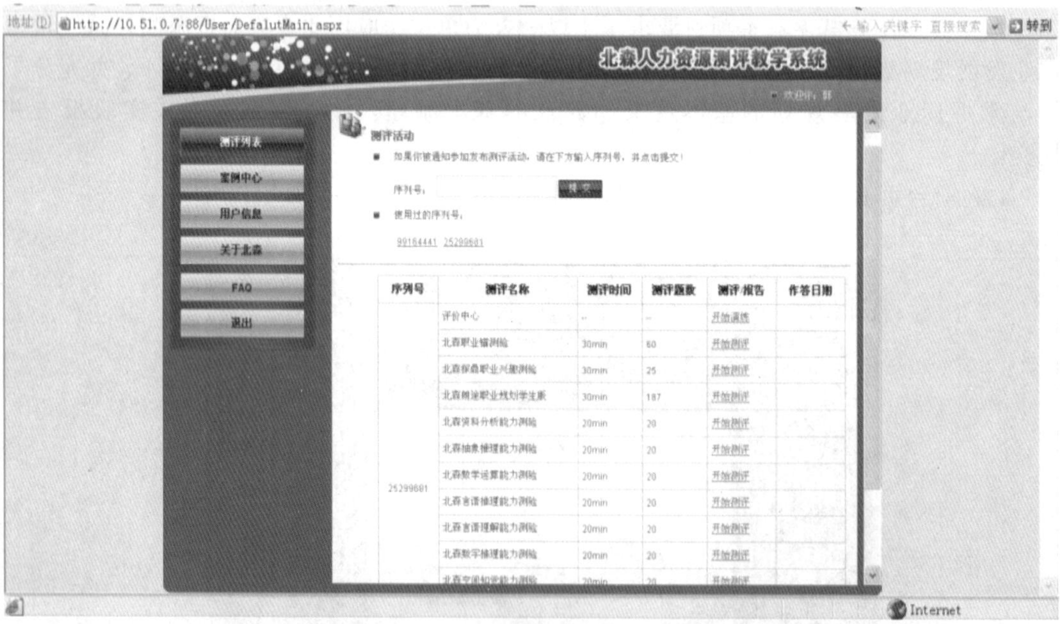

图2-9　输入序列号出现测验列表

3.在“测验列表”页面点击“北森朗途职业规划学生版”后的“开始测评”，进入测验页面，阅读完指导语后，点击“进入测评”，即开始做测验，如图2-10所示。

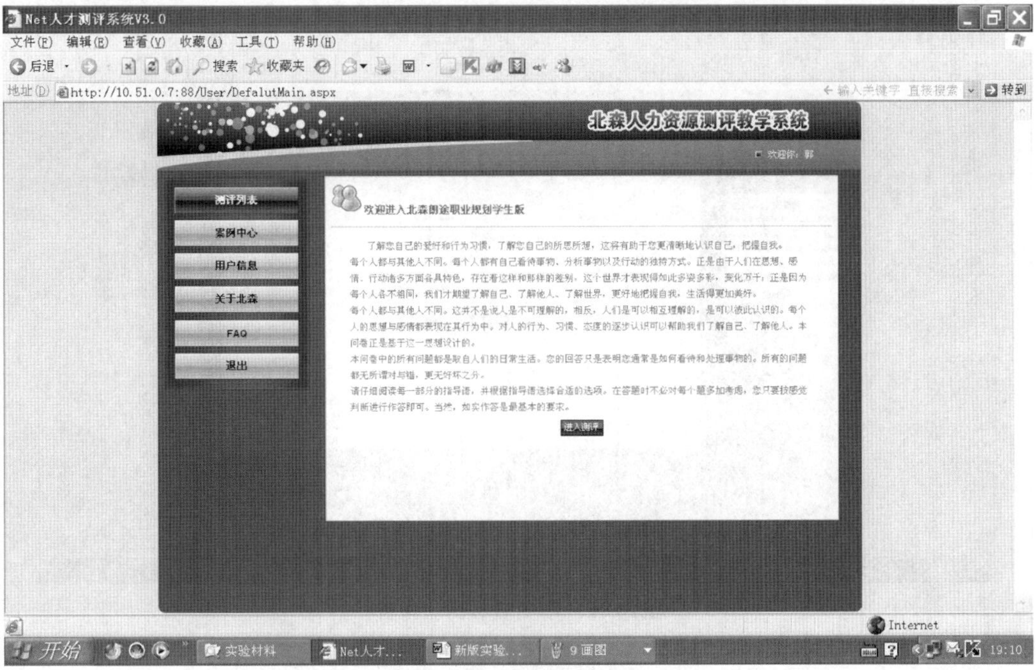

图2-10　学生做测验

4.做完测评，点击“提交完成”，完成测验（如图2-11所示）。

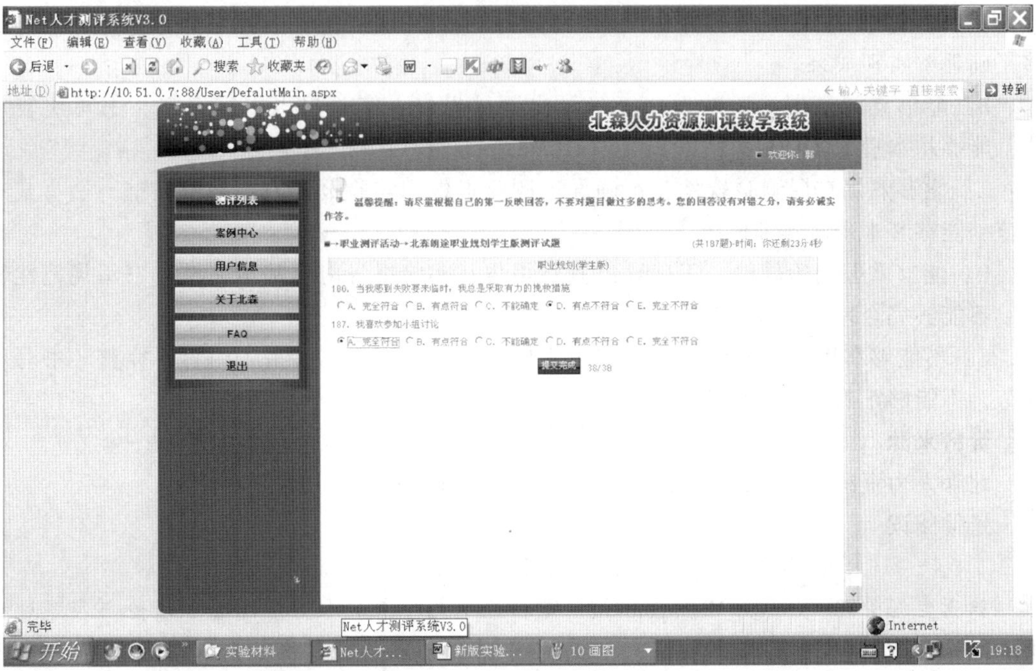

图2-11　学生做完测验

5.完成测验后，点击“查看报告”，查看测验报告（如图2-12所示）。

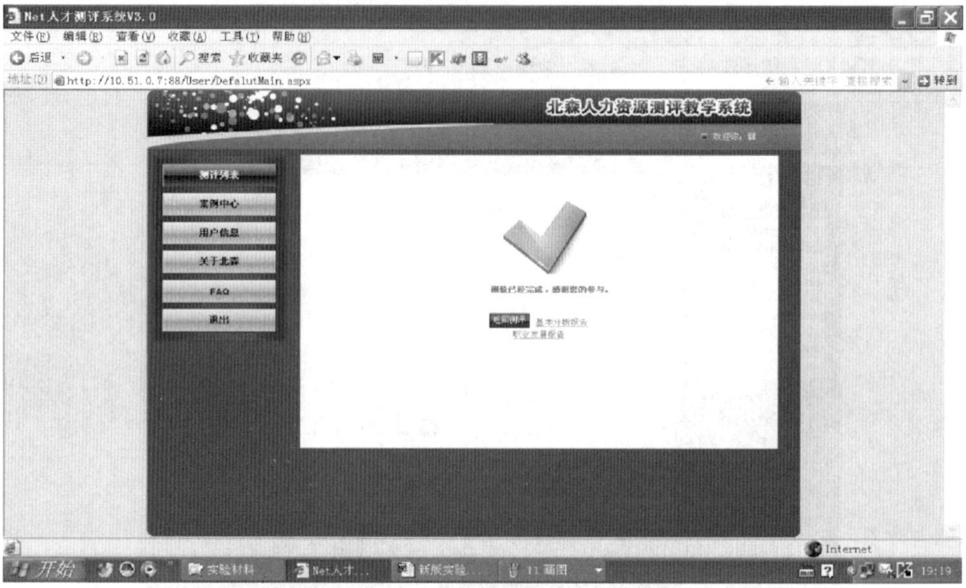

图2-12　学生查看测验报告

四、实验成果

实训成果以打印的实验报告为准。理解测验报告，总结实验过程，完成实验报告。

五、实验评价

A：能够熟练掌握测验软件，正确导出测验报告；实验报告内容完整、书写规范，能够正确理解实训成果。

B：能够熟练掌握测验软件，正确导出测验报告；实验报告内容完整、书写比较规范，能够基本理解实训成果。

C：能够熟练掌握测验软件，正确导出测验报告；实验报告内容基本完整、书写基本规范，能够基本理解实训成果。

D：能够掌握测验软件，正确导出测验报告；实验报告内容基本完整、书写规范性较差，不能够完全理解实训成果。

E：不能够掌握测验软件，不能够正确导出测验报告；实验报告内容不完整、书写不规范，不能够正确理解实训成果。

六、资料来源

北森人力资源教学网站，http：//www.beisen.com/product/hrts/.

七、延伸阅读

职业生涯管理理论

职业生涯管理（Career Management）是在近十几年来从人力资源管理理论与实践过程中发展起来的新学科。职业生涯，根据美国组织行为专家道格拉斯·霍尔（Douglas T. Hall）的观念，是指一个人一生的工作经历所包括的一系列活动和行为。职业生涯系统是组织机构收集各种人力资源方面的政策、优先权和行为，并用以管理雇员进入组织、融入组织及离开组织的整个流程。一个完善的职业生涯系统能够协调雇员的行为（包括进入、融入及离开）进入一个规范的程序，这样有助于雇员尽快适应组织环境。

职业生涯管理分为个人的职业生涯管理和组织的职业生涯管理，个人的职业生涯管理是以实现个人发展的成就最大化为目的，通过对个人兴趣、能力和个人发展目标的有效管理实现个人的发展愿望。企业职业管理的最终目的是通过帮助员工的职业发展，力求组织的持续发展，从而实现组织目标。组织职业生涯管理是以提高公司人力资源质量，发挥人力资源管理效率为目的，通过个人发展愿望与组织发展需求的结合来实现组织的发展。

目前比较成熟、应用比较广泛的职业生涯规划理论有职业兴趣理论和职业锚理论。

第二节　一般职业素养训练

项目一　沟通能力训练

任务一：一次非语言的自我介绍

一、实训目的

1.使学生明白肢体动作是沟通中的重要内容。

2.通过游戏说明交流有时完全可以通过肢体动作完成，而且行之有效。

二、实训描述

将学员分成2人一组。老师先申明本次游戏的目的旨在向对方介绍自己，但是整个介绍期间不可以说话，必须全部用动作完成。大家可以通过图片、标识、手势、目光、表情等非口头的手段交流。如果需要，讲师可给予适当的暗示，比如说，无名指婚戒表示自己已经结婚了。

三、实训步骤

1.非语言交流

一方先通过非语言的方式介绍自己，2分钟后双方互换。然后请大家口头交流一下刚才通过肢体语言交流时对方的了解情况。与对方希望表达的内容进行对照。

2.结果讨论

（1）你用肢体语言介绍自己时，表达是否准确？

（2）你读懂了多少对方用肢体语言表达的内容？

（3）你的同伴给了你哪些很好的线索使你了解他？

（4）我们在运用这种交流方法时，存在哪些障碍？例如，缺乏经验，缺乏支持和辅助手段等。

（5）我们怎样才能消除或减轻这些障碍？

四、实训成果

实训成果以心得的形式提交，主题为：非语言交流在沟通中的作用。

五、实训评价

1.实训过程评价占40%。

2.实训报告占60%，主要考察以下三个方面：

（1）心得报告是否具备完整的框架；

（2）心得体会是否深刻，能否通过举例等方式来陈述体会；

（3）心得报告的格式是否整齐，是否存在明显的格式错误。

六、资料来源

王丰小．沟通技巧——肢体语言的运用［EB/OL］．［2018-07-01］．https：//wenku.baidu.com/view/02f3ada70029bd64783e2c23.html．

七、延伸阅读

沟通技巧——肢体语言的运用

目光接触：诚恳而沉稳地看着对方。当和一个人谈话时，需要维持五至十五秒的目光接触。假如你是面对一个团体谈话，眼睛要轮流和每个人的目光接触，每一次约五秒钟。不要让你的眼睛转来转去，也不要刻意放缓速度地眨眼睛。为了避免紧盯着对方，我们可以将视线放在对方的眉宇间，这样不会太尴尬。

姿势与动作：昂然站立，放松自己，自然而轻松地移动。抬头挺胸，肩膀、臀部和双腿站成一直线，让你的精神向前倾注。切记不要双臂环抱，两手交叉，这些都是封闭和防御的肢体语言，最自然的方式是两手自然下垂，放在腰际，保持良好的坐姿，脊椎挺直，上身略微前倾，手放置椅背上，不要随意滑动。你的双手与手臂的动作尤其重要，柔和的手势表示友好、商量，强硬的手势则意味着："我是对的，你必须听我的。"

脸部表情：谈话时要轻松自然，在合适的场合，记得要微笑。微笑表示友善和礼貌，皱眉表示怀疑和不满意。

衣着与仪表：穿着方式并没有对错之分，但你必须觉得自己的打扮恰如其分，整洁大方、舒适得体。

因此你的衣着必须遵守TPO原则（时间TIME，地点PLACE，场合OCCASION）。在衣服的色彩搭配上，一般来说，黑、白、灰三色是配色中最安全的颜色。

声音与语气：将你的声音当成工具。带着精力与热诚，设法让语调、节奏和声音的大小有所变化。吸引注意力使用适宜与清楚的语言，中间或有停顿，抑扬顿挫表明热情，突然停顿是为了造成悬念。要直接而中肯，避免使用专业术语、充场面的话和太过招摇的言论。一般来讲，20字左右最易使对方明白你需要表达的主要观点。

如何给人留下好印象：（1）记住人的名字和面孔。一个人最私有的财产莫过于名字，做到这一点尤为重要。（2）把握最初7秒钟。研究表明：见面时，7秒钟就能对这个人做出评估，而且无须语言。在首次接触的7秒钟内，人们就会因为本能的个人好恶而决定是否喜欢某人，是否信任某人，是否想要花时间和某人说话。假如你制造了一种负面的印象，人们通常都只会再给你区区几分钟时间，然后便将注意力转向他人。（3）发挥自己的长处。充分显示出自己的优势，用人格魅力感染对方。（4）保持自己的本色，不卑不亢。（5）善于使用眼神、目光。在沟通过程中要注意把握目光和眼神，即时向对方做出积极的回应。（6）多听少说，先听再行。上帝赋予了我们人类两只耳朵一张嘴，就是为了让我们少说多听。（7）集中精神，积极热情地表示你对对方的关注或寻求支持。（8）态度肯定，始终如一表明你的观点和兴趣。（9）放松心情，时刻保持一颗平常心。（10）不要信口开河、虚张声势，不要摆出虚假的姿态。

任务二：固定思维模式测试游戏

一、实训目的

让学生理解固定思维是如何阻碍简单沟通的。

二、实训描述

向学生展示图2-13，让学生回答图片的内容。

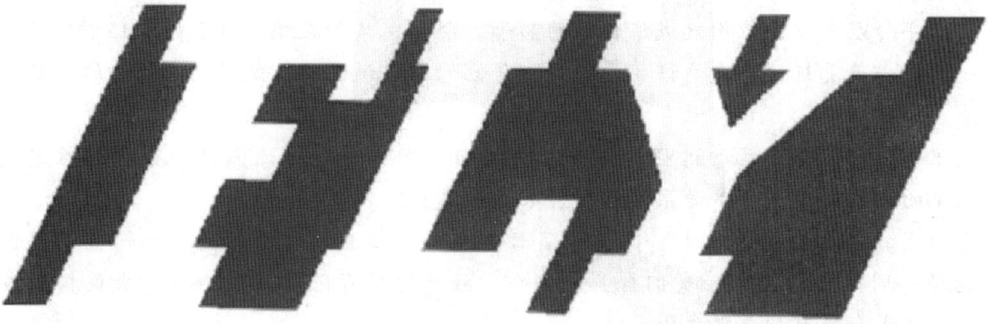

图2-13　展示的图片

三、实训步骤

1.讲师在展示图2-13之前，先简单地向学员介绍："请大家保持纸上的箭头向下。如果你们读出来上面写了什么，请举手。但不要告诉任何其他人，也不要写下来。"

2.然后将图示传下去让大家轮流看，一边看，讲师一边说："你们不必像我这样把它转过来。就让箭头向下。你们读出来上面写了什么了吗?"

3.一般，10%～15%的学员以前看到过类似的图示，能很快看出图片内容是FLY。

4.讲师在给予看出的学员以鼓励之后，问大家："其他同学看不出写了FLY吗？请再试试看。留心看中间留白处，而不是黑色部分。"

四、实训讨论

1.我们中大多数人都会有这样或那样的固定思维模式。你们是否记得曾因为这样的固定思维模式而造成的困扰?

2.除了固定思维模式，在人际交流中还会存在哪些障碍?（比如：噪音、令人厌恶的人、错误的方法等）

3.孩子通常能很快地看出FLY，那么为什么成人反而不能很快看出?（因为我们学会了在白纸上阅读黑字的方法，并养成了习惯）

五、实训成果

根据实训过程提交一份心得报告，主要内容包括：简介实训过程内容；通过实训过程能够认识到什么问题；在沟通中应该如何避免这些问题。

六、实训评价

1.实训过程评价占40%。

2.实训报告占60%，主要考查以下三个方面：

（1）心得报告是否具备完整的框架；

（2）心得体会是否深刻，能否通过举例等方式来陈述体会；

（3）心得报告的格式是否整齐，是否存在明显的格式错误。

七、资料来源

陈文中．摸准心思再说话［M］．北京：九州出版社，2008．

八、延伸阅读

固定思维的利与弊

罗曼·罗兰的《约翰·克里斯朵夫》书中说道，“多数人本质上只活到二十到三十岁，这个年龄层一过，他们就成了自己的影子，余生也只是在模仿自己的过程中度过，并且以一天比一天更机械、更离谱的方式，重复他们以前说过的、做过的、想过的、爱过的人与事。”

这里所说的模仿自己的过程，在心理学上就是“思维定式”。简单地说，思维定式就是以固定的方式、观点、参考系统或信仰来看待事物。

思维定式有其自身的优点：它简化了日常生活，让我们在很短的时间内可以做出取舍、选择；同时它也保护着我们自身的安全，经历过的危险往往不会再对我们构成威胁——思维定式会提前预告那危险。

我们一旦检视自己的生活，就会发现思维定式的好处在生活的细枝末节中无处不在。比如，上学时，一次次的练习，测验就是为了让你在大考的时候不犯同样的错误；工作时，老师傅教给你的手艺、技术以及注意事项，都是思维定式的传递与养成；被骗了一次，思维定式让你避开下一次的欺骗；受伤一回，思维定式让你躲过下一次的伤害。

另一方面，思维定式也是有缺陷的，它会严重限制我们的生活。“一朝被蛇咬，十年怕井绳”，就是我们的思想和行为受思维定式制约的最佳写照。例如，在爱情中，我们不敢再一次全身心地投入，而只是面对自己心中爱的倒影顾影自怜；在工作岗位，我们不再放肆地闯，而只是小心翼翼地人云亦云，亦步亦趋。

任务三：聆听的作用

一、实训目的

1.让学生感受聆听的作用。

2.了解如何才能高效聆听。

二、实训描述

教师事先从报纸或杂志上摘录一则2～3段长的故事，不要进行任何介绍，在课堂上很不经心地向学员提起：“也许你们中很多人几天前已经看到了这则报道。”然后大声朗读这篇文章。

三、实训步骤

1.教师大声朗读完文章；

2.教师拿出一个精致的礼品，然后说：“好，针对刚才大家都听到的故事，我要提出几个问题。谁能全部答对，就能赢得这个礼品。”

3.然后问8～10个问题（比如故事中涉及的名字，日期，地点等）。

四、实训讨论

1.既然大家听到了这个故事，为什么很少有人能记得非常清楚？（可能的回答：不感

兴趣，没有目的，没有事前激励）

2.为什么我们会不听呢？这是不是一个典型的例子？我们如何能提高自己聆听的技巧？

3.如果我一开始就告诉大家只要仔细聆听就有机会赢得礼品，那么你们会不会听得更认真些？为什么？

五、实训成果

根据实训过程提交一份心得报告，主要内容包括：简介实训过程的内容；通过实训过程能够认识到什么问题；在沟通中应该如何避免这些问题。

六、实训评价

1.实训过程评价占40%。

2.实训报告占60%，主要考查以下三个方面：

（1）心得报告是否具备完整的框架；

（2）心得体会是否深刻，能否通过举例等方式来陈述体会；

（3）心得报告的格式是否整齐，是否存在明显的格式错误。

七、资料来源

佚名. 聆听训练［EB/OL］.［2019-04-24］. https://wenku.baidu.com/view/1a0440905b8102d276a20029bd64783e08127d54.html.

八、延伸阅读

做一个好的聆听者十条标准

1.找到兴趣所在；

2.对内容进行判读，而不是简单记忆；

3.先不要匆忙进行评价；

4.边听边想；

5.灵活机动；

6.主动倾听；

7.抵抗分心；

8.训练思维；

9.开放思路；

10.加快思考速度。

项目二　表达能力训练

任务一：金字塔原理的表达原则

一、实训目的

让学生熟悉金字塔原理表达的3个基本原则：

1.每一层次的思想观点必须是第一层次思想观点的概括。

2.每一组的思想观点必须在逻辑上属于同一范畴。

3.每一组的思想观点必须符合逻辑顺序。

二、实训描述

教师通过给学生一段文字，要求学生根据金字塔原理表达的3个基本原则，厘清其中各思想组的逻辑关系，并根据逻辑关系对文字内容进行复写。

案例文章：

在4月23日的信件中，我们提出两点改进石油零售价调查的意见。除了这些想法之外，我们还建议重估最新被调查的店家数。目前我们调查的多是自助式管理的店铺（包括加油站、杂货铺），这些调查结果会影响市场的实际价格。在我们调查的705家加油站中，只有243家（比例约为34%）被归类为“A”级或是长期绩优店。这些店都销售兴旺，而这里的竞争也最激烈，因为我们认为这34%的加油站不能反映市场的实际价格。事实上，我们建议只考虑“A”级店铺。显然，如果我们修改被调查的加油站数据，那么我们也必须修改竞争对手的店铺数据，并使之有可比性。最后，我们建议将计划中的非自助店的比例由30%改为50%，如此比较符合目前的市场现状。零售价调查的重要性日益显著，因此我们必须采取行动，以确保所调查的资料能真实反映市场现状。

三、实训步骤

1.根据金字塔原理画出思想组之间的逻辑结构图（如图2-14所示）

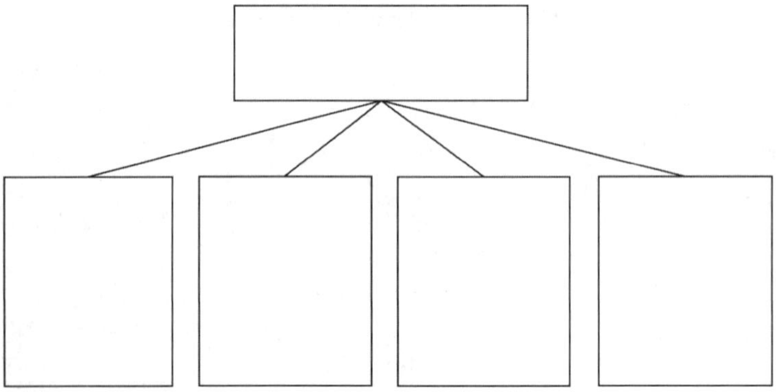

图2-14 逻辑结构图

2.根据金字塔原理重新组织案例文章写作

四、实训成果

对案例文章的结构进行分解，同时根据金字塔原理对案例文章重新进行组织写作，并提交300字的实训报告。

五、实训评价

1.实训过程评价占40%。

2.实训报告占60%，主要考查以下三个方面：

（1）实训报告是否具备完整的框架；

（2）实训体会是否深刻，能否通过举例等方式来陈述体会；

（3）实训报告的格式是否整齐，是否存在明显的格式错误。

六、资料来源

明托．金字塔原理（实战篇）［M］．罗若苹，译．海口：南海出版公司，2019.

任务二：表达中的内部结构

一、实训目的

理解表达中的纵向和横向结构，并进行练习：

1.纵向的疑问/回答式对话（主题和子主题之间的纵向关系）。

2.横向的演绎或归纳逻辑（子主题之间的横向关系）。

3.讲故事式的序言结构（序言的讲故事式结构）。

二、实训描述

1.建立纵向关系

纵向关系的主要模式：表达中的疑问/回答的模式。

（1）如何？

（2）为什么？

（3）你如何知道？

案例文章一

想要在印度经商的跨国企业，现在除了要进行各种项目的计划外，还要创造有利于印度与全球经济整合的社会环境及政治环境：

第一，企业应该与有竞争力的印度合伙人合作。

第二，企业要更加注意和当地官员及省级官员的互动。

第三，企业应该以光明正大且具有竞争力的方式参与公共建设。

第四，企业可能需要赞助当地的健康和教育计划以获取民意。

2.建立横向的关系

横向关系的主要模式：各种思想观点以演绎或归纳的方式回答读者的问题，但两种方式不可同时使用。表述必须具有明确的归纳或演绎关系，但不可同时既具有归纳关系，又具有演绎关系。

归纳推理一般聚集3～4个（从来不会超过5个以上）相似的观点，用以支持既有的想法或协助你推导出新的观点。这些分组的观点总是可以由一个单一名词加以描述。一般来说，这个单一名词可以分成3类，即理由、步骤及证明。

横向关系的示例如图2-15、图2-16所示。

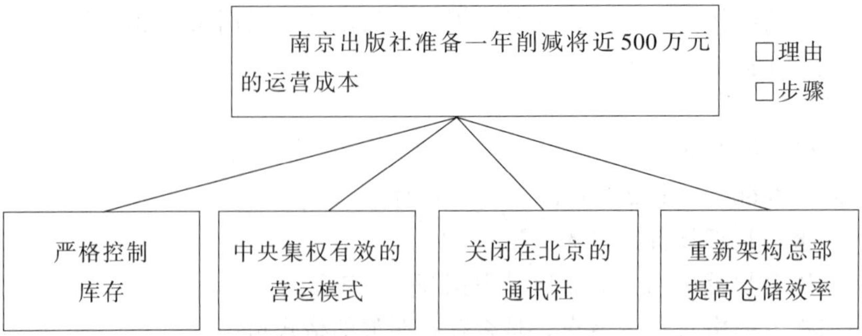

图2-15 逻辑结构图示例1

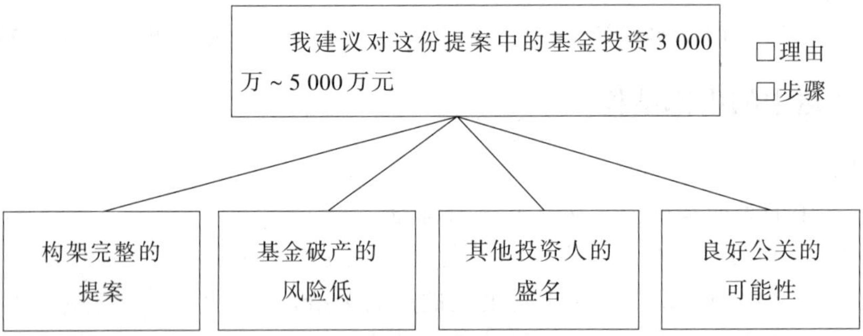

图2-16 逻辑结构图示例2

三、实训步骤

1.根据金字塔原理画出案例1中的思想组之间的逻辑结构图（如图2-17所示）

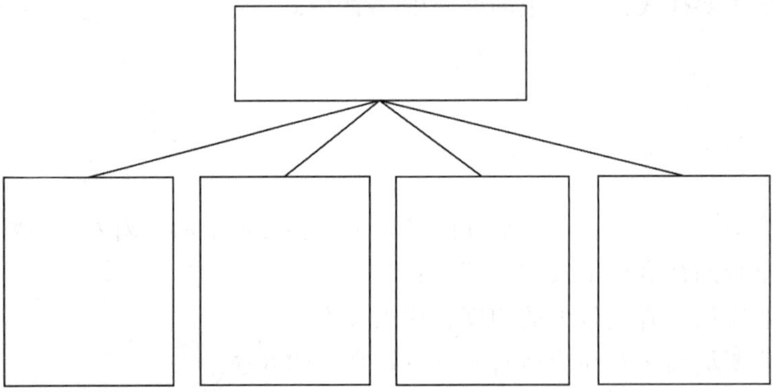

图2-17 案例1逻辑结构图

2.疑问/回答模式的表达

____

____

____

四、实训成果

对案例文章的结构进行分解，同时据金字塔原理对案例文章重新进行组织写作，并提交300字的实训报告。

五、实训评价

1.实训过程评价占40%。

2.实训报告占60%，主要考查以下三个方面：

（1）实训报告是否具备完整的框架；

（2）实训体会是否深刻，能否通过举例等方式来陈述体会；

（3）实训报告的格式是否整齐，是否存在明显的格式错误。

六、资料来源

明托. 金字塔原理（实战篇）[M]. 罗若苹，译. 海口：南海出版公司，2019.

任务三：序言结构表达

一、实训目的

1.使学生理解序言的基本结构。

2.让学生掌握序言的表达方法，并熟练运用。

二、实训描述

本实训是让学生掌握序言的四种表达方式：

1.标准式：背景—冲突—答案。标准式比较客观，不带感情色彩。

2.开门见山式：答案—背景—冲突。开门见山式立即交代任务或给出结论，比较强势，适合领导对下属安排工作、发号施令。

3.突出忧虑式：冲突—背景—答案。突出忧虑式将冲突放在最前面，体现了这项冲突的严重性或紧迫性，这种写法在进行工作动员时常常见到。

4.突出信心式：疑问—背景—冲突—答案。

三、实训步骤

分析以下序言的结构：

1.远离日本市场：强势日元造成逐渐竞争的环境，而美国克林顿政府的贸易谈判明显并未成功，使得美国和欧洲的许多公司皆已放弃寻求日本市场的新商机。在尝试进入日本市场的挫折中，各种努力已经证实是无用的。某些公司已经把市场转移到像中国市场和印度市场这样的新兴市场，但是忽视日本市场却是一个天大的错误。

（1）解冲方案：

（2）冲突：

（3）背景：

2.电视收视率的衰退：目前在美国出现一种趋势——电视的收视率正在下降。尼尔森的调查报告提到，在白天收视率下降6.4%，而晚上收视率下降3.1%。我们现在讨论的是数以百万计的民众，而牵涉的重要问题是：这些人到哪里去了？如果他们不看电视节目，那么他们究竟做了哪些消遣呢？

（1）解冲方案：

（2）冲突：

（3）背景：

根据以上四种结构对以上两段序言进行改写。

四、实训成果

根据四种序言结构对案例文章重新进行组织写作，并提交300字的实训报告。

五、实训评价

1.实训过程评价占40%。

2.实训报告占60%，主要考查以下三个方面：

（1）实训报告是否具备完整的框架；

（2）实训体会是否深刻，能否通过举例等方式来陈述体会；

（3）实训报告的格式是否整齐，是否存在明显的格式错误。

六、资料来源

冬天惠铃．金字塔结构文章的序言写法［EB/OL］．［2017-10-16］．http://www.360doc.com/content/17/1016/13/3980569_695388163.shtml.

七、延伸阅读

序言的写作介绍

通常我们写文章的时候，鲜少会直奔主题，总会在文章的开头留下点与文章内容相关的背景信息，例如当我们写议论文的时候，文章开头多半会引用例子，引出全文将要阐述的观点，而不是直接就提出观点然后进行论述。对于这种交代背景的部分，我们称为“序言”，或说是前言、引言、导言。

好的序言有助于读者能顺着作者的思路走下去，吸引读者注意力，同时能激发读者的兴趣。只要我们有针对性地练习，写出这样的序言并不是什么异想天开的事情。

使用讲故事的形式和本文介绍的有关写序言的三个原则，可以帮助你写出更为理想的序言。

序言的讲故事结构

序言通常包含四个部分的内容：背景、冲突、疑问、回答。序言通过向读者传达一些已知的信息或背景，在这个背景下发生了冲突，引起了读者的疑问，而对这疑问的回答正是本文将要讲述的内容。

为什么要用讲故事的形式

毋庸置疑的是我们都喜欢听故事，不管故事是真实的还是虚构的。一方面因为故事多半都是通俗易懂的；另一方面我们总能从故事中找到似曾相识的感觉，不管是人抑或是情节。

要想让读者接收到作者的全部信息不是件容易的事情，需要读者暂时抛开其他的想法，同时需要吸引读者的注意力使其浸泡在其中。想必大家也有过相似的经历：文章虽然读了一半，但好像没看进去多少。这便是未能在阅读中摒弃其他杂念导致的。

在开始的时候，讲述一些读者已知的、简单易懂、容易接收的信息，能提高读者的期望，我们都不希望大费周章地阅读一些晦涩难懂的信息，这很容易产生厌倦感并中途放弃。

序言应该写多长

这是个耐人寻味的问题。序言的目的在于引导读者顺着思路走，合理的序言通常在2～3段之间，说明“背景”和“冲突”的文字可达3～4段，但是不要再长了。同时避免出现图表，假如出现这样的情况，说明你过分强调已知的事实，这是不可取的。

另一个参考序言应写多长的因素是面向的读者群体，如果你与文章的读者平时的关系很近，那么可以缩短序言的长度。

无论怎样，序言都应该能提示读者产生疑问。

何时引入“背景”

在引入“背景”前，应先提一些与文章主题相关的内容，这些内容应该是读者所能同意、认可或将要认可的。如果发现在文章中没有与主题相关的背景，那么可能是因为选错了主题，或是开始讨论主题的时机不对。

合理的“背景”能为讲故事做好准备，能让读者产生像“是的，我认为是这样，那又怎样”的想法，从而有助于提出该“背景”下的“冲突”。

什么是“冲突”

这里的“冲突”类似讲故事时推动情节发展的因素，能促使读者提出“疑问”，不具备“不利的变化”的含义。

在通常情况下，多数的文章都是回答这四种疑问中的一种：我们应该做什么？我们应该如何做？我们是否应该这样做？为什么没有达到预期效果？

序言四要素的四种顺序

序言应采用“背景—冲突—疑问—答案”这样的结构，但这四个要素的出场顺序是可变的，通过不同的顺序，可以达到不同的效果。下面举个例子（摘自《金字塔原理》）说明：

基本结构：

背景：业务多元化研究服务在过去5年中增长了40%。

冲突：无法证明我们的工作对客户有明显益处。

疑问：如何确保多元化研究确实对客户有明显益处？

答案：实施“公司发展项目”，以研究该问题。

标准式：背景—冲突—答案

近几年来，本公司已经因为提供多元化研究服务而向许多客户收取了大量费用。但是至今伦敦办事处也没有一个员工能够证明，某客户的某项收购案或并购案与本公司的工作密不可分。该办事处为庆祝第一个能够做出此项证明的员工而准备的香槟酒一直无人开启。然而，本公司的多元化研究服务在过去5年中增长了40%。因此，现在应该实施一项“公司发展项目”，以研究我们如何确保多元化研究确实能够为客户带来显著的效益。

开门见山式：答案—背景—冲突

我们实施“公司发展项目”的首要目标，是提高我们帮助客户实施业务多元化的能力。尽管在伦敦办事处，我们帮助客户寻找收购或并购对象的服务在5年中增长了40%，但是并不能证明任何一项收购案或并购案是与我们的工作密不可分的。

突出忧虑式：冲突—背景—答案

据我了解，目前伦敦办事处还没有一个员工可以说，他为客户所作的多元化研究，已经为客户带来了客户自身无法达到的明显效益。这种情况令人吃惊，因为在过去5年中我们在多元化研究领域的服务已经增长了40%。从良心上讲，我们不能继续为无法取得显著收益的工作收取客户的报酬，这样做也难以维持我们的良好声誉。因此，我建议实施一项“公司发展项目”，研究如何使我们的业务多元化研究服务真正为客户带来显著的效益。

突出信息式：疑问—背景—冲突—答案

我们如何确保业务多元化研究继续成为我们的重要服务项目？此项服务目前已占我们公司总营业额的40%，但是却难以举出几个我们为客户提供了必不可少的帮助的例子。如果不采取措施提高我们的工作价值，那么我们就会面临失去该领域发展优势的实际风险。

为此，我建议立即实施一项“公司发展项目”，以研究如何改善我们在该领域的服务能力，使该项服务能够不断为客户带来显著的效益。

写序言的三个原则

第一，序言的目的是“提示”读者而不是“告诉”读者某些信息。

在序言中，向读者提供一些需要对其进行证明才能被接收的信息是不可取的。

第二，序言必须包含讲故事的三个要素：即“背景”、“冲突”和“答案”。

“背景”、“冲突”和“答案”必须出现在序言中，但出现的顺序是可变的，同时应以故事的形式出现。

第三，序言的长度取决于主题和读者的需要。

序言包含的是读者充分理解所必需的任何信息，例如问题的背景与渊源，术语的定义等。

最后还要提一下的是，全文的中心取决于读者提出的第一个疑问。

当无法确定初始疑问时，就看一下打算放在文章中的素材。

任务四：金字塔原理的综合训练

一、实训目的

通过一个完整的案例，让学生对金字塔原理进行系统练习，以便更好地掌握金字塔原理。

二、实训描述

案例文章

排版成本是在所有新版书籍的成本中最重要的部分，约占精装书成本的40%和简装书的50%~55%，排版成本主要包括……

将TTW与平均标准进行对比可以发现，TTW在排版工艺上的生产力相对较低。目前，排版评估员正在对我向他们提供的一些典型案例进行研究。该企业对每一项排版工作基本都要重复相同的步骤，以保证较高的质量。这也是其在简单业务的排版上不具备竞争力的原因之一。爱斯勃雷（Aylesbury）公司对TTW公司的排版成本较高的原因非常感兴趣。我已经同罗伊·沃尔特、布赖恩·汤普森的乔治·肯尼迪谈过此事。肯尼迪愿意进行一项实验，以找出：（1）该企业的排版工序是否有可以简化的步骤，尤其是针对某些排版任务而言；（2）其较低生产力的原因即为什么低于平均标准。

TTW公司目前的排版任务已经超负荷了。排版部门的大部分工作都无法按时完成。目前这种生产能力低下的现象在手工排版工序上尤为突出。TTW公司支付的工资比该地区其他印刷厂都低，因而越来越难以吸纳和保留排版工。

现在，TTW公司正面临工会提出的一项新的要求。有两名排版工已经离开。该企业排版部门的员工人数目前少于编制人数，而员工的加班工作量则超过了50%。

结论：

1.降低排版成本，可采取如下方法：

A.简化价格较低的排版项目的工序；B.改变工作方法、提高生产效率。

2.为了简化某些项目的工序，必须针对某些项目进行一些实验，对其整个工序进行全程跟踪，控制因改变校对次数和时机而对排版质量造成的边际效应，并观察客户对此的反应。此举节约的费用可能达到排版总成本的10%。我认为，针对第二种降低排版成本的方法需要进行细致研究。TTW目前在排字和手工排版上的效率低于平均标准20%~50%。该企业应当能够有所改善。

3.如果我们将TTW公司同贝尔德公司、波奈尔公司或沃特路公司进行比较，也许可以有所发现。乔治·肯尼迪和罗伊·沃尔特似乎有兴趣进行这项对比研究。但是，我已经告诉过他们，也许他们不会有很大的发现。

4.爱斯勃雷对TTW公司的排版成本也存在不同看法。格里·卡尔弗特认为TTW公司的排版成本肯定过高，乔治·肯尼迪则认为尚无确凿证据显示其排版成本过高，而罗伊·沃尔特则认为他还无法对此下结论。他们似乎都非常愿意对此进行调查。

三、实训步骤

1.列出要点

列出案例文章的要点见表2-1：

2.列出逻辑关系

（1）得出结论

①主题=______________。

②疑问=__________是否过高？

③答案=______。

表2-1 要点表示例

问题	解决方案

④情境=__________是总成本中最重要的一部分。

⑤冲突=________。

⑥事实说明可能如此。

⑦疑问②=制版成本可以______________________________？

⑧答案③=可以。

⑨新的疑问=如何实现？

⑩关键句=____。

（2）按金字塔原理重新组织文章

____

____

____

____

____

____

____

____

____

____

四、实训成果

结合实训任务一到任务四完成对案例文章的分解，同时对案例文章进行重新组织写作，并提交500字的实训报告。

五、实训评价

1.实训过程评价占40%。

2.实训报告占60%，主要考查以下三个方面：

（1）实训报告是否具备完整的框架；

（2）实训报告是否深刻，能否通过举例等方式来陈述体会；

（3）实训报告的格式是否整齐，是否存在明显的格式错误。

六、资料来源

明托. 金字塔原理（实战篇）[M]. 罗若苹，译. 海口：南海出版公司，2019.

第三节　时间管理能力训练

项目一　分析自己使用时间的方式和状况

一、实训目的

1.让学生通过对自己时间使用情况进行检视，明白时间都去哪了。

2.让学生意识到时间管理的重要性。

二、实训描述

教师利用一堂课的时间带领学生根据自己的实际情况设计一张“时间使用清单”（参见表2-2）和“一周时间日志与分析表”（参见表2-3）。要求学生完整记录一周时间的使用情况，并根据对时间的分析，在课堂上陈述自己的时间使用过程，同时提出时间使用中的问题。

三、实训步骤

第一步：设计“时间使用清单”和“一周时间日志与分析表”。

在表2-2中效率先生列出30多项每星期中的主要活动，并分成五类。希望你按表2-2的要求列出公务活动、个人活动、家庭活动、休闲活动及其他活动等类别。在列出所有活动并予以分类后，将每一项活动按顺序编码，再准备一份“一周时间日志与分析表”（见表2-3），将表2-2中的活动对应地列在表2-3中。

表2-2　**时间使用清单表**

项目活动		每星期估计花费的时间（小时）	每星期实际花费的时间（小时）	上两项时间的差额（小时）	占每星期总时间的百分比（%）
一、公务活动	1.上下班				
	2.开会				
	3.打电话				
	4.阅读文件、整理通信				
	5.帮助下属				
	6.接待宾客				
	7.向上级汇报				
	8.公务出差				
	9.拜访客户				
	10.其他工作上的活动				
小计					

续表

项目活动		每星期估计花费的时间（小时）	每星期实际花费的时间（小时）	上两项时间的差额（小时）	占每星期总时间的百分比（%）
二、个人活动	11.整理仪容				
	12.饮食				
	13.睡觉				
小计					
三、家庭活动	14.煮饭				
	15.洗熨衣服				
	16.打扫房屋				
	17.杂务与家事				
	18.卖杂物				
	19.其他逛街活动				
	20.缴款				
	21.看孩子				
	22.宗教活动				
	23.家庭外出				
	24.家庭沟通				
	25.其他家庭活动				
小计					
四、休闲活动	26.听广播与音乐				
	27.看电视				
	28.休闲阅读				
	29.嗜好				
	30.观看比赛				
	31.运动				
	32.休闲旅游				
	33.聚会与社交				
	34.其他休闲活动				
小计					
五、其他活动	35.其他活动				
小计					
时间总计					

表2-3 **一周时间日志与分析表**

时间	周一	周二	周三	周四	周五	周六	周日	活动标号	时间小计
7：00								1.上下班	
7：30								2.开会	
8：00								3.打电话	
8：30								4.阅读文件、整理通信	
9：00								5.帮助下属	
9：30								6.接待宾客	
10：00								7.向上级汇报	
10：30								8.公务出差	
11：00								9.拜访客户	
11：30								10.其他工作上的活动	
12：00								11.整理仪容	
12：30								12.饮食	
13：00								13.睡觉	
13：30								14.煮饭	
14：00								15.洗熨衣服	
14：30								16.打扫房屋	
15：00								17.杂务与家事	
15：30								18.卖杂物	
16：00								19.其他逛街活动	
16：30								20.缴款	
17：00								21.看孩子	
17：30								22.宗教活动	
18：00								23.家庭外出	
18：30								24.家庭沟通	
19：00								25.其他家庭活动	
19：30								26.听广播与音乐	
20：00								27.看电视	
20：30								28.休闲阅读	
21：00								29.嗜好	
21：30								30.观看比赛	
22：00								31.运动	
22：30								32.休闲旅游	
23：00								33.聚会与社交	
23：30								34.其他休闲活动	
24：00								35.其他活动	

注：学生根据自己的实际生活内容设计表2-2和表2-3。

第二步：记录一周的时间日志。

在下周一开始的时候，请注意随时携带你的表2-3，每半小时在表2-3的适当位置记上该活动的号码。例如效率先生星期一7：00到7：30穿衣服去上班，他就把编号11记在星期一7：00的空格里。

第三步：分析时间使用情况。

该星期结束时，表2-3的所有空格都应该有一个号码。现在统计每一项活动出现的次数。例如效率先生在时间表上的第三项活动出现了15次，即表示他花了7个半小时在工作时打电话。因此效率先生要在打电话这一栏的“时间小计”中记上7.5。依上述方法填满表2-3，直到“时间小计”所有格都有一个数字（可能是零）。

把表2-3中的“时间小计”填到表2-2的“每星期实际花费的时间”一栏。

将“每星期估计花费的时间”减“每星期实际花费的时间”的差填在表2-2的“上两项时间的差额”一栏。如果是负数，那么表示你花费在该活动上的时间多于你的估计；如果是正数，那么正好相反。

为每项活动算出“占每星期总时间的百分比”，公式如下：

占每星期总时间的百分比（%）=每星期实际花费的时间÷168×100%

检查数字。“每星期实际花费的时间”的总计应该等于168，而“占每星期总时间的百分比”的总计应该是100%。若略有差异，不必担心。本项练习的目的在于显示你的时间去处，而不是一项追求精确的练习。

再把每一类所有活动的数据相加，并分门别类制成表格，可使你更加了解该如何使用时间。效率先生的一星期时间总结表见表2-4：

表2-4 **一星期时间总结表**

项目活动	每星期估计花费的时间（小时）	每星期实际花费的时间（小时）	上两项时间的差额（小时）	占每星期总时间的百分比（%）
公务活动	45	50	-5	29.8%
个人活动	45	40	5	23.8%
家庭活动	32	46	-14	27.4%
休闲活动	40	27.5	12.5	16.4%
其他活动	6	4.5	1.5	2.6%
时间总计	168	168	0	100%

第四步：时间管理的自我剖析。

根据时间分析的结果，对下列问题进行思考：

1.我如何浪费了自己的时间？未来有何途径可预防或降低时间的浪费？

2.我如何浪费别人的时间？我浪费了谁的时间？我应如何预防不使其继续发生？

3.哪些活动我现在可以减少、不予考虑或交给别人做？

4.别人如何浪费了我的时间？未来有没有方法减少或排除这种情况发生？如果有，是什么方法？

5.我做的哪些事既重要又紧急？

6.我做的哪些事对我的目标很重要？

7.我是否花费时间追求那些对我很重要的事？如果没有，原因何在？如果有，是哪些事？

四、实训成果

1.提交时间分析表。

2.提交自我时间剖析报告（含心得）。

3.陈述在自我时间管理过程中遇到的问题。

五、实训评价

1.报告齐全，能提供分析过程佐证支持（60%）。

2.陈述在自我时间管理过程中遇到的问题，逻辑清楚，问题具体（40%）。

六、资料来源

时代光华．第五代时间管理系统［EB/OL］．［2020-01-09］．https：//wenku.baidu.com/view/c40cd050534de518964bcf84b9d528ea80c72fd9.html.

七、延伸阅读

第五代时间管理

一、时间的阐述：什么是时间

1.时间的定义

从过去通过现在直到将来，连续发生的各种各样事件的过程所形成的轨迹。

2.时间的特征

（1）时间具有不能再生性

时间不同于可再生的植物，它一旦逝去，就不会再次出现。

（2）时间具有不可逆转性

任何人、任何事物都不能阻止时间前进的步伐。

（3）时间具有不能停滞性

无论过去现在还是将来，时间都以同样的速度前进，不会停止。

（4）时间具有不能伸缩性

时间既不能拉长又不能缩短，它以同样状态存在着。

（5）时间具有不能替代性

时间绝无仅有，不可替代。

结论：时间独特和绝无仅有的特性决定了它是世界上最稀缺、最宝贵的一种资源。

二、时间与事件的关系

1.时间的意义

时间本身不能解释自己，只能通过事件来描述。它在事件的发展过程中起着非常重要的作用。

【案例】一个用不同长度的木板拼成的水桶，其存水量的多少不是由最长的那块木板决定的，而是由最短的那块木板决定的。因为，水桶里的水位到最短的那块木板的边缘就会溢出，水位不会再增长。长木板也因为短木板的局限，不能发挥更大的作用而变得多余。如果让水桶装更多水，就必须把众多木板中那块最短的木板加长。

这如同个人成功所需要的资源。个人成就的大小不是由个人所具有的最富有的资源决定的，而是由各种资源中最稀缺的资源决定的。一个人的成就达到一定程度，就会受到最稀缺资源的制约。要取得成功，就必须找到制约成功的那块“短木板”，然后把它补长。

案例分析：时间是个人成功道路上最稀缺的资源，它制约着其他各种资源效果的发挥，决定着成果的大小。无论是个人还是企业，要取得更大的成果或者成功，就必须对时间管理予以重视，对时间进行有效管理。

2.使时间具有意义的要素

时间和事件有非常密切的联系。时间本身并没有任何学习的意义。要使时间具有意义，就一定要把时间和事件的选择以及事件的控制联系起来。

（1）时间的管理是单位时间内要选择的事件

时间本身不能够被管理，时间的管理说到底是对单位时间内事件的管理，离开事件的管理就谈不上时间的管理。

（2）时间因为事件的不同而变得意义不同

有的人重要是因为他选择了重要的事件去做，有的人不重要是因为他选择了不重要的事件去做，单位时间内选择事件的不同，造成了人和人之间的差异。

因此，使时间具有意义的要素是事件。

三、时间的公平性

时间是世界上最公平的资源，任何人每一天所度过的时间都完全相同。在相同的时间内每一个人都在选择自己想要做的事情，人和人选择的事情不同，导致了人和人之间生活质量的差异。

1.每个人都以同样速度度过时间

时间是绝对公平的，它的公平性在于时间对每一个人来说都是以同样的速度度过的，无论年老年少，无论职务高低，无论财产多少。

2.每个人怎样利用时间并不相同

时间对每个人都很公平，每一个人利用时间的方式又不尽相同。利用时间的方式离不开事件的选择和控制，而事件的选择和控制决定了生活的质量。

（1）对要做事情的选择就是对事件的控制

时间的公平性以及人的主观能动性决定了每个人都有可能选择自己要做的事情。在单位时间内，人们可以选择去做事情，也可以选择不去做事情；可以选择做这件事情，也可以选择去做那件事情。

（2）选择以及控制事件决定生活的质量

当对事情进行选择或者说对事件进行控制时，不同的人有不同的做法。在单位时间内，有的人选择积极地学习和工作，有的人选择饱食终日自甘堕落。显然这两种选择最终将造成两种截然不同的生活方式和生活质量。

四、事件的控制

时间的意义在于人们所选择和控制的事件。要对事件进行有效的控制就必须对事件有所认识，并非所有的事件都能控制，根据这个标准，可以把事件分为两类，一类是能够控制的事件，另一类是不能够控制的事件。

1.能够控制的事件

能够控制的事件有很多，例如：学习、工作、吃饭、穿衣等。

能够控制的事件的特征：与个人密切相关，可以因个人的意志和行为而改变。

2.不能够控制的事件

不能控制的事件大的方面包括自然规律、生命现象、历史规律、社会变革等；小的方面包括社会风俗、法律法规、公司章程、企业文化等。

不能控制的事件的特征：它的产生发展和消亡不以某一个人的意志为转移，不能以个人的意愿选择有还是选择无。人们只能在认识它、适应它的前提下选择能够控制的事件。

五、时间管理的关键

时间永远不会停止下来，而且，时间本身不能被管理，能够被管理的是个人和个人的选择。时间管理的关键在于：如何选择、支配、调整、驾驭在单位时间内所做的事情。

具体的做法需要做分析，对各种各样的事物，应该有新的理解。分清在该事物中哪些是可控因素，哪些是不可控因素。然后对可控因素进行实施，从而最大限度地利用可控制的那一面，把不可控因素减到最少，避免在不可控因素上浪费时间。这样区别对待，才能够充分利用有限的时间，产生最大的效益。做到了上述良好的分析，还要有一个详细的工作规划，然后用强大的执行力去贯彻执行。

六、学习时间管理的目的

1.认识的误区

学习完时间管理，就能够在相同的单位时间内做更多的事情。例如，以前一小时内只能做完五件事情，学习时间管理以后，就能够在一小时内做完八件事情。

持这种想法的人往往认为单位时间内做的事情越多，效率就越高。这是一种认识的误区。

2.正确的认识

学习时间管理的目的并不是要在相同的单位时间内做更多的事情。学习时间管理的目的是在单位时间内能够轻松自如地创造最大的价值。通过对时间管理的学习，你将会学到：

（1）怎样判断哪些是最重要的事件？

（2）怎样充分地利用时间来创造最大的价值？

（3）怎样在创造个人效益和社会效益的同时，还能够享受更加舒适的生活？

项目二 时间管理四象限法

一、实训目的

1.让学生学会对自己面临的工作进行分析，分清轻重缓急。

2.培养学生使用好时间管理的四象限法。

二、实训描述

教师先向学生讲解工作优先级排序的方法和重要性，并通过案例的形式演示利用四象限法进行工作管理的方法；之后要求学生针对案例练习并用四象限法对所有工作进行归类。

案例：

周日晚上，万达公司秘书小米开始计划未来5天的日程，下面是这5天需要做的事情：

1.从昨天早晨开始牙疼，想去看医生。

2.周六是一个好朋友的生日，还没有买礼物和生日卡。

3.在单位图书馆借的书明天到期。

4.明晚有一场自己很喜欢的音乐会。

5.周五前要上交一份计划书，并且要在上交前复印一份。

6.有一份夜间兼职不错，但必须在周三19：00前去面试，估计需要1个小时的时间。

7.身上只有50元了，需要取现金。

8.想好好洗个澡。

9.这周有些资料还没有整理好，这些资料必须在下周一前整理好，大约需要两小时的时间。

10.有几个月没有回家了（回家路上大概需要两个小时），妈妈很想她回家一趟。

11.错过了周五的例会，要在下周五之前复印一份会议记录。

12.明天14：00到16：00要参加一个会议，参会前还需要准备一下会议的相关资料。

13.欠同事200元，明天的会议恰好他也来参加。

14.明天20：00有一个1个小时的电话节目，与工作有密切关系。

15.朋友们约好明天晚上聚餐。

16.周二前要做好一份简报，准备这份简报要花费10个小时左右的时间。

17.下周三，要参加一次业务考试。

18.老板负责的项目小组将在明天18：00开会，预计1个小时，需要参加。

19.上周收到了一个朋友的邮件，一直没有回复。

20.邀请了恋人后天晚上来家里共进烛光晚餐，但家里什么吃的都没有。

21.上司留下一张便条，请她在上班后尽快到办公室找他。

说明：小米每天正常的上班时间是8：00到18：00，含往来的交通时间，中午有1个小时的休息时间。

运用工作优先级的综合分析原则来排列小米的工作，见表2-5。

表2-5 **工作优先级综合分析**

	紧急	不紧急
重要	A.碎石型的事务 危机； 急迫的问题； 有期限压力的工作	B.石块型的事务 工作计划； 了解上级； 提高工作能力； 建立伙伴关系； 防患于未然
不重要	C.细沙型的事务 不速之客的接待； 某些信件、文件、电话的处理； 某些会议的出席； 某些必要而不重要的会议、活动	D.水型的事务 一些可做可不做的杂事； 一些不必要的应酬； 其他休闲活动

三、实训步骤

1.请根据事务清单提供的背景资料为小米划分事务的优先级，并按照优先级帮助小米重新进行排序。

2.根据事务的重新排序，帮助小米制定一周的时间表。

3.制定好时间表后，请同学们讨论并回答：哪些事务最优先，为什么？哪些事务可以放弃不做，为什么？

四、实训成果

学生参考案例，列出未来五天要做的事情，并用四象限法对未来五天的工作进行分类，制订工作计划。

五、实训评价

1.课堂表现占30%。

2.提交个人的工作分析报告占70%。

六、资料来源

佚名．实训一　时间管理［EB/OL］．［2017-08-14］．https：//wenku.baidu.com/view/1fe86868f8c75fbfc67db27f.html.

七、延伸阅读

时间的四个象限

时间的管理根据紧急和重要的标准分为四个象限，第一象限是紧急而重要的事情，第二象限是不紧急但是重要的事情，第三象限是紧急但不重要的事情，第四象限是既不紧急又不重要的事情。

人们对时间的利用，不外乎这四种情况，也就是说不外乎有这四种不同类型的事件，可以供你去选择和控制。

一、第一象限文化

这一象限的事情是紧急而重要的事情，是一定要优先去做的事情。

有些人做事不分轻重缓急，遇事就赶紧去做，不加考虑，这样的人看起来好像天天都有紧急的事情去做，其实是对第一象限紧急而重要的事情的错误理解。

【案例】紧急的事情并不是经常出现、随时发生的。发洪水危及人们的生命财产安全就是紧急而重要的事情，水火无情，一旦发生洪水任何事情都变得不重要，抗洪救灾成了头等大事。一切力量和资源都要为优先处理这件事服务。如果洪水发生在无人居住的地方，不会有生命和财产的损失，那么发洪水这件事就变得无关紧要。

【案例】企业要与美国的商贸界人士谈判，但没有人精通英文，找一个精通商务英语的翻译就成了紧急而重要的事情，翻译找不到会直接影响与外商谈判的可能性和进程。如果在与外商谈判前就已经有了一个很好的翻译，那么寻找翻译也就不再是紧急而重要的事情了。

案例分析：并不是所有的事情在任何情况下都会成为紧急而重要的事情。只有在极少数的情况下，各种因素在同一个时空出现，相关条件具备时，这件事才可能成为第一象限中的事件。

不要为第一象限的事件忧心忡忡，因为，第一象限的事件并不会经常出现。

二、第二象限不紧急但非常重要

在四个时间象限中，最有价值的就是第二象限，也就是那些不紧急但重要的事情，而这些事情往往被人们忽视。

【案例】海啸的预警机制在东南亚海啸以前没有得到应有的重视，尽管人们早就认识到它能够有效疏散人员，转移财物。在海啸没有发生的时候，海啸预警机制虽然并不需要紧急建立，但是它对于沿海国家来说非常重要。

海啸发生之前，海啸预警机制固然重要，但人们并不认为它需要马上设立，所以就忽视了这件非常重要的事情。当海啸发生时，沿海国家由于没有事先设立海啸预警机制，致使信息沟通困难，各部门反应迟钝，从而造成了极其重大的生命和财产损失。

案例分析：海啸预警机制的建立并不紧急，但是对于沿海国家来说非常重要。这件重要的事情如果不能“未雨绸缪”地完成，当与此相关的事情来临的时候，它的缺位必然会导致重大损失。

【案例】某外资企业向一位管理专家提出了一个问题：为什么同样的设备，同样的管理，我们本土员工的工作效率，是你们的三倍多？我们不断地对各级管理人员和员工进行培训，提高他们的执行力，提高他们的技能。另外还通过绩效考核和奖惩激励机制，想办法去刺激他们，但效率为什么还是提不上不去？

于是，这个专家就到这个企业进行调查。他发现问题不是出在管理人员和员工的素质上，而是出现在两种文化的冲突上，这个企业的本土文化和中国文化发生了冲突。

后来这个专家给这个外资企业制订了一个方案，让这个企业用18个月来解决两种文化冲突的问题。

这个企业在该方案的指导下，经过18个月的改革，企业工作效率明显提升，基本达到了企业本土的工作效率。

案例分析：企业文化的改变对于企业的工作效率提升来说并不是紧急的事件，如果企业文化制约企业工作效率的提升，那么企业文化的改变就成了提升企业工作效率很重要的事情。企业文化的改变与提升企业工作效率并不在同一个时空出现，它对于提升企业工作效率很重要，但并不紧急，因此，这一事件属于第二象限的事件。

三、第三象限可以简单比喻为美国西部牛仔现象

【案例】美国西部的牛仔戴着牛仔帽，穿着牛仔服，横枪跨马，驰骋于茫茫的草原。他们杀富济贫，打家劫舍，行侠仗义，扶危济困。遇上什么事就管什么事，大有天下人管天下事的豪杰风范。

现在职场中的很多管理者，就变得像西部牛仔一样。但他们每天不是横枪跨马驰骋于茫茫草原，而是带着公文包驰骋于茫茫的商场。他们每天解决的事情很多，在他们看来这些事非常紧急，什么公司停电、工商局来检查、员工要辞职、客户要退货、原材料不足等各种各样的问题。这些管理人员倒是很负责任，左冲右杀，把这些事情挨个处理，充分显示了个人的能力。

其实，公司停电、工商检查、客户退货、材料不足都有相应的部门来处理。它们虽然紧急，但对于管理者来说并不是特别重要的事情。

案例分析：这个案例告诉大家有些事情虽然紧急但是并不重要。这些紧急但不重要的事情，处理起来要花费一定的时间，不过，这些事情处理完以后，不会给企业带来多大的收益。

四、第四象限文化

在这一象限内包含的是既不紧急又不重要的事情，用通俗一点的话说那些是消磨和打

发时间的事情。

【案例】我们到车站接人，但是火车晚点了，这时，我们只能找事情打发时间。或者看报纸，或者坐在那里看过往的行人，或者什么也不做就在那里发呆。这段时间里做的事情，既不紧急又不重要，而且，做完以后也不会有意义。

案例分析：第四象限是一个完全没有必要进入的象限，进入它没有任何意义。避免进入它的方法就是多留意对自己重要的事情，最好把它带在身边，当你没事可做的时候再去处理这些事情。

五、四个象限的区分

1.四个象限的界限

如果把要做的事情按照紧急、不紧急、重要、不重要的排列组合分成四个象限，这四个象限的划分有利于我们对时间进行深刻认识及有效管理（见表2-6）。

表2-6　**四个象限的区分**

紧急程度 重要程度	紧急	不紧急
重要	重大项目的谈判； 紧急问题的处理； 重要会议或工作； 接待重要的人物； ——必须的！ （第一象限）	愿景价值观的澄清； 计划、准备、预防； 学习、培训、休闲； 陪客户逛大街； ——重要的！ （第二象限）
不重要	无谓的电话、信件、报告、会议、应酬； 附和别人期望的事； 打麻将偏偏三缺一； ——无奈的！ （第三象限）	各种琐碎的闲杂事； 无用的广告、函件； 发呆、上网、闲聊； 游荡、逃避性活动； ——多余的！ （第四象限）

（1）第一象限

这个象限包含的是一些紧急而重要的事情，此类事情具有时间的紧迫性和影响的重大性，无法回避也不能拖延，必须首先处理、解决。它表现为重大项目的谈判，重要的会议工作等。

（2）第二象限

这一象限不同于第一象限，这一象限的事件不具有时间上的紧迫性，但是，它具有重大影响，对于个人或者企业的存在和发展以及周围环境的建立维护，都具有重大意义。

【案例】未雨绸缪，是我国古代的成语，意思是说在下雨之前或者是不下雨的时候要先修缮房屋门窗，以防备下雨的时候被淋。不下雨的时候并不需要急于修缮房屋门窗，因此修缮房屋门窗是不紧急的事情。不漏雨的屋子对于雨天来说非常重要，这件事在不下雨的时候准备，才能够保证在下雨天不被雨淋。

案例分析：未雨绸缪是对第二象限事件管理的形象描述。在生活工作中好多重要的事情，都需要在事件出现之前做好准备，这就是制订计划的原因。

制订计划的目的是把那些重要而不紧急的事情，按部就班地高效完成。因此要学会怎样制订计划，怎样做准备。计划、准备、学习、培训等事情都是重要的预防或者是重要的储备工作。

(3) 第三象限

第三象限包含的事件是那些紧急但不重要的事情，这些事情很紧急但并不重要，因此这一象限的事件具有很大的欺骗性。很多人存在认识上的误区，认为紧急的事情都显得重要，实际上，像无谓的电话、附和别人期望的事、打麻将三缺一等事件都并不重要。这些不重要的事件往往因为它紧急，就会占据人们的宝贵时间。

(4) 第四象限

第四象限的事件大多是些琐碎的杂事，没有时间的紧迫性，没有任何的重要性，这种事件与时间的结合纯粹是在扼杀时间、浪费生命。发呆、上网、闲聊、游逛，这是饱食终日无所事事的人的生活方式。

2.四个象限的关系

(1) 第一象限和第四象限是相对立的，而且是壁垒分明的，很容易区分。

第一象限是紧急而重要的事情，每一个人包括每一个企业都会分析判断那些紧急而重要的事情，并把它优先解决。

第四象限是既不紧急又不重要的事情，有志向而且勤奋的人断然不会去做。

(2) 第二象限和第三象限最难以区分，第三象限对人们的欺骗性是最大的，它很紧急的事实造成了它很重要的假象，耗费了人们大量的时间。

依据紧急与否是很难区分这两个象限的，要区分它们就必须借助另一标准，看这件事是否重要。也就是按照自己的人生目标和人生规划来衡量这件事的重要性。如果它重要，那么就属于第二象限的内容；如果它不重要，那么就属于第三象限的内容。

3.走出第三象限

具有假象的第三象限因为它的紧急性往往使人们难以脱身，所以人们经常会跌进第三象限而无法自拔。例如，打麻将的时候三缺一，只要一玩起来就很难脱身，而且要耗费很长的时间才能打出结果。

第一象限的事情必须优先去做，第四象限的事情人们不会去做。第三象限的事情是没有意义的，但是又很难缠，因此，必须想方设法走出第三象限。

4.投资第二象限

第一象限的事情重要而紧急，由于时间原因人们往往不能做得很好。第二象限的事情很重要，而且会有充足的时间去准备，有充足的时间去做好。可见，投资第二象限，它的回报才是最大的。

走出并无意义的第三象限，把有限的时间投入到最具收益的第二象限去，不要再在第三象限做那些紧急但是不重要的无聊事情了。

第四节　商务礼仪训练

项目一　仪表仪态礼仪训练

一、实训目的

1.让学生通过本项目的实训理解仪表仪态的重要性。

2.让学生掌握在商务礼仪中正确表达仪表仪态的方法。

二、实训描述

教师带领学生训练商务礼仪中的仪表礼仪和仪态礼仪。仪态礼仪包括：站姿、坐姿、行姿、蹲姿、表情、眼神、手势。仪表礼仪包括：面部修饰和服饰礼仪。要求学生正确掌握仪表和仪态的规范。

三、实训步骤

1.布置任务与讲解知识

教师首先向学生介绍仪表仪态的注意事项，可通过图片、视频或者亲自示范的方式来讲解。

2.仪态礼仪训练

全班同学在教室围城一个圆形，每个同学依次展示站姿、坐姿、行姿、蹲姿、表情、眼神、手势，要注意男女有别。

站姿的要领：端正、自然、稳重、亲切、面带微笑、有精神。

坐姿要领：端庄稳重、亲切自然、文雅自如，不要把椅子坐满，坐三分之二为宜，从左侧入座。

走姿要领：头正、肩平、躯挺、步位直、步速平稳，上体正直不摆动，两肩相平不摇，抬头挺胸，微收腹；两臂自然前后摆动，肩部放松；两腿直而不僵，身体重心落于脚掌前部；眼平视，嘴微闭，面带微笑；步幅适中均匀，两腿落地一线。

蹲姿要领：一脚在前，一脚在后，两腿向下蹲，前脚全着地，小腿基本垂直于地面，后脚跟提起，脚掌着地，臀部向下。

3.仪表礼仪训练

仪表训练将学生分为男、女两组。男同学以扎领带的衣着礼仪为主，女同学以面部仪表礼仪为主。

脸部的修饰细节：眼部、口部、鼻部、耳部和颈部的修饰。

商务人员的修饰化妆礼仪：洁面、净面、化妆、修妆、化妆的禁忌。

如何保养皮肤。

如何正确使用香水。

服装礼仪应遵循的基本原则：个性原则，着装的TOP原则，协调原则。

西装的着装规范。

领带的打法：单结温莎式、双结温莎式、双环结、交叉结、平结、双交叉结。

四、实训评价

本实训由教师和学生共同评分。评定过程可通过“互联网+”的技术手段，利用雨课堂、微助教等网上教学平台进行。成绩由教师、学生各占50%评定。评定内容包括知识点的掌握情况、展示情况等。

项目二　见面礼仪训练

一、实训目的

1.让学生通过本项目的实训掌握日常商务见面礼仪方面的知识。

2.让学生在面对不同的时间、地点、人物、场合时能够熟练应用商务礼仪。

二、实训描述

教师带领学生训练商务礼仪中的日常见面礼仪，包括：称呼礼仪、介绍礼仪、名片礼仪、握手礼仪、引导礼仪等，并要求学生正确掌握见面礼仪的规范。

三、实训步骤

1.布置任务与讲解知识

教师首先向学生介绍日常见面礼仪的注意事项，可通过图片、视频或者亲自示范的方式来讲解。

2.日常见面礼仪训练

以小组为单位，互相练习。

称呼礼仪：称呼礼仪规范。

介绍礼仪：自我介绍、他人介绍、商业性介绍。

名片礼仪：名片的内容、交换名片的时机、递接名片。

握手礼仪：握手的顺序、力道、方法。

引导礼仪：引导的方法、引导的注意事项。

四、实训评价

本实训由教师和学生共同评分。评定过程可通过“互联网+”的技术手段，利用雨课堂、微助教等网上教学平台进行。成绩由教师、学生各占50%评定。

项目三　商务礼仪情景剧

一、实训目的

通过本课程的教学使学生掌握商务礼仪这一柔性营销手段，掌握营销人员应具备的修养，商务活动的礼仪规范、交际技能和技巧。为能够为成为专业的营销人员或者具有市场营销综合能力的高等技术应用型专门人才打下良好的基础。

二、实训描述

以小组为单位，运用所学知识自编、自导、自演《商务礼仪》情景剧。例如：企业合作双方的商务谈判、面试过程、商务接待等。要求在情景剧中包含商务礼仪的各种知识点，包括问候、介绍、握手、拜访、接待、收递名片、乘车、电话、会议、餐饮等各种常用商务礼仪。要提交剧本，在情景剧中要求用字幕等方式展示礼仪的注意事项，同时全员出镜。

完成任务所需准备的事项：录制情景剧的电子设备，如手机、摄像机等。

三、实训步骤

1.布置任务与讲解知识

教师首先向学生介绍情景剧的具体要求，以及需要注意的事项。

2.组建团队

学生自由分组，每组4～7人，选择一名成员做队长。队长带领将小组成员进行任务分工，主要包括剧本撰写、录制、后期处理等。

3.撰写礼仪剧本

剧本内容包含涉及的礼仪知识，角色分配介绍，场景、台词及动作。要保证剧本的完成度、逻辑性，礼仪知识要点分析要准确，文字表述要标准，要具备吸引力。

4.录制视频

本实训课程可选择在模拟会议室、教室、机房等场所进行，对场所适当可做一些环境布置。每位学生扮演一定的角色，准备演练背景和内容，并进行实际演练，通过角色参与规范礼仪操作。视频时长要求在5～10分钟，MP4格式，画质、声音清晰。情景剧要求用字幕等方式展示相关礼仪的注意事项。

5.汇报展示

现场展示视频成果，并做成PPT演示，时长控制在5分钟。汇报内容包括：涉及的礼仪知识点、体会与启示等。

6.提交材料

（1）实训报告（每个小组1份），包括剧本和视频。

（2）心得体会（每人1份）。

四、实训评价

通过对视频的观看，教师和学生共同评分。评定过程可通过“互联网+”的技术手段，利用雨课堂、微助教等网上教学平台进行。小组成绩由教师、学生各占50%评定。评定内容包括情景剧的完成度、礼仪点分析、逻辑性、吸引力等方面。个人成绩由小组成员互评给出贡献得分，在小组成绩的基础上，上下浮动3～5分。

五、延伸阅读

商务礼仪的五大基本原则

下面是关于商务礼仪的五大基本原则，欢迎借鉴参考。

一、商务礼仪概述

在商务活动中，为了体现相互尊重，需要通过一些行为准则去约束人们在商务活动中的方方面面，其中包括仪表礼仪，言谈举止，书信来往，电话沟通等技巧，根据商务活动的场合又可以分为办公礼仪、宴会礼仪、迎宾礼仪等。

商务礼仪与公共关系：尊重为本。在商务交往中，自尊很重要，尊重别人更重要。

商务礼仪的3A原则，是商务礼仪的立足资本，是由美国学者布吉尼教授提出来的。3A原则实际上是强调在商务交往中处理人际关系需要注意的最重要的问题。

1.第一原则接受（Accept）对方。这一项原则告诉我们在商务交往中不能只见到物而忘掉人。强调人的重要性，要注意人际关系的处理，不然就会影响商务交往的效果。接受对方，宽以待人，不要难为对方，让对方难看，客人永远是对的。比如在交谈时有“三不准”：不要打断别人；不要轻易地补充对方；不要随意更正对方，因为事物的答案有时不止一个。一般而言，不是原则性问题，要尽量接受对方。

2.第二原则重视（Attention）对方、欣赏对方。要看到对方的优点，不要专找对方的缺点，更不能当众指正。重视对方的技巧：一是在人际交往中要善于使用尊称，称行政职务，技术职称；二是要记住对方，比如接过名片要看，记不住时，千万不可张冠李戴。

3.第三原则赞美（Admire）对方。对交往对象应该给予的一种赞美和肯定，懂得欣赏别人的人实际上是在欣赏自己。赞美对方也有技巧：一是实事求是，不能太夸张；二是适合对方，要夸到点子上。

二、商务礼仪使用的目的

1.提升个人的素养，比尔·盖茨讲“企业竞争，是员工素质的竞争”，进而到企业，就是企业形象的竞争，教养体现细节，细节展示素质。

2.方便我们的个人交往应酬。我们在商业交往中会遇到不同的人，对不同的人如何进行交往是要讲究艺术的，比如夸奖人也要讲究艺术，不然即使是夸人也会让人感到不舒服。

3.有助于维护企业形象。在商务交往中个人代表整体，个人形象代表企业形象，个人的所作所为，就是本企业的典型活体广告。一举一动、一言一行，此时无声胜有声。

三、商务礼仪的作用

内强素质，外强形象，具体表述为三个方面：

1.提高个人的素质

商务人员的个人素质是一种个人修养及其表现，如在外人面前不吸烟、不在大庭广众前喧哗。

例如，佩戴首饰的前提是符合身份。四个原则如下：

（1）以少为佳，提倡不戴，一般不多于三种，每种不多于两件。

（2）善于搭配，如穿无袖旗袍、高筒薄纱手套去参加高级晚宴，戒指应该戴在手套里（新娘除外）；少女穿短裙去参加Party，脚链戴在袜子外（建议腿型好的或走路姿势好的少女才戴脚链）。

（3）同质同色。

（4）习俗原则，如配玉坠男戴观音女戴佛；戒指戴左手；戒指戴在食指表示想结婚、戴中指表示已有爱人，戴无名指表示已婚，戴小拇指表示独身，拇指不戴戒指。

2.有助于建立良好的人际沟通

例如，秘书接听找老总的电话，要先告之对方要找的人不在，再问对方是谁、有何事情。

又如，拜访别人要预约，且要遵时守约，提前到可能会影响别人的安排或正在进行的事宜。

3.维护个人和企业形象

商务礼仪的最基本作用是“减灾效应”：少出洋相、少丢人、少破坏人际关系，遇到不知道的事情，最稳妥方式是紧跟或模仿，以静制动，如西餐宴会上女主人是第一次序，女主人就座其他人才能就座，女主人拿餐巾表示宴会开始，女主人拿起刀叉其他人才可以吃，女主人把餐巾放在桌子上表示宴会结束。

商务礼仪知识共享礼仪是人际交往的艺术，教养体现细节，细节展现素质，愿社交礼仪知识能帮助你提高自身修养。

四、商务礼仪中的握手礼仪

握手是在相见、离别、恭贺或致谢时相互表示情谊、致意的一种礼节，双方往往是先打招呼，后握手致意。

1.握手的顺序

主人、长辈、上司、女士主动伸出手，客人、晚辈、下属、男士再相迎握手。

2.握手的方法

（1）一定要用右手握手。

（2）要紧握双方的手，时间一般以1～3秒为宜。当然，过紧地握手，或是只用手指部分漫不经心地接触对方的手都是不礼貌的。

（3）被介绍之后，最好不要立即主动伸手。年轻者、职务低者被介绍给年长者、职务高者时，应根据年长者、职务高者的反应行事，即当年长者、职务高者用点头致意代替握手时，年轻者、职务低者也应随之点头致意。和年轻女性或异国女性握手，一般男士不要先伸手。男士握手时应脱帽，切忌戴手套握手。

（4）握手时双目应注视对方，微笑致意或问好，多人同时握手时应顺序进行，切忌交叉握手。

（5）任何情况下拒绝对方主动要求握手的举动都是无礼的，但手上有水或不干净时，应谢绝握手，同时必须解释并致歉。

（6）握手时首先应注意伸手的次序。在和女士握手时，男士要等女士先伸手之后再握，如女士不伸手，或无握手之意，男士则点头鞠躬致意即可，而不可主动去握住女士的手；在和长辈握手时，年轻者一般要等年长者先伸出手再握；在和上级握手时，下级要等上级先伸出手再趋前握手。另外，接待来访客人时，主人有向客人先伸手的义务，以示欢迎；送别客人时，主人也应主动握手以表欢迎再次光临。

（7）握手时一定要用右手，这是约定俗成的礼貌。在一些东南亚国家，如印度、印度尼西亚等，人们不用左手与他人接触，因为他们认为左手是用来洗澡和上卫生间的。如果是双手相握，应等双方右手握住后，再将左手搭在对方的右手上，这也是经常用的握手礼节，以表示更加亲切，更加尊重对方。

五、商务礼仪中的举止礼仪

1.要塑造良好的交际形象，必须讲究礼貌礼节，为此，就必须注意你的行为举止。举止礼仪是自我心诚的表现，一个人的外在举止行动可直接表明他的态度。做到彬彬有礼，落落大方，遵守一般的进退礼节，尽量避免各种不礼貌、不文明的习惯。

2.到顾客办公室或家中访问，进门之前要先按门铃或轻轻敲门，然后站在门口等候。按门铃或敲门的时间不要过长，无人或未经主人允许，不要擅自进入室内。

3.在顾客面前的行为举止

（1）当看见顾客时，应该点头微笑致礼，如未曾事先预约应先向顾客表示歉意，然后再说明来意。同时要主动向在场的人都表示问候或点头示意。

（2）在顾客家中，未经邀请，不能参观住房，即使较为熟悉的，也不要任意抚摸或玩弄顾客桌上的东西，更不能玩顾客名片，不要触动室内的书籍、花草及其他陈设物品。

（3）在别人（主人）未坐定之前，不宜先坐下，坐姿要端正，身体微往前倾，不要跷“二郎腿”。

（4）要用积极的态度和温和的语气与顾客谈话，当顾客谈话时，要认真听，回答时，以“是”为先。眼睛看着对方，注意对方的神情。

（5）站立时，上身要稳定，双手安放两侧，不要背在背后，也不要双手抱在胸前，身子不要侧歪在一边。当主人起身或离席时，应同时起立示意，当与顾客初次见面或告辞时，要不卑不亢，不慌不忙，举止得体，有礼有节。

（6）要养成良好的习惯，克服各种不雅举止。不要当着顾客的面，擤鼻涕、掏耳朵、剔牙齿、修指甲、打哈欠、咳嗽、打喷嚏，实在忍不住，要用手帕捂住口鼻，面朝一旁，尽量不要发出声响，不要乱丢果皮纸屑等。这虽然是一些细节，但它们组合起来会构成顾客对你的总体印象。

需要说明一点的是：当众化妆是男士们最讨厌的女性习惯。关于这一点，惯例放宽了。女性在餐馆就餐后，让人见到补口红，轻轻补粉，谁也不再大惊小怪。不过，也只能就这么一点，不能太过分。需要梳头、磨指甲、涂口红和化妆时，或者用毛刷涂口红时，请到化妆室或盥洗室进行。在人前修容，是女性使男性最气恼的一个习惯。

第五节　创新思维训练

项目一　曼陀罗思考法训练

一、实训目的

1.通过曼陀罗思考法训练学生的联想力。

2.学生能运用曼陀罗思考法实现一个产品的创新。

二、实训描述

教师首先介绍曼陀罗思考法的作用及操作方法（让学生预习扩展阅读的内容），并通过案例演示的方法让学生熟悉曼陀罗思考法的使用技巧。之后，教师给出一个产品，让学生通过曼陀罗思考法对该产品进行分析，并提出创新的方向。

三、实训步骤

1.打开一个Excel文件，选择一个中心的空格写上主题的名称，如汽车。

2.选择一种展开方式。

主要的展开方式有：

（1）5W2H分析

WHY——为什么？为什么要这么做？理由何在？原因是什么？

WHAT——是什么？目的是什么？做什么工作？

WHO——谁？由谁来承担？谁来完成？谁负责？

WHEN——何时？什么时间完成？什么时机最适宜？

WHERE——何处？在哪里做？从哪里入手？

HOW——怎么做？如何提高效率？如何实施？方法怎样？

HOW MUCH——多少？做到什么程度？数量如何？质量水平如何？费用产出如何？

（2）词性分析

列出与展开主题相关的词性，动词（开汽车）、形容词（昂贵的汽车）、名词（宝马汽车）、副词（非常昂贵的汽车）等。

（3）属性分析

列出汽车相关的属性，汽车结构、体验、颜色、操控性等，根据分析目的选择分析的属性见表2-7。

表2-7 属性分析表

H品牌渗透	A产品开发	B用户发展
G用户留存	微信运营	C图文推送
F用户活跃	E用户调研	D数据分析

①在第一层次展开的基础上，以第一步的主题为中心进行第二层展开。展开的层次根据实际需要而定（如图2-18所示）。

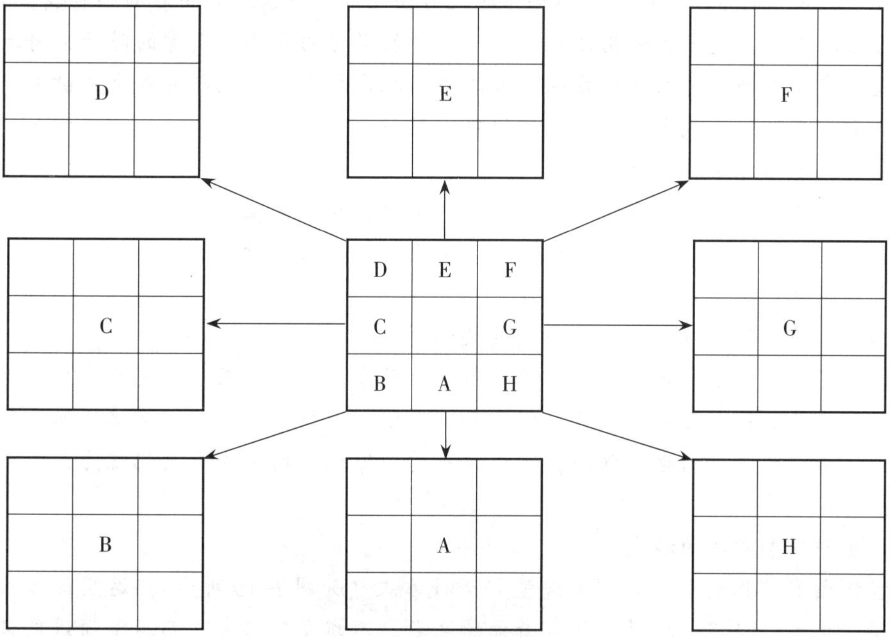

图2-18 曼陀罗展开图示

②在曼陀罗展开的基础上，通过改变一个或一些属性，探索对主题的创新，如汽车颜色二层展开：素色、光亮、黑色、白色，那是不是可以有一种可变颜色的汽车。

③各小组根据展开情况，提出创新的方向，并在班级中展示。

四、实训成果

学生将课堂上的实训成果进行整理，并形成完整的报告；每一个学生提交一份实训心得。

五、实训评价

1.学生课堂情况占60%。

2.实训报告与心得占40%。

六、资料来源

佚名．“博士后伴你学”曼陀罗思考法［EB/OL］．［2018-02-17］．http：//www.sohu.com/a/223032095_795456.

七、延伸阅读

曼陀罗思考法是什么？

曼陀罗思考法，将人的意识、感觉、思考、自我、潜在，精练组合，是一种将知识换成智能的思考及学习工具。现在已经有非常多的人运用曼陀罗思考法于思考策略及学习的领域中。

曼陀罗思考法是由日本的今泉浩晃博士，从日本空海大师所带回的胎藏界曼陀罗和金刚曼陀罗解密中演绎得来。今泉浩晃博士将其加以系统化利用之后，成为绝佳的计划工具。曼陀罗生活笔记的最终目的是将“知识”转变为实践的“智慧”。按照此方法制作备忘录，应付学业与工作上的各项疑惑，灵感将不断涌出。它也是学习与工作时的最佳武器。利用曼陀罗思考法，可跳脱直线思维，将思绪向四面八方拓展、帮助你快速产生灵感。又因为此方法运用的是你的右脑，所以，熟练掌握此方法还能有效激发你的右脑潜能哦。

九宫格思考法，是一种利用九宫格矩阵图发散思考的方法。思考的时候，将我们要思考的主题写在正中央，并向八个方向扩散思考，找出构成这个主题的八个关键要素，进而再扩散思考，直到最终找出一个完善的解决方案。

一、曼陀罗思考法的优点

- 自我分析、自我了解、生活安排、工作进度、人脉管理、笔记技巧。
- 企业组织、经营管理、生涯规划、目标设定、企业分析。
- 营销企划、活动企划、商品开发。
- 协调沟通、问题解决、聚焦与凝聚共识。

曼陀罗思考法训练大脑的主要能力：对于大脑浅层记忆及深层记忆的数据，可以快速地联想、思考及运用；可以快速地分析及整理大脑的数据库；可以将数据快速地联想，做创新思考；透过图像式的思考联想，可以让视觉图像化，增加印象及记忆力；更可以让人一目了然。

二、曼陀罗思考法的种类

九宫格图有“扩展型”和“围绕型”两种方式（如图2-19所示）。运用此方法的要诀是，凝视—思考—凝视—思考（即盯着你的主题，不断发散思考，而不是通过阅读收集资料来获取灵感）。

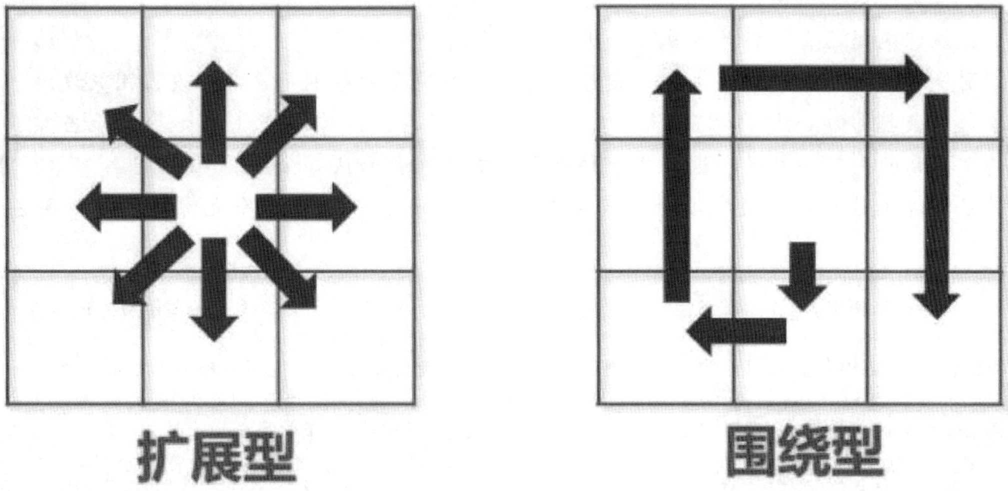

图2-19　曼陀罗思考法种类

放射性排列法水平式思考方式，又称水平式的思考法，是将所要联想或思考的主题，放在曼陀罗方格的正中央，其他联想到的想法或策略，成放射性的排列方式，随意置于主题周围。这种思考方法常用于潜能开发、创意联想、自我分析、商品的模型，是一种不设限的思考方式。运用此法，你可以在中间填上你想要思考的主题，然后再把周围的格子填满即可。如果这时候你思路如泉涌，那么你还可以将周围的八个小格子继续向外扩散成一个个九宫格。这就好比中国的八卦图一样，不断地衍生出许许多多的子九宫图出来（如图2-20所示）。

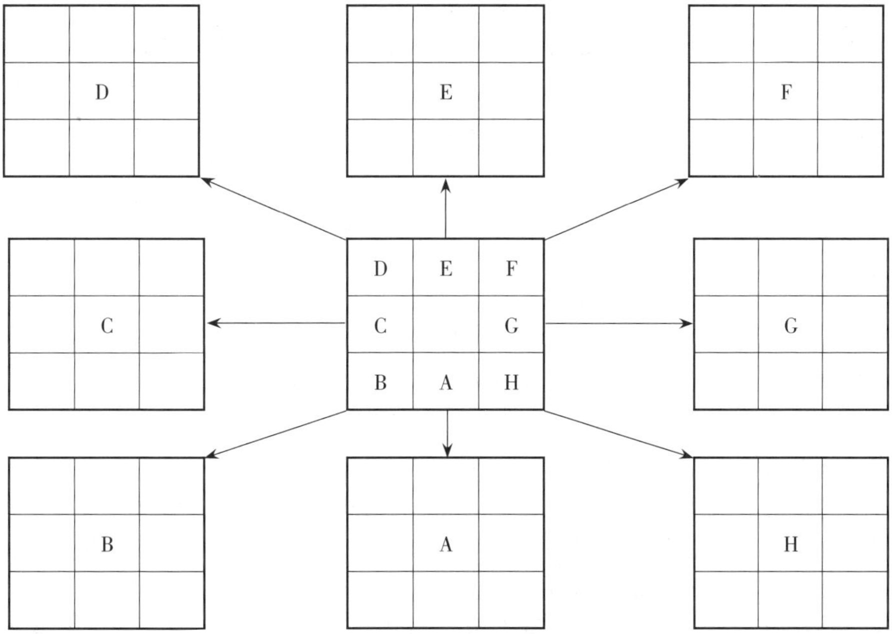

图2-20　曼陀罗思考法展开图示

扩散型思考法非常适合策划、产品、运营岗位的人员。特别是在做活动策划、产品策划、H5等创意阶段，当没有太多头绪的时候，你可以从一个关键词不断发散出去，最终形成一个完成的思维网图，让你快速打开思路源泉。

我以“微信运营”作为主题，给大家做案例分析：

围绕“微信运营”这个主题，我想到的八个关键要素分别是产品开发、用户发展、图文推送、数据分析、用户调研、用户活跃、用户留存、品牌渗透（见表2-7）。当然，不同的人想到的是不一样的，这取决于每个人的工作经验和认知深度。

根据以上这个八个关键要素，我又继续向外扩散，得出了八个九宫格图（如图2-21所示）：

优惠折扣	体验分享	新品试用	运营推广	用户调研	开发立项	经验分享	地推活动	微信活动
专家咨询	H.品牌渗透	图文硬广	产品测试	A.产品开发	开发文档	H5	B.用户发展	内容引导
角色带入	品牌软文	活动软文	后端开发	前端开发	UI设计	微信导流	问答	小号导入
疑难解答	用户定位	线下交流	H.品牌渗透	A.产品开发	B.用户发展	效果跟进	推送频率	推送时间
用户调研	G.用户留存	有奖活动	G.用户留存	微信运营	C.图文推送	内容数量	C.图文推送	效果分析
产品迭代	趣味活动	优质内容	F.用户活跃	E.用户调研	D.数据分析	推送测试	图文排版	文案撰写
经验分离	优质内容	话题互动	推送时间	推送频率	用户偏好	竞品分析	用户属性	图文阅读量
疑难解答	F.用户活跃	有奖活动	行为动机	E.用户调研	产品体验	异常监控	D.数据分析	用户关注
用户UGC	趣味活动	社群建设	阅读体验	用户属性	活动体验	阅读偏好	用户偏好	活动效果

图2-21 曼陀罗思考法展开示例

于是，我们看到，原来微信运营的构成要素是这么多！如果你能画得比我更好，那么说明你在微信运营层面已经比我厉害了哦。通过这个例子我们发现，只要有足够的想法，每一个点都可以继续向外扩散出去，直到把你的脑袋“榨干”为止。

三、螺旋式排列法垂直式思考

这种思考方法，是由今泉浩晃所提出的一种螺旋状的思考模式，其顺时针排列的思考模式，跟“之”字型很像，又称垂直式的思考法，就是将所要联想或思考的主题，置于曼陀罗方格的正中央，其他联想到的想法或策略，由主题向下方垂直往下再往左最后往上，并呈顺时针的方向排放联想内容，按照顺序完成思考。

这种思考方式常用于对事物的联想有时间性或先后顺序性时，像旅游、聚餐、生活计划、项目计划、创意写作……

九宫图比较适合用来作为流程性质的思考与安排。在中心格上列出主题以后，以顺时针的思考顺序去思考。非常适合用来制定工作行程安排。例如，我们以一天的行程安排作为九宫图，从中间的格子开始，将一天的时间划分为几个时间段，再根据每个时间段填上你的计划事项就完成了你的九宫图（如图2-22所示）。

当然，你还可以用“围绕型”九宫图做你的周计划、月计划安排，根据个人需要，灵活运用即可。

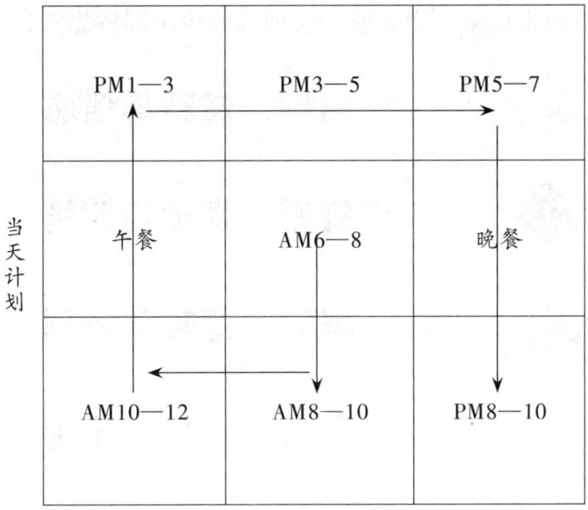

图 2-22　围绕型展开示例

四、十字形排列法

该方法，是将所要联想或思考的主题，放在曼陀罗方格的正中央，将其他联想到的想法或策略，成十字型的方式，快速地放置于十字形的四个方位，再将联想到的想法或策略，置于曼陀罗的四个空白角落（如图 2-23 所示）。此种思考方式常用于快速联想做决策，比如：即席演讲、提案、得标、聚餐……

	持续自己工作上的思考及行动	
创造自己行动的环境	决定自己的行动制订计划	创造自己行动的时间
	培养学习、思考、观察力及感性	

图 2-23　十字形展开示例

项目二　六顶帽子思考法

一、实训目的

1. 通过六顶帽子思考法训练，突破垂直思维定势。

2. 训练学生的水平思维能力，实现创新。

二、实训描述

教师首先利用PPT系统介绍六顶帽子思考法的基本内容，重点让学生理解不同帽子的含义。在此基础上，教师再以某一产品或活动训练学生不同的思考方式（如图2-24所示）。

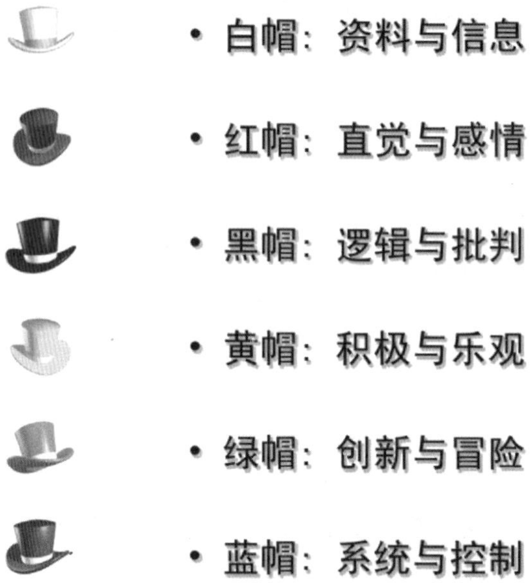

图2-24 “六顶帽子”代表的含义

实验道具要求：

1.培训白板纸每小组2张。

2.白色、红色、黑色、黄色、绿色、蓝色帽子各1顶。

3.培训白板1块。

三、实训步骤

1.确定思考主题，如以班级春游为主题。

2.根据主题，确定思考帽子的使用顺序，如白—红—黑—黄—绿—蓝。

3.教师介绍一种思考帽的要点，然后发布思考指令：如现在请用白色帽子思考。

4.各组用白色帽子思考方式讨论，并把结果记录在白板纸上（如图2-25所示）。

白色帽子	黄色帽子	蓝色帽子
红色帽子	黑色帽子	绿色帽子

图2-25 白板图样示例

5.教师请一个学生上台，带上相应的帽子，并把结果填到白板上。

6.通过六顶帽子的思考，最终针对主题得出结论。

四、实训成果

学生对将课堂上的实训成果进行整理，并形成完整的报告；每一个学生提交一份实训报告。

五、实训评价

1.学生课堂情况占60%。

2.实训报告占40%。

六、资料来源

杨发才．六顶帽子思考法总结［EB/OL］．［2015-11-27］．http：//www.360doc.com/content/20/0328/11/68819958_902208869.shtml.

七、延伸阅读

六顶帽子思考法的使用方法

一、六顶帽子思考法

表2-8展示了六顶帽子思考法的特点。

表2-8　六顶帽子思考法的特点

思考法	特点
白色帽子	细致、客观、注重细节和沟通
红色帽子	情绪化、感情化、非理性
黑色帽子	否定、怀疑、悲观
黄色帽子	积极、乐观
绿色帽子	创新、变化
蓝色帽子	控制者、组织者

1.白色帽子思考法

白色帽子思考法的主要特点是细致，客观，注重细节和沟通。它是沟通的有效工具，它强调的是事实本身而不是解释。其行为要点最重要的是事实。这是最基本的一个方面，其他的都是对这个方面的扩展。

要清楚知道事实和解释之间的差别，是相信的事实还是验证过的事实，是事实本身还是近似事实，都要明辨区别。如果不可能了解真实的情况，或者成本很高，应该采用“一般来说”或“绝对真理”的做法。须要注意的是，这个“一般来说”或“绝对真理”是有一定条件的，要注意其适用的环境因素有没有发生变化，如果发生了变化，“一般来说”或“绝对真理”的经验可能就不再适用了。

2.红色帽子思考法

红色帽子思考法是情绪化、感情化、非理性的。因为人是情感性的动物，情感自始至终在引导、影响着我们的思考，所以在传统的思考方法当中，把这些情感因素列为对思考的一种干扰，要尽可能排除。但是六顶帽子思考方法把情感因素作为合理存在，给了它一个合理的存在地位，因为它的确在主导着我们的想法。红色帽子思考法的行为要点一个重要方面就是不要问为什么。此外，红色帽子思考法不仅包括正面的想法，而且包括负面的想法，只要是非理性的想法都归在红色帽子里面。

3.黑色帽子思考法

黑色帽子思考法的特点是否定的、怀疑的、悲观的。它的行为要点是合乎逻辑的。同时，在运用这种方法时，要避免辩论、沉溺于攻击他人的快感之中。

4.黄色帽子思考法

黄色帽子思考法的特点是积极的、乐观的。它与黑色帽子恰好相反，一个是朝最坏的可能性去思考，一个是朝最好的可能性去思考。不过，黄色帽子思考法的行为要点跟黑色帽子的行为要点却很相像——要有逻辑，而不是想象，即使是想象也是有限的。无限的想象无论朝积极的方向还是消极的方向，都把它归在红色帽子底下。

当讨论的是一个新事物、新办法、新思路的时候，先要扶持；但是戴完黄帽子以后还要戴黑帽子，要考虑这个新东西在未来的成长过程中可能要面对的风风雨雨，要考虑怎样去防范这些风风雨雨。

发生负面情况或者风险比较大的时候，要先戴黑色帽子，先把最坏的情况想出来，做好防范，避免最坏可能性的发生，尽量减少可能的损失。在这样的情况下应该先戴黑色帽子，然后再戴黄色帽子。表2-9展示了六顶帽子的相互对应关系。

表2-9 六顶帽子的相互对应关系

黄色帽子	有逻辑、有依据、计步骤和方法	白色帽子	无逻辑、无方法，只要事实
黄色帽子	正面的、积极的	黑色帽子	负面的、否定的
黄色帽子	理智的、正面的	红色帽子	情感的，无论正面负面，只要非理性
黄色帽子	现实基础上的逻辑推理	绿色帽子	强调创新，无边的想象力

注：蓝帽子是裁判，制定规则，一般不体现。

5.绿色帽子思考法

绿色帽子没有离开现状，就好像我们蹦得再高，也终归会回到地面上。但是绿色帽子就突破了地心引力，到了另外一个领域里。它最大的特点是：创新、变化。

要用变化的想法，集中所有人的精力去创新；要清楚认识到这种创新可能是没有结果的，但是这不妨碍在这方面付出心智去考虑各种各样的可能性。创新性思维的方法很多，有坐标交叉法、随意诱因法、加减法等。

6.蓝色帽子思考法

蓝色帽子作为控制者和组织者，其最主要的责任就是控制、组织、指挥和协调整个思考过程，使思考过程程序化、清晰化、条理化。其技术要点有两个：问正确的问题和定义问题。蓝色帽子还要在思考的过程中不断做摘要、概括、总结，维持思考的秩序，使思考集中到一个方向，不断地从一个台阶走上另一个台阶，不断前进。

二、六顶帽子思考法的行为要点

1.集体性

六顶帽子思考法基本上针对的是集体性思考，而不是个人思考。当然个人思考也可以采用六顶帽子的思考方式，从不同的角度去看问题，但是这种思考方法用在集体性思考时最有效。

2. 严肃性

这是一种慎重、严肃、用尽心智的思考，而不是随随便便想一想，也不是在多种可能性中进行随便选择。

3. 重在行动

有的时候为了沟通上的方便，需要用行为表达思想，即用行动外化思维。一个人可以躺在床上思考，思考过程可能会非常激烈，内心汹涌澎湃，但是表现不出来，没有人理解。

可以用行为把思维过程表达出来，作为一种更有效的沟通。

这种思维方式往往不是一个人独处时的思考，更多的是在集体性思考的时候运用。每个人都往同一个方向去考虑的时候，就容易把各种各样的可能性考虑充分。其实这种思维方式也是一种很重要的沟通方式，爱因斯坦就因为在与朋友的争论中才推动了相对论的最后创立。正如同样一个地点，每个人走的路径不一样，甲说应该从右边走，乙说应该从左边走，两人在磨合过程中，就会认识到其实都是一回事，最终都可到达。而六顶帽子思考法，就是要停止争吵，要求从同样的路线走过去，从而规范集体性思维。

4. 角色扮演

这种思维方式一定要做角色扮演，就是不以自我为出发点，需要做什么事情就必须做什么事情。以自我为中心，容易封闭自己的思想，而不再接受别人的观点，既害了自己，又害了别人。尤其是在一定领导岗位的人，如果不能广纳众议，那么员工的积极思考就没有回报，他们慢慢就会不再思考，不再提建议，这就等于害了别人，同时也害了自己。

三、六顶帽子思考法的要求

作为一个小组性的活动，六顶帽子思考法要求：

1. 戴同一顶帽子

小组所有的人都理解思考问题的方向，也就是说在同一时间非常清楚用哪一种方式进行思考。

比如鱼买回来了，现在要思考鱼的做法，所有的人要同时去想这件事，不管此时爱吃不爱吃。这个时候每个人自己爱吃什么鱼已经不重要了。假设最后选择了红烧，那就要换一顶帽子，所有人都去想红烧鱼怎么做，有几种做法，这时同样要求所有人要戴同一顶帽子。这样，水平思考法就可以在同一个事实、同一个原因的前提下集中所有人的注意力，一项一项地考虑不同的可能性，尽可能运用集体的智慧、经验和知识，在各个方面想得尽可能透彻。

2. 全体成员的认可

小组所有的人都接受这种思考方式是有益的。如果有人认为这种思考方式没什么意义，那么他在这个小组中就起到一定的破坏作用。

3. 行为表现思维

六顶帽子思考法要求必须用行为把思考表示出来。

4. 遵守共同的游戏规则

所有的成员要遵守一个游戏规则，不能自己想怎样就怎样。在一个组织中运用这种思考方式，要遵循一个非常重要的原则，即所有参与者都应该是平等的，不管是领导还是下属。虽然在工作中有等级关系（一般来说领导的话更有权威和影响力），但是在这种思维方式下，要求每一个人都是平等的，不管年龄、职务、性别、资历。这个原则非常重要——只有平等、公开，把自己的想法跟小组成员共享，才能把这个方法运用得透彻。

四、六顶帽子思考法的好处

先从一个角度把事实看得尽可能透彻，然后再换一个角度，这是六顶帽子思考法的一个特点。

而它最重要的一个特点是在现实生活当中的同一个问题可以有多种答案。这些可能性在现实生活中都有存在的意义，具体选择哪种可能性，要以充分地思考和讨论为前提。

这种思考方法的好处是什么呢?

1.培养不同的思考方式

人的思维有一些障碍和误区，很多都是由习惯性思维造成的。六顶帽子思考法的第一个好处就是能克服习惯性思维，培养不同的思考方式。比如有的人生性比较谨慎、保守，考虑任何问题都会从最坏的可能性着手，这样形成习惯性思维，他看任何问题都是灰色的。

六顶帽子思考法就是要培养一种积极向上的创新的思考方式，这种思考方式是培养出来的，不是天生的。

2.引导注意力

不同的人思考的方向会不同。六顶帽子思考法是一个集体性的思维，它最大的好处是引导注意力，使集体的思考都集中到同一个方向。

3.便于思考

众人都朝一个方向思考，想的都是一件事情，这样既便于思考，又便于交流。因为一开始就是在一个方向上努力，所以关键是怎样在这个方向上把问题看深、看透。

4.计划性思考，而非反应性思考

这完全是一种主动的，按照计划有所安排的思考方式，不是碰到一件事后的突然反应。所以说，这种思考方式更适合为了某一个事实或事件而进行集体性的思考。

第三章

市场策划能力培养模块

第一节　市场调研与分析技能训练

项目一　文献调查

一、实训目的

1. 使学生了解什么是文献资料，并通过对文献资料的收集进一步明确所要研究的主题。

2. 了解调查对象的性质、范围、内容和重点等，通过查阅文献资料，学生可参考或直接使用已有调查采用的方法。

3. 了解在调查过程中潜在的问题和困难，根据对文献资料的研究可以对实地调查方案的设计起到指导作用。

二、实训步骤

学生实践任务描述：本实训项目要求学生组成小组，确定本课程的调查主题，并协作完成文献资料的收集，具体步骤如下：

1. 组建《市场调查与预测》课程实训小组

自由组建小组，由各班长负责，每组为3～6人，要求不同性格、不同能力的人合理配置。

2. 确定调查主题

每个小组经讨论后决定本小组的调查课题。一般来说，一个调查课题必须符合以下要求：第一，调查切实可行，能够运用具体的调查方法进行调查。第二，可以在要求的时间内完成调查。调查时间过长，调查结果就会失去意义。第三，能够获得客观的资料，并能根据这些资料解决问题。下面的例子供选择参考：

嘉兴市汽车市场调查；

嘉兴市××服装市场调查；

嘉兴市房地产市场调查；

嘉兴市××（消费品）市场调查；

大学生手机消费情况调查；

大学生网络购物情况调查。

3. 确定文献调查的内容

（1）了解与调查课题有关的已有调查成果

通过文献调查，学生能够了解前人已经取得的调研成果，特别是了解该课题的研究现状，对于学生正确选择调查课题、设计调查方案、开展对比研究具有重要的参考价值，它是避免盲目性和重复研究，以及少走弯路或不走弯路的重要步骤。

（2）了解与调查课题有关的理论与方法

通过文献调查，学生能够了解与调查课题有关的各种理论观点和调研方法，以及正在发展着的社会环境和调查工作面临的主客观条件的变化，从而帮助学生重新界定自己的概念和理论框架，重新确定研究问题，使其更加具体，可为提出研究假设、设计调查方案、确定调查方法、安排调查工作等提供必要的参考。

（3）了解调查对象的历史与现状

通过文献调查，学生能够了解有关问题和调查对象的基本情况，以及他们所处环境的历史、地理、政治、经济、文化、风俗习惯等资料，对于顺利开展调查工作具有重要作用。通过研究文献，可以找出在过去相关研究中所采用的成功或不成功的方法，确定现在要研究的问题在过去的研究中，是否已经有了答案、是否受到关注，程度如何，了解用何种方法和工具进行测量。

（4）了解与调查课题有关的政策与法律

通过查阅文献，学生能够了解与调查课题有关的各种方针、政策和法律、法规，是确立调查工作指导思想、加强调查工作的政策性和法律性、保证调查工作顺利进行的必要条件。

三、实训成果

1.各组提交文献调查成果报告。

2.各组在课堂对小组报告进行陈述。

3.应用“微助教”等互联网工具进行组间互评。

四、实训评价

小组PPT讲解时长为10～15分钟，具体内容包括：从哪些渠道查阅了哪些文献？从文献中获得了什么？已有文献存在哪些不足以及下一步准备怎么做？实训考核在“微助教”上进行，每位同学参与打分，教师评分和学生互评的评分权重如图3-1所示：

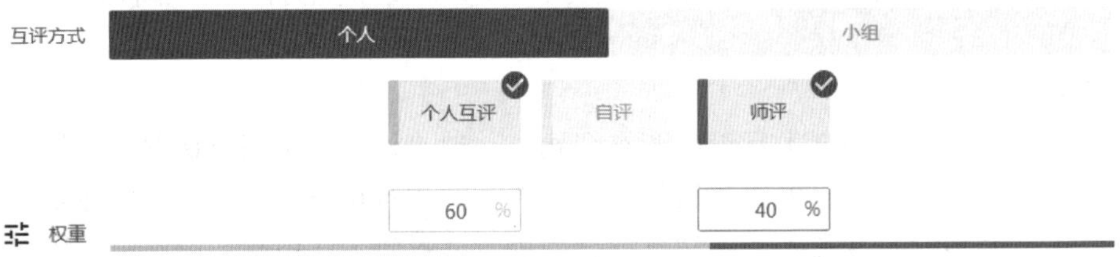

图3-1 “微助教”教师评分与学生互评的评分权重

评价维度包括：文献来源及形式的多样性；对文献的评析；表达清晰、内容娴熟、节奏适中；PPT制作。各维度权重如图3-2所示：

图3-2 “微助教”中的评价指标及权重

五、参考资料

［1］蒋萍.市场调查［M］. 上海：上海人民出版社，2007.

［2］胡祖光，王俊豪，吕筱萍.市场调研与预测［M］. 北京：中国发展出版社，2006.

项目二　调查方案设计

一、实训目的

1.使学生在市场问卷调查活动开展之前，就能列出将要解决的问题。

2.能对问卷调查工作全过程的各个方面进行通盘考虑和安排，制定合理的工作程序，并提出相应的问卷调查实施方案。

二、实训步骤

学生实践任务描述：每一小组根据选题设计一份可行的调研方案。具体步骤如下：

1.确定调研问题、分析调研背景

每个小组经讨论和查阅文献后确定本小组市场调研的问题，只有对调研问题有清晰的认识和准确的定义，市场调研项目才能有效地实施。

调研问题的提出一般都有一定的背景，了解相关的背景资料有助于对问题的把握。

2.制定调研目标

在对调研问题的背景资料进行分析之后，为了保证调研结果的实用性和正确性，必须确定具体的调研目标。调研问题一旦确立，调研目标就可以从问题的定义中引申出来。

3.设计问卷调查方案

小组设计问卷调查方案，要求在每份问卷调查方案中包括以下内容：问卷调查的目的；问卷调查的对象和单位；问卷调查的内容；问卷调查的项目和提纲；问卷调查的时间和期限；问卷调查的地点；问卷调查的方式方法等。

三、实训成果

1.每组提交问卷调查方案，按要求进行打印。

2.每组准备陈述用PPT，指定小组成员进行陈述。

四、实训评价

实训考核在“微助教”上进行，每位同学参与打分，教师评分与学生互评的评分权重如图3-3所示：

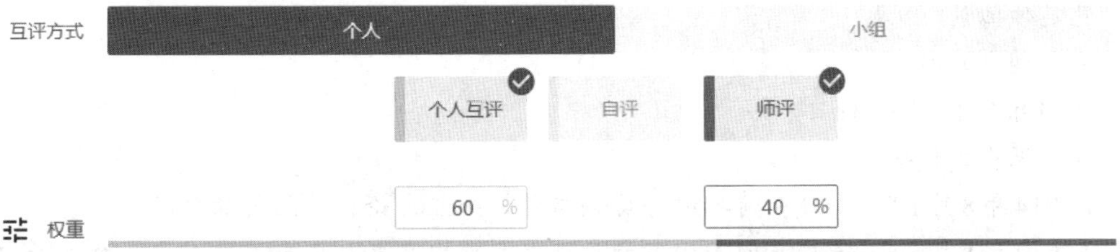

图3-3　“微助教”教师评分与学生互评的评分权重

评价维度包括：调研方案体现了调研目的和要求；方案设计内容具体、安排合理、具有可行性；陈述清晰、内容娴熟、节奏适中；排版与格式规范。各维度权重如图3-4

所示：

评价维度

序	维度名称	权重	描述	操作
1	调研目的明确、	30 %	描述	
2	问卷结构完整、	40 %	描述	
3	陈述清晰、内容娴熟、	20 %	描述	
4	排版与格式规范	10 %	描述	

图3-4 "微助教"中的评价指标及权重

五、参考资料

[1] 蒋萍.市场调查［M］. 上海：上海人民出版社，2007.

[2] 胡祖光，王俊豪，吕筱萍.市场调研与预测［M］. 北京：中国发展出版社，2006.

[3] 陈凯.市场调研与分析［M］. 北京：中国人民大学出版社，2016.

六、延伸阅读

调查方案示例：温州长嘴利群烟市场情况调查方案

一、调查目的

温州市利群品牌的烟主要以销售"软蓝利群"为主，已经占据17元档的98%的市场份额。但是利群烟的畅销产品"长嘴利群"（零售价20元/包）的销量却较小，而温州市场的中华销量却非常大。为了进一步提升利群的产品结构，寻找温州长嘴利群的产品拓展空间，特对长嘴利群做一个市场调查。

二、调查内容

1.在15～20元/包零售价的消费者中，了解抽过长嘴利群的消费者情况，了解没有抽过长嘴利群的消费者情况。

2.了解所有被调查者对高档卷烟产品的认识及消费者的背景资料。

三、调查对象及样本分析

1.调查对象：市区主要街道的商场、超市、香烟零售店内的购烟的消费者。

2.样本分析：拟调查温州三区共300份样本，鹿城区200份，瓯海区、龙湾区各50份。

四、调查问卷

见延伸阅读。

五、调查时间

2014年8月1日—31日。

六、调查工作安排

1.2014年8月1日—4日，前期统筹协调工作，小组讨论，及组员的任务分配。

2.2014年8月5日—6日，问卷方案的设计：主要内容包括调查选取对象、样本抽取方法、设计调查问卷、组织实施步骤、采用方法、设计日程安排。方案设计力求科学、系统。

3.2014年8月7日—20日，问卷以电子邮件的方式传给温州终端营销员，开始调查。

4.2014年8月21日—25日，调查数据整理、计算，得出可供使用的有效数据，进而对调查结果做出准确描述及初步分析，为以后调查报告的撰写提供合理数据。

5.2014年8月26日—31日，撰写调查报告。

七、调查地点

温州市鹿城区、瓯海区、龙湾区。

八、调查方式方法

在各区主要街道的商场、超市、香烟零售店，由调查员询问购烟的消费者。

九、资料整理

1.对合格的问卷进行录入，用必要的硬件进行计算，得出可供分析的初步结果，为进一步分析提供依据。

2.对各种数据进行人工分析，再生成图表及分析预测报告。

3.使用文字报告的形式演示文档。

十、经费预算

1.问询时的广告品由厂家提供。

2.问卷在厂里复印。

十一、调查小组人员

娄××等17人。

十二、调研工作分组

1.调研方案撰写：娄××等6人。

2.问卷设计：周××等5人。

3.实地调查：温州当地10个终端营销员每人负责30份问卷。

4.数据输入及统计：王××等8人。

5.结果分析：董××等7人。

6.调查报告涉及与撰写：董××等6人。

项目三　调查问卷设计

一、实训目的

1.提高学生设计整体调查问卷的能力，设计询问问句和合理安排问句顺序的能力。

2.在明确问卷设计概念的基础上，了解调查问卷的作用和问卷的格式，掌握问卷设计的原则、程序和方法。

二、实训步骤

学生实践任务描述：本实训项目延续前一项目的分组，在明确向被调查者了解哪些问题的前提下，设计一份符合要求的完整的市场调研问卷。具体步骤如下：

1.确定调查项目

调查项目即具体的调查内容。在项目二的基础上，拟定所要调查的项目，这需要全面考虑，把各种与调查目的有关的内容罗列出来。

2.依据调查项目，初步拟定调查问卷

在确定具体的项目后，针对每一个调查项目，设计若干问题，确定问句的类型，形成调查问卷的主干部分。然后设计调查问卷的其他组成部分，如被调查者的基本情况、说明词、编号等内容。设计问卷初稿一般需要做两方面的具体工作：一是将所有的问题和答案设计出来；二是从整体上将所有的问题按一定顺序排列成问卷初稿。

问卷设计是否合理，会直接影响调查结果的真实性，从而影响调查效果，因而在设计问卷时要注意以下六方面问题：

第一，应最大限度减轻被调查者的负担。

第二，问题设计应具体、用语准确、答案完备。

第三，避免提出诱导性问题。

第四，提出的问题应使被调查者有能力回答。

第五，要考虑人们的心理因素，避免提出令人窘迫的问题。

第六，注意问题的逻辑关系。

在设计调查问卷初稿的过程中，要注意合理排列问题与答案的顺序。问题与答案的合理顺序，在问卷调查中是不可忽视的。同样是若干个问题，顺序合理就能得到良好的调查效果；而顺序不合理往往会影响调查质量和问卷的回收率。排列问题与答案的顺序，一方面要便于被调查者顺利地回答问题；另一方面要便于调查者在调查后对资料进行整理和分析。一般应考虑如下几点：

第一，应按问题的性质和类别排列。

第二，应按问题的难易程度排列。

第三，应按问题的时间顺序排列。

第四，应按被调查者的心理承受能力排列。

3.对问卷初稿进行试用和修改

修改问卷初稿是在最终将问卷用于市场调查之前，在对问卷进行试用的过程中发现的问题，应及时进行修改，这是在问卷设计中不可缺少的步骤。

试用市场调查问卷初稿通常采用两种办法：一种是进行小样本的调查，对问卷初稿进行客观检验。这种做法实际上就是搞一次小型的问卷调查，但目的并不是取得调查资料，而是对问卷初稿从各方面进行检验，发现问卷初稿的问题和不足，并对问卷初稿进行修改。

试用初稿的另一种方法是主观评定法。它是将问卷初稿复制10份左右，分别送给对问卷调查有研究的专家，以及对问卷调查法有经验的调查员，从调查对象中选择出有代表性的被调查者，由他们对问卷初稿进行阅读、分析和评定，根据他们的评定对问卷初稿进行修改。

三、实训成果

1.每组提交调查问卷初稿，按要求进行打印。

2.每组准备陈述用PPT，指定小组成员进行陈述。

3.对每组问卷初稿进行课堂讨论分析，在此基础上各组对问卷进行修改。

4.提交问卷设计修改稿。

四、实训评价

实训考核在“微助教”上进行，每位同学参与打分，教师评分与学生互评的评分权重如图3-5所示：

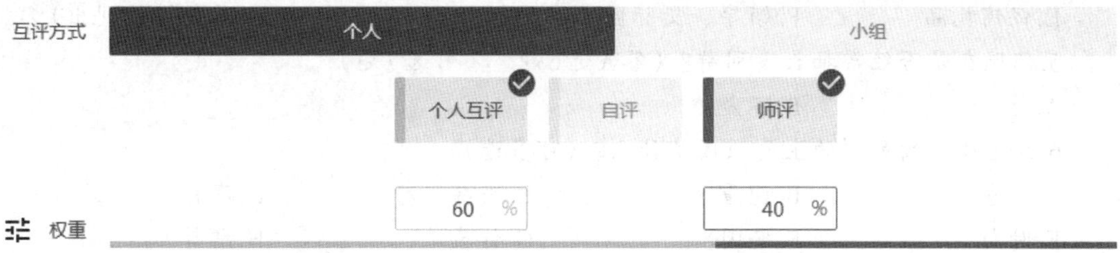

图3-5　“微助教”教师评分与学生互评的评分权重

评价维度包括：问题和答案的合理性；测量尺度的多样性；问卷篇幅适中、版面设计合理；陈述清晰、内容娴熟。各维度权重如图3-6所示：

评价维度

序	维度名称	权重	描述	操作
1	问题和答案的合理性	40%	描述	
2	测量尺度的多样性	30%	描述	
3	问卷篇幅适中、版面设计合理	20%	描述	
4	陈述清晰、内容娴熟	10%	描述	

＋ 添加维度

图3-6　“微助教”中的评价指标及权重

五、参考资料

［1］蒋萍.市场调查［M］.上海：上海人民出版社，2007.

［2］胡祖光，王俊豪，吕筱萍.市场调研与预测［M］.北京：中国发展出版社，2006.

六、延伸阅读

问卷案例：温州长嘴利群市场调查表

先生/女士：

您好！

我是杭州卷烟厂市场调查员，现在正进行一个关于卷烟消费的访问，希望了解一下您吸烟的一些基本情况。你的资料我们将一切保密。非常感谢您协助我们完成这次工作！

1.您最近吸得最多的卷烟价格在下列哪个范围？

A.15元以下（终止访问）　　B.15～20元

C.20～30元　　D.30元以上

2.您是否抽过长嘴利群？

A.抽过（答A卷、综合卷）B.没有抽过（答B卷、综合卷）

A卷

3.您觉得长嘴利群带给您什么感觉？

A.更加健康　B.口味更加醇厚　C.更具有时尚感　D.更具有档次

4.您是通过什么渠道知道长嘴利群的？

A.朋友介绍　B.经烟户介绍　C.店堂广告　D.户外广告

E.促销礼品　F.领导、交际圈的引导　G.其他（请列出）

5.您现在是否经常抽长嘴利群？（答A选6题、答B选7题）

A.是　B.不是

6.您选择长嘴利群的主要原因是什么？（可多选）

A.实惠　B.稳重　C.兴奋　D.高档

E.时尚　F.安闲　G.健康　H.醇厚

7.您最终未选择长嘴利群的主要原因是什么？（可多选）

A.价格偏高　B.口味不适　C.档次不够　D.烟支偏短

E.包装不喜欢　F.不流行

B卷

8.您是否认为长嘴卷烟更有利于健康？

A.认可　B.基本认可　C.不认可　D.不清楚

9.您是否知道长嘴利群这个品牌？

A.知道　B.不知道

10.（9题选A者答）您是通过什么渠道知道长嘴利群的？

A.朋友介绍　B.烟户介绍　C.店堂广告　D.户外广告

E.促销礼品　F.领导、交际圈的引导　G.其他（列出）

11.您是否打算尝试长嘴利群？

A.有打算　B.没有打算　C.不清楚

综合卷

12.利群卷烟能让您想起什么样的感觉？（限选2项）

A.实惠　B.高档　C.时尚　D.醇厚

13.中华卷烟能让您想起什么样的感觉？（限选2项）

A.实惠　B.高档　C.时尚　D.醇厚

14.您经常在什么地方买烟？（单选，请在选项中打对号）

香烟零售专卖店
大型商场/百货商场/大型超市
便利店/小型超市
其他：

15.您平均每月在抽烟方面的开支有多少？

A.300~500元　B.500~800元　C.800~1 000元　D.1 000元以上

16.人们在买烟时，会考虑一些因素。请您对下列因素打对号。

	非常重要	比较重要	一般	不太重要	完全不重要
品牌形象					
包装					
口味					
质量					
价格					

17.如果厂家做一些促销活动，您更倾向接受哪一种活动？

A.买一包香烟送一个打火机　　B.买一条烟送一包烟

C.买香烟送优惠券　　D.买香烟游香港

E.买香烟送2元现金　　F.买香烟送积分卡

G.买香烟送礼品　　H.其他

18.请选择三种您最喜欢的产品：

A.云烟（极品）　B.玉溪　C.长嘴利群　D.大红鹰（精品，宇宙星）

E.中华　F.白沙（金世纪）　G.中南海（特高级）　H.芙蓉王

19.您平时最喜欢从事什么休闲娱乐活动？（单选）

上网	1		唱卡拉OK	6	
做体育活动	2		上酒吧	7	
打牌	3		去咖啡厅	8	
打游戏	4		逛街	9	
看电影	5		其他	10	

20.对于下面各种说法，请阐述您的观点：

	非常同意	有些同意	无所谓	有些不同意	完全不同意	不知道
1.抽中华烟气派便于交际						
2.在交际场合和自己家里吸烟，会选择不同的卷烟						
3.卷烟的价格越高，质量越好						
4.价格在20元以上的利群高端产品，质量不比中华烟差						
5.抽中华烟的人所获得的卷烟有相当一部分是别人送的						
6.广告与促销经常会影响我买什么牌子的香烟						
7.我一般抽周围朋友经常抽的烟						
8.抽烟可以表现男子气概						

【背景资料部分】

● 您的文化程度为：

A.小学或以下　B.初中　C.高中　D.中专

E.大专及本科　F.研究生及以上

● 您的职业：

A.机关、企事业单位负责人　B.工人　C.行政职员、公务员

D.私企业主、个体户　E.农民　F.离退休人员

G.文教医卫人员　H.学生　L.其他

● 您的年龄：

A.20岁以下　B.20～30岁　C.30～50岁　D.50岁以上

● 婚否：

A.已婚　B.未婚

● 您最近平均月收入为：

A.500元以下　B.500～1 000元　C.1 000～1 500元　D.1 500～2 000元

E.2 000～3 000元　F.3 000～5 000元　G.5 000元以上

十分感谢您在百忙之中抽出宝贵时间配合我们的调查！

调查人：

时间：　　年　月　日

调查地点：

项目四　数据调查与分析

任务一：数据收集

一、实训目的

1.对问卷调查的具体实施过程进行训练。

2.通过实践操作，增强学生学习的探索性、参与性，在问卷设计与调查实施过程中，达到自主地、创造性地获取知识，从而完成教与学的任务。

二、实训步骤

学生实践任务概述：问卷调查实施应包含如下内容：在网络问卷调查的基础上，组织小组成员进行实地问卷调查，并对调查结果进行线上线下的整合。

1.网络调查

各小组将问卷发布到网上，由被调查者在网上自行填写。本课程利用“问卷星企业版”为每个小组分配一个子账户进行问卷的发布和数据的收集。网址：zjxu.wjx.cn/corplogin.aspx。

2.实地问卷调查

根据目前的实际情况，问卷实地调查选择面访调查这种形式，调查人员依据问卷内容

直接向被调查者口头进行提问，并当场记录答案。面访调查常见的有入户访问和街头拦截式访问两种。

（1）入户访问

在入户访问中，调查人员按照抽样方案的要求，到被调查者的家中或单位，依据问卷或调查提纲进行面对面的直接访问。

入户访问首先要确定到哪些家庭（单位）进行访问。如果在抽样方案中已经给出了待访家庭（单位）的具体地址或名单，那么调查人员就要严格执行抽选程序，只能到这些家庭（单位）去访问，不得随意更换。如果抽样方案没有给出具体名单，而只是给出若干抽样点和抽样方法的具体规定，那么调查人员应严格按照规定进行抽样，不能随意抽样。

确定了调查家庭（单位）之后，就要确定具体的访问对象。被调查者应该根据调查设计的要求来选定。例如，有的要求访问户主，有的要求利用入户随机抽样表来确定被调查者。为了保证样本的随机性，调查人员应根据调查设计要求来选取访问对象。

（2）街头拦截式访问

在街头拦截式访问中，调查人员一般不用专门寻找被调查者，而是采用非随机抽样的方式，根据调查人员的意愿来确定被调查者。街头拦截式访问简称街访或拦访，在人流比较集中的地点（如商圈、公园、运动场、街道、医院、写字楼、电影院等），由调查人员持问卷拦截目标人群进行一对一访问。

和街头拦截式访问类似的还有“空间抽样法”，对某一聚集的人群，从空间的不同方位对他们进行抽样调查，如在商场向顾客询问对商场服务质量的意见，在劳务市场调查外来劳工的打工情况等。

3.问卷调查实施要求和注意事项

（1）要求每位同学熟悉本小组的调查问卷或调查提纲，事先做好充分准备。

（2）熟练掌握实地调查的组织程序，准备好必要的身份介绍、调研介绍信等。

（3）掌握一定的面谈能力。交谈是一门科学和艺术，学生要通过必要的练习掌握好这方面的能力，如语气、语调、措辞用语、倾听等。具体注意以下事项：

第一，措辞。一定要注意被调研对象的特点，是年轻还是年长，是什么职业、文化程度、社会地位，是男性还是女性等。总体来说，措辞能带来真诚、赞誉、尊重、礼貌、理解清晰的感受才是好的。

第二，语气。对于商业调研来说，要知道被调查者并没有义务回答问题，因此，调研人员要有这样的意识，感谢被调查者的配合。所以，语气一定要平易近人，带有谢意。

第三，语调。同样要注意的是语调也不要拔高，要用比较平和的语调，让被调查者感到舒心。

第四，态度。虽然说需要争取被调查者的配合，但不能通过谄媚的态度来得到。态度要不卑不亢。

第五，听。学会耐心倾听，不轻易打断被调查者。必要时可以结合时机采用合适的措辞加以引导。

第六，学会判断。许多的调研具有甄别对象的要求，所以，要学习观察一些不同调研对象的行为特征，用于判断调研对象，从而提升调研的效率和效果。

第七，访谈结束。访谈临近结束时要快速检查访问结果，看有没有遗漏；询问被调查者有没有要补充或更正的内容；再次表达谢意；可赠送小礼物等。

三、实训成果

完成本项目所有任务后提交完整的实训报告，并提交2 000字的个人心得。

四、实训评价

完成本项目所有任务后一次评价。

五、参考资料

［1］蒋萍.市场调查［M］. 上海：上海人民出版社，2007.

［2］胡祖光，王俊豪，吕筱萍.市场调研与预测［M］. 北京：中国发展出版社，2006.

［3］李红梅.市场调研理论与实务［M］. 北京：人民邮电出版社，2015.

［4］邱小平.市场调研与预测［M］. 北京：机械工业出版社，2017.

六、延伸阅读

入户调查的“报告”

入户调查是我亲身参与的部分，也是感触最深的部分，走出了学校这座象牙塔，才知道这个世界有多大，在这世界上生活的人有多复杂。本以为所有的人都是友好的，所有的人都至少会支持一个学生，完成她迈向社会的第一次尝试；然而，当我真诚的微笑换来的却是一声冷冷的拒绝的时候，我才懂得做事的艰难。

也许是上帝特意为了关照我这个被父母娇惯、不知道人间疾苦的孩子吧，让我满怀希望、精心准备的第一次敲门就遭到如此打击。不成熟的人最容易激动，也最容易退缩，当那扇铁门“砰”的一声关上时，我的热情、信心一下子都跑得无影无踪了，我呆呆地立在楼门口，脸上的笑容还来不及收回，准备了一肚子的话好像一块大石头堵在喉咙口。我脑子里一片空白，不知道站了多少时候。“这有什么？”一个分明还是孩子的声音把我唤醒，透过满眼的泪水，我隐约看见一个十五六岁的男孩儿，“我每天都在这个小区里投广告，碰到出来取信的人，他们经常说我是偷信的，可我不是照样做吗？你这么早就来敲门，不是找骂吗？我看他们对你已经够客气的了！”“早！现在已经8点多了，我不这么早，可怎么做得完呢？”我大声嚷道，把一肚子的火都撒到了他身上。“你火什么！不让他们高兴，我们的活儿都干不成，干不成我们就没钱吃饭！”男孩儿的一句话让我无言以对，我的眼泪止不住流了下来，一个读了15年书的大学生在这个乡下孩子面前词穷了。也许这孩子并不识得几个字，可他懂得如何生存，而我却不知道，我赶跑了心中愚蠢的骄傲，虚心请教，忽然发现孩子句句朴实的话语不正是书上的“顾客心理学”吗？我让男孩扮演顾客，我向他介绍调查项目，男孩试着找出理由“拒绝”我，而我想方设法来让这些不够友好的顾客接纳我，这样练着，我的信心又渐渐被找回来了。当男孩说他必须赶去做他的工作的时候，我才发现已经耽误他近一个小时了，我拿出20元钱递给他，他推回我的手，转身跑了。我被深深地感动了，带着“为了所有关心帮助我的人，我也要独立完成这15份问卷”的坚定信念，我按响了第二家的门铃。

终于，人没有做不成的事情，我的15份问卷都认真完成了。其中有70多岁的老爷爷，他热情地接待了我，和我谈了近一个小时，对待问卷非常认真；也有刚迈出大学校门的同龄人，访问后我们还交流了校园生活体会，成了朋友，我还向他推荐有机会一定要参加一次市场调查。当然，其中也有过困难，但我告诉自己“顾客永远不会错，一定是我什么地方做得还不够”，于是我细心总结经验，15份问卷做下来，已经有一套比较完整的“敲门术”了。

1.首先，一定要掌握好敲门的时机，早上9：00以前，中午11：00—13：00都不适宜进行调查。其他时间若主人仍有事情在忙，则要争取约定一个适宜的时间，不要轻言放弃。

2.主人开门见到陌生人，第一反应一定是惊讶，这时你应当微笑，消除他的戒备感，然后说你好，再用最简练的语言介绍自己和调查内容，要注意突出自己是学生，所做的是研究性质的调查，不要使他误认为你是推销员。

3.要对调查的问题十分熟悉，这样才能流利地提问。提问的语速一定不能太快，否则受访者可能来不及理解，注意不要用自己的态度影响受访者的答案，否则调查结果无法反映真实情况。

4.要按照顺序提问，这样可使受访者的思路清晰，也便于检查其答案是否存在明显的逻辑性错误。

5.在提问过程中可以适当加入一些调节气氛的话，比如，受访者在询问感兴趣的报纸内容一题中选择了好几个答案，这时你可以赞扬他兴趣广泛，这对于消除受访者疲倦感、增加他对你的亲近感都是很有好处的。

6.调查完毕一定要对受访者表示感谢，“善终”与“善始”同等重要。

调查是一门技术，也是一门艺术，只有亲自参与才会感到其中的快乐。

任务二：数据资料录入与整理

一、实训目的

1.能对收集到的数据进行编码、录入和整理，这是进一步利用SPSS进行统计分析的必要前提，从而准确地建立了高质量的数据文件，以保证数据分析结果的正确性和科学性。

2.通过本项目的实训教学，使学生掌握SPSS的基本窗口、菜单安排及利用SPSS进行统计分析的基本步骤。

二、实训步骤

学生实践任务描述：本实训项目延续前一项目的分组，对通过实地调查和网络调查获得的数据资料进行编码、录入和整理。具体步骤如下：

1.利用SPSS建立数据文件

对于实地调查获得的数据，SPSS数据文件的建立包括两个方面，首先要进行数据的结构定义，其次录入数据。

（1）数据的结构定义

打开SPSS之后，进入数据编辑窗口，数据编辑窗口分为数据视图窗口和变量视图窗口。要建立新的SPSS文件首先需要定义数据文件的结构，即定义新的变量，左键单击左下方的变量视图标签，得到如图3-7所示的SPSS变量定义窗口。

结构定义包括：名称、类型、宽度、小数、标签、值、缺失、列、对齐、度量标准、角色。变量定义窗口中各项的含义与设置如下：

图3-7　SPSS变量定义窗口

名称：每个变量名必须是唯一的，不允许重复。允许以汉字作为变量名，汉字总数一般不超过4个。变量名不能包含空格。

类型：选择类型变量，左键单击“类型”栏后的按钮，弹出如图3-8所示的“变量类型”对话框。SPSS文件的变量类型有数值型、日期型和字符串型三种。每种类型都有默认的列宽度和小数位，通常数值型变量默认宽度为8，小数位为2，字符串型变量默认宽度为8，这两种类型变量的默认宽度都可修改，而日期型变量则固定宽度为10，不能修改。

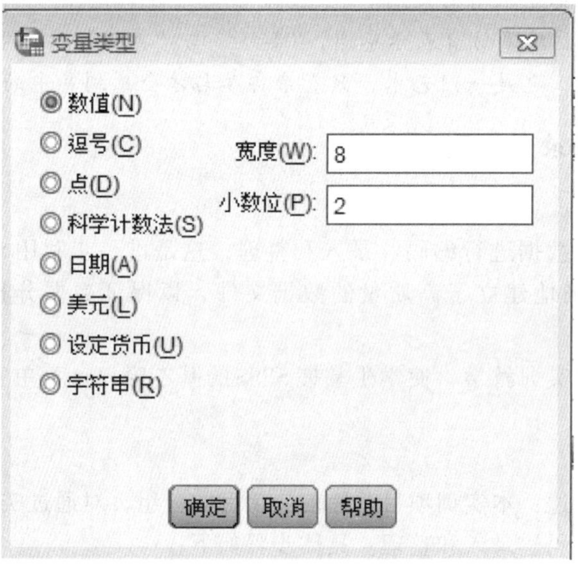

图3-8　“变量类型”对话框

宽度：设置变量数字位数或字符个数。一般无须调整，直接采取默认值。它的大小可通过“宽度”栏右边的微调按钮调整，也可以通过图3-8的“宽度”选项进行调整。

小数：若变量类型为数值型，则可以设置变量的小数位数，其他类型的变量则不能设置。小数位数默认为2位，可通过“小数”栏右边的微调按钮调整，也可以通过在图3-8的“小数位”框中输入数字进行小数位的设置。

标签：定义变量名标签。在“标签”栏中对变量名做详细说明，可加深对变量的理解。

值：变量的值标签。值标签是对变量的可能取值附加的进一步说明，标签内容最多可以有120个字符，通常仅对分类变量的取值指定值标签。分类变量如果准备参与数据文件的统计分析，可以将它定义为数值型变量，从而可以大大减少键盘输入的工作量，例如“年龄”可以在值标签开启的状态下，输入“男”“女”对应的值“1”“2”。

左键单击图3-7中的“值”一栏右边的按钮，弹出如图3-9所示的“值标签”对话框。在“值”栏中输入2，在“标签”栏中输入对应变量值的标签“女”，当这两栏里输入了内容后，左边第一个按钮由灰色不可用变为可用，单击它可将输入的值标签添加到最下面的文本框中，用同样的方法，可添加其余的值标签。输入完所有的变量值标签后，单击“确定”按钮使对变量值标签的设置有效。如果输入有误，可单击文本框中显示的错误标签，然后单击“更改”按钮修改已经输入的标签，单击“删除”按钮可删除不需要的标签。

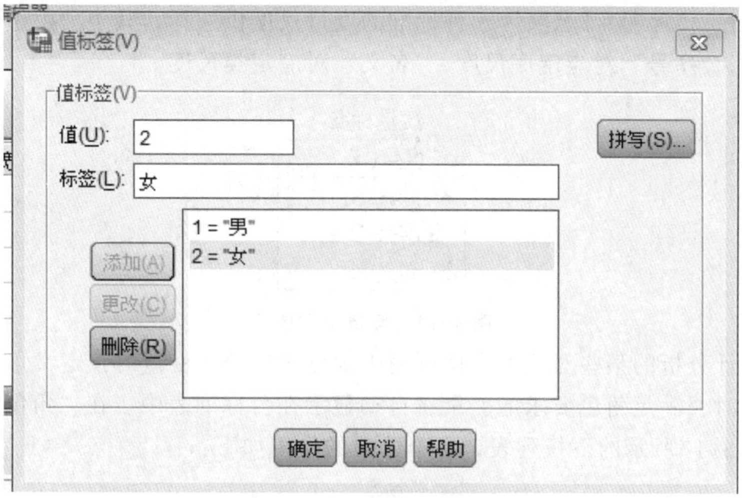

图3-9　“值标签”对话框

缺失：在调查问卷中，被调查者没有填写调查表必须填写的某些数据，或者因某些原因导致所记录的数据失真，不能使用，SPSS软件可以通过定义缺失值的方式来定义缺失数据或失真数据，使其他有效的数据可以得到更好利用。在图3-7的“缺失”栏单击按钮，弹出如图3-10所示的“缺失值”对话框，在“缺失值”对话框中包括3个单选按钮，其含义分别为：

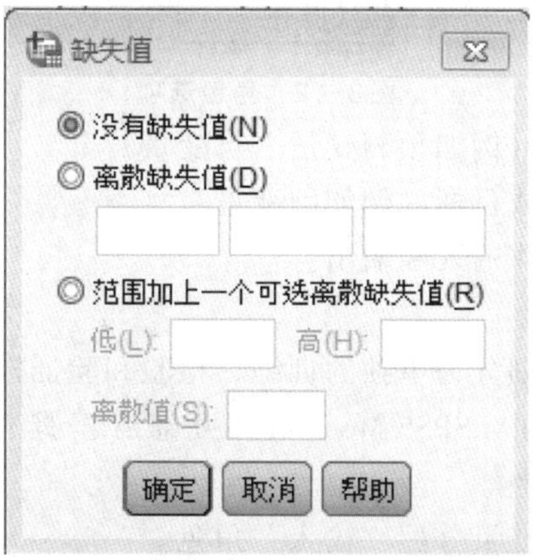

图3-10　“缺失值”对话框

没有缺失值：对缺失值不做处理，不指定缺失值。

离散缺失值：对数值型或字符型变量，指定1~3个特定的离散值来代替缺失值。

范围加上一个可选离散缺失值：选择该单选按钮，表示对数值型变量，把缺失值定义在一个连续的闭区间以外的离散值，“低”和“高”分别表示连续区间的左右端点，在“离散值”文本框中输入区间以外的确定值。

列：定义变量在数据窗口中显示的宽度，列宽度只影响数据编辑器中的值的显示，更改列宽不会改变变量已定义的宽度。

对齐：定义变量值显示的对齐方式，控制着数据视图中数据值或值标签的显示。默认对齐方式为数值变量在右边，字符串变量在左边，此设置只影响数据编辑器中的显示。

度量标准：在“度量标准”栏单击按钮，弹出如图3-11所示的下拉列表，该菜单中列出了“度量”“序号”“名义”三种标准的度量尺度供选择，其中“度量”对应定距尺度和定比尺度，“序号”对应定序尺度，“名义”对应定类尺度。

图3-11 度量标准选项

角色：统计分析的某些对话框支持可用于预先选择分析变量的预定义角色，当打开其中一个对话框时，满足角色要求的变量将自动显示在目标列表中。在“角色”栏单击按钮，弹出如图3-12所示的下拉列表，各个选项的作用如下：

图3-12 角色选项

输入：变量将用作输入（例如预测变量、自变量）。

目标：变量将用作输出或目标（例如因变量）。

两者都：变量将同时用作输入和输出。

无：变量没有角色分配。

分区：变量用于将数据划分为单独的训练、检验和验证样本。

拆分：设定此角色是为与SPSS Modeler相互兼容。具有此角色的变量不会在SPSS Statistics中用作拆分文件变量。

在默认情况下，为所有变量分配“输入”角色。

（2）数据的录入

定义了所有变量后，单击数据编辑窗口的“数据视图”标签，即可在数据视图中按行或者列的方向录入数据。在录入定义了变量值标签的数据时，可以直接输入变量值，也可以单击要输入数值的单元格，出现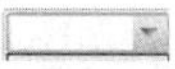，单击箭头按钮，展开一个列有该变量所有值标签的下拉式列表框，从中选择值标签即可。

2.从其他数据文件中导入数据建立数据文件

学生除了需要建立SPSS文件来录入实地调查收集的数据外，还需要把“问卷星”上的数据转换到SPSS文件中。

SPSS可直接打开很多类型的数据文件，选择菜单“文件—打开—数据”，弹出“打开文件”对话框，左键单击“文件类型”，即可看到SPSS所能打开的数据文件类型，见表3-1：

表3-1　**SPSS能直接打开的数据文件类型**

文件扩展名	具体描述
SPSS（*.sav）	当前版本SPSS 19数据文件
SPSS/PC+（*.sys）	低版本SPSS数据文件
Systat（*.syd *.sys）	Systat格式数据文件
SPSS Portable（*.por）	SPSS的ASCII数据文件
Excel（*.xls，*.xlsx，*.xlsm）	各种版本的Excel数据文件，此种数据格式常用
Lotus（*.w*）	Lotus数据文件
Sylk（*.slk）	Sylk数据文件
dBase（*.dbf）	dBase数据文件，Foxpro下的dbf文件需转换为dBase文件才能打开
SAS（*.sas7bat，*.sd7，*sd2，*.ssd01，*.xpt）	各种版本和类型的SAS数据文件，一种统计学软件的数据文件格式

SPSS能直接打开的数据文件类型很多，其中导入Excel类型的数据文件在实际操作中用得比较多，在打开Excel格式的文件时，SPSS默认将Excel工作表中的全部数据读到SPSS数据编辑窗口中，但也可指定仅读取工作表某个区域内的数据（如图3-13所示）。

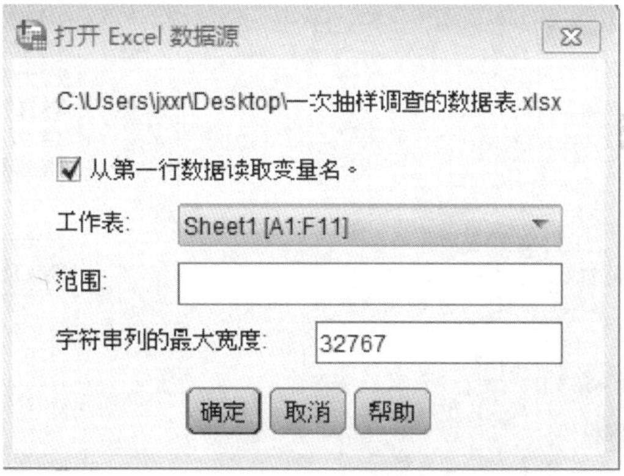

图3-13　打开Excel数据源对话框

注意：①读取的Excel文件不能是打开状态，否则读取的时候会出错。②如果Excel工作表文件第一行或在指定读取区域内的第一行上存储了变量名信息，则应选中“打开Excel数据源”对话框的复选框“从第一行数据读取变量名”，即以工作表第一行或指定读取区域内第一行的文字信息作为SPSS的变量名；如果不选此项，SPSS的变量名将自动取名为V1、V2等。

3.数据文件的合并

各小组同学分工合作进行数据的录入，各自录入完成后，需要对文件进行合并。SPSS提供两种形式的合并：一是横向合并，从外部文件中增加变量到当前数据文件中；二是纵向合并，从外部数据文件中增加观测数据到当前数据文件中。

（1）横向合并

横向合并即增加变量。第一步，打开“合并文件”对话框。在当前数据文件中选择菜单“数据—合并文件—添加变量”，弹出如图3-14所示的“合并文件”对话框。

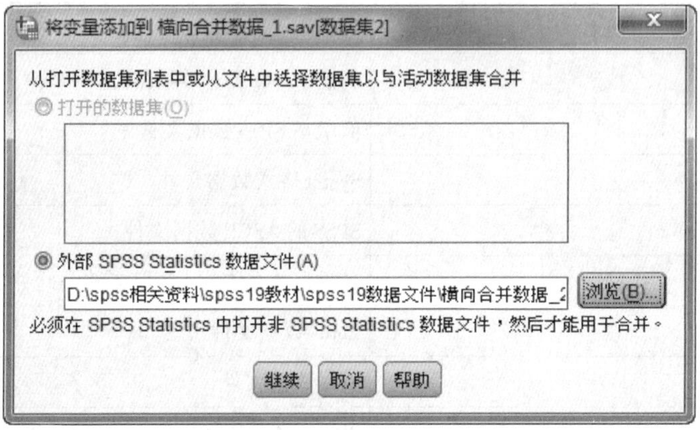

图3-14　“合并文件”对话框

第二步，打开“添加变量”对话框。选择“外部SPSS Statistics数据文件”单选按钮，单击“浏览…”按钮选择需要合并的SPSS数据文件后，单击“继续”按钮，打开如图3-15所示的“添加变量”对话框。

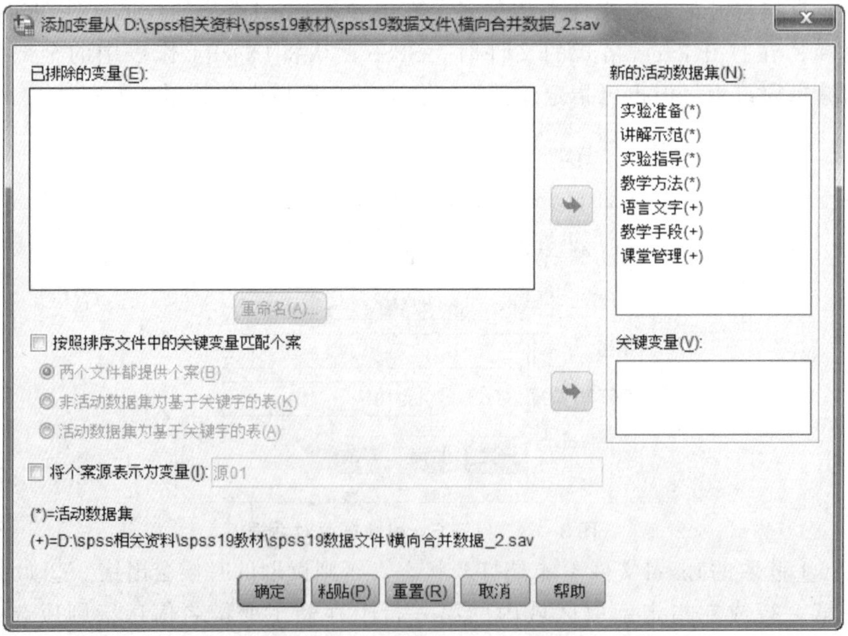

图3-15　“添加变量”对话框

第三步，选择需增加的变量。在增加变量对话框中，选择需要增加的变量到“新的活动数据集”框中，单击“确定”按钮即可完成合并操作，并在当前数据编辑窗口显示合并后的数据文件。

（2）纵向合并

纵向合并即增加观测数据。纵向合并数据文件的操作方法同横向合并的方法类似，操作步骤不再赘述，但需注意以下几点：

第一，两个待合并的SPSS数据文件的内容合并起来应具有实际意义。

第二，两个数据文件的结构最好一致。

第三，在不同数据文件中含义相同的变量最好用相同的变量名，数据类型要相同。

4.数据文件的整理

在完成数据的录入之后，需要对SPSS数据文件中的数据进行整理，包括变量的计算、反向计分等。

三、实训成果

完成本项目所有任务后提交完整的实训报告，并提交2 000字的个人心得。

四、实训评价

完成本项目所有任务后一次评价。

五、参考资料

[1] 邓维斌，唐兴艳，等.SPSS19统计分析实用教程［M］. 北京：电子工业出版社，2012.

[2] 胡祖光，王俊豪，吕筱萍.市场调研与预测［M］. 北京：中国发展出版社，2006.

[3] 李红梅.市场调研理论与实务［M］. 北京：人民邮电出版社，2015.

[4] 邱小平.市场调研与预测［M］. 北京：机械工业出版社，2017.

任务三：类型数据分析

一、实训目的

1.能对收集到的数据进行编码、录入和整理，这是进一步利用SPSS进行统计分析的必要前提，准确地建立了高质量的数据文件，从而保证数据分析结果的正确性和科学性。

2.通过本项目的实训教学，使学生掌握SPSS的基本窗口、菜单安排及利用SPSS进行统计分析的基本步骤。

二、实训步骤

学生实践任务描述：对整理好的SPSS数据资料进行描述统计分析、独立样本T检验以及单因素方差分析。具体步骤如下：

1.描述统计分析

（1）频率分析

基本统计分析往往从频率分析开始。通过频率分析能够了解变量取值的状况，对把握数据的分布特征是非常有用的。通过对被调查者基本情况进行频率分析，可得到：获取样本是否具有总体代表性、抽样是否存在系统偏差等信息。

（2）描述性分析

描述性分析和频率分析一样，只是没有图形功能，也不能生成频率表，但描述性分析可以将原始数据标准化为Z分数，并以变量的形式存入数据文件，以便后续分析时应用。标准化处理后，可以保证数据服从标准正态分布。

“分析—描述统计—描述”，打开“描述性”主对话框，将要分析的变量“住房面积”加入“变量”列表框中。左下方“将标准化得分另存为变量”打钩，可以求出变量的标准分数：Z分数，新变量名前加Z，即“Z住房面积”。Z分数只是将原始测量值进行线性转换，并未改变观察值在群体的相对关系与排序，Z分数为正，表示测量值落在平均数以上；反之，表示测量值落在平均数以下。Z分数的绝对值越大，表示测量值离平均数越远。

打开“描述：选项”对话框，选中“均值”、“标准差”、“最小值”、“最大值”、“峰度”、“偏度”及显示顺序的“变量列表”等选项。

（3）探索性分析

与前面介绍的两种分析方法相比，探索性分析的功能更加强大。它是一种在对资料的性质、分布特点等完全不清楚的情况下，对变量进行更深入研究的描述性统计方法。在进行统计分析前，通常需要寻求并确定适合所研究问题的统计方法，SPSS提供的探索性分析是解决此类问题的有效办法。

探索性分析提供了很多关于数据的概括分析和图表直观描述的方法，不仅对个案数据有效，而且可以针对分组个案。在输出常用描述性统计量的基础之上，探索性分析增加了有关数据详细分布特征的文字与图形表述，如茎叶图、箱图等，显得更加详细、完整，还可以为以方差齐性为目的的变量交换提供线索，从而有助于学生制订进一步分析的方案。

2.独立样本T检验

独立样本T检验的目的是检验样本均值和总体均值是否存在显著性差异，而两独立样本T检验的目的是利用来自某两个总体的独立样本，推断两个总体的均值是否存在显著性差异。其原假设H_0为$\mu_1=\mu_2$，即假设两总体均值相等；备择假设H_1为$\mu_1\neq\mu_2$，即假设两总体均值不等。

以“在线评论对消费者购买意愿的影响”调查数据为例。可以对男性和女性是否存在购买意愿差异进行独立样本T检验（如图3-16所示）。

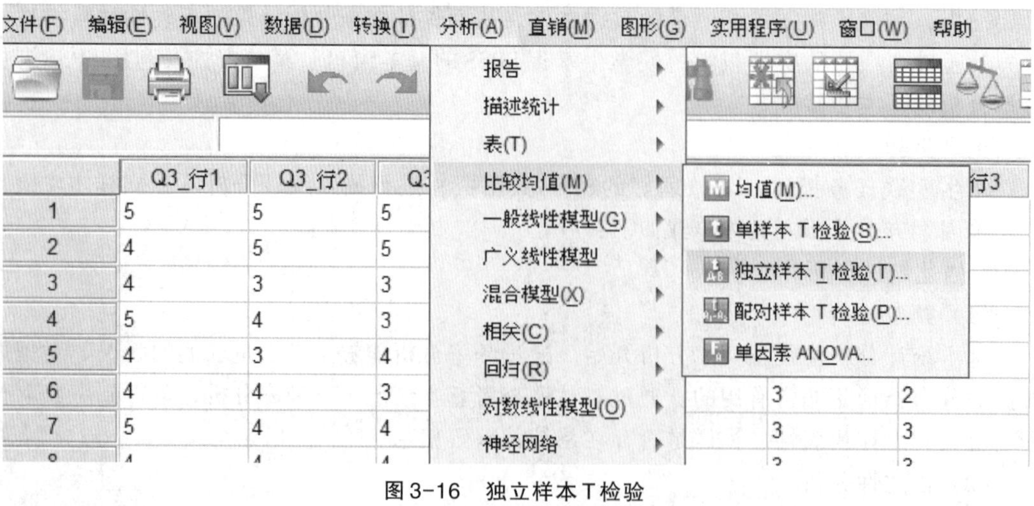

图3-16 独立样本T检验

如图3-16所示，单击“分析”—“比较均值”—“独立样本T检验”，弹出独立样本T检验对话框。

如图3-17所示，将“购买意愿”移入“检验变量”，“性别”移入“分组变量”，点击“定义组”，在弹出的对话框中填入“1”和“2”分别代表“男性”和“女性”，然后点击“继续”。

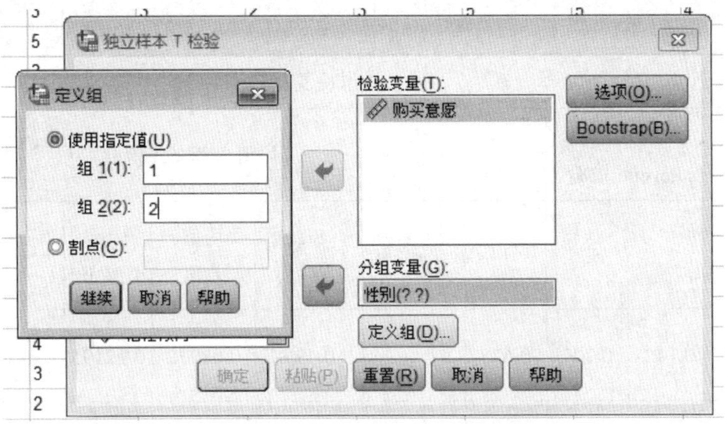

图3-17　独立样本T检验对话框

如图3-18所示，点击对话框右侧的“选项”，弹出独立样本T检验的选项对话框，选择默认，点击“继续”。

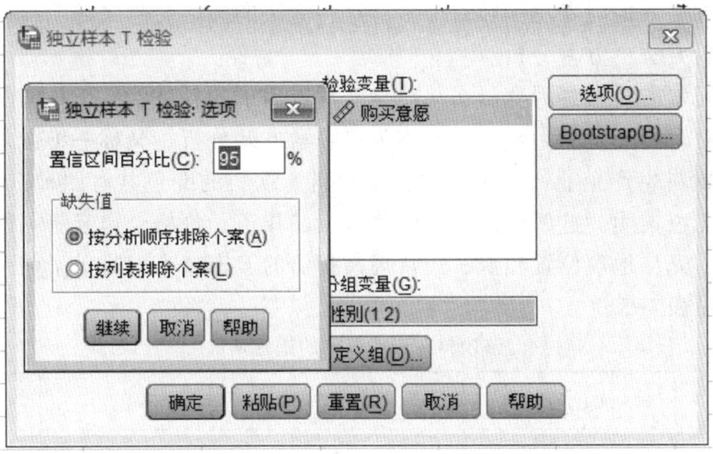

图3-18　独立样本T检验选项对话框

点击“确定”，得到结果，见表3-2。

由表3-2可知，在调查数据中有男性54名，女性45名，均值分别为3.9568和3.8741。下方表格左边的方差方程的Levene检验是检验两样本的方差是否相等，检验的统计量F值的显著性水平Sig.值为0.707，大于给定的显著性水平0.05，说明两样本方差无显著性差异，所以后面的均值方程的t检验应选择方差相等的t值0.678，双尾t检验的显著性概率为0.499，远大于给定的显著性水平0.05，因此认为男性和女性在购买意愿上无显著性差异。

3.单因素方差分析

独立样本T检验是为了解决两样本间均值比较的问题，但在数据分析中经常遇到两个以上均值比较的问题，如不同年龄的被调查者对购买意愿的影响，不同职业的被调查者对

表3-2 **独立样本T检验结果**

组统计量					
您的性别：		N	均值	标准差	均值的标准误
购买意愿	男	54	3.9568	0.61445	0.08362
	女	45	3.8741	0.59156	0.08818

独立样本检验										
		方差方程的Levene检验		均值方程的t检验						
		F	Sig.	t	df	Sig.（双侧）	均值差值	标准误差值	差分的95%置信区间	
									下限	上限
购买意愿	假设方差相等	0.142	0.707	0.678	97	0.499	0.08272	0.12195	−0.15932	0.32475
	假设方差不相等			0.681	94.960	0.498	0.08272	0.12152	−0.15854	0.32397

购买意愿的影响，不同的促销方案对销量的影响等。对于多个总体两两进行独立样本T检验是一种处理方法，但随着总体数目增多，这种方法的弊端会越来越明显，这就需要引入另一种统计分析方法：方差分析。

市场调研通常需要考察因变量在单一自变量或因子的各种状态下均值的差异。由于仅研究单个因素对观测变量的影响，因此称为单因素方差分析，又称一维方差分析。

例如：某饮料生产企业研制出一种新型饮料。饮料的颜色共有四种，分别为桔黄色、粉色、绿色和无色透明。这四种饮料的营养含量、味道、价格、包装等可能影响销售量的因素全部相同，先从地理位置相似、经营规模相仿的五家超市中收集了前一期该种饮料的销售量情况，见表3-3。

表3-3 **该饮料在五家超市的销售情况** 单位：箱

超市	无色透明	粉色	桔黄色	绿色
1	26.5	31.2	27.9	30.8
2	28.7	28.3	25.1	29.6
3	25.1	30.8	28.5	32.4
4	29.1	27.9	24.2	31.7
5	27.2	29.6	26.5	32.8
合计	136.6	147.8	132.2	157.3

分析饮料的颜色是否对销售量产生影响。

从表3-3中看到，20个数据各不相同，其原因可能有两个方面：

一是销售地点不同。

即使是相同颜色的饮料，在不同超市的销售量也是不同的。但是，由于这五个超市地理位置相似、经营规模相仿，因此，可以把不同地点产品销售量的差异看成是随机因素的影响。

二是饮料颜色不同。

即使在同一个超市里，不同颜色饮料的销售量也是不同的。哪怕它们的营养成分、味道、价格、包装等方面的因素都相同，但销售量也不相同。这种不同，有可能是由于抽样的随机性造成的，也有可能是由于人们对不同颜色的偏好造成的。

于是，上述问题就归结为检验饮料颜色对销售量是否有影响的问题。

如图 3-19 所示，点击“分析”—“比较均值”—“单因素 ANOVA”，弹出单因素方差分析对话框。

图 3-19　单因素方差分析对话框

如图 3-20 所示，将销量移入“因变量列表”，饮料移入“因子”，单击“对比”按钮，在弹出的对话框中选择默认，然后点击“继续”。

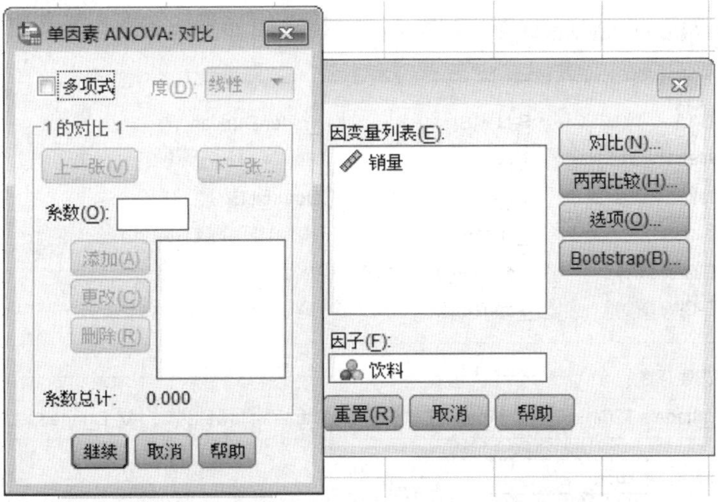

图 3-20　单因素方差分析对话框以及对比对话框

如图 3-21 所示，点击“选项”，在弹出的选项对话框中选择统计量下方的“方差同质性检验”和“均值图”，缺失值保持系统默认，然后点击“继续”。

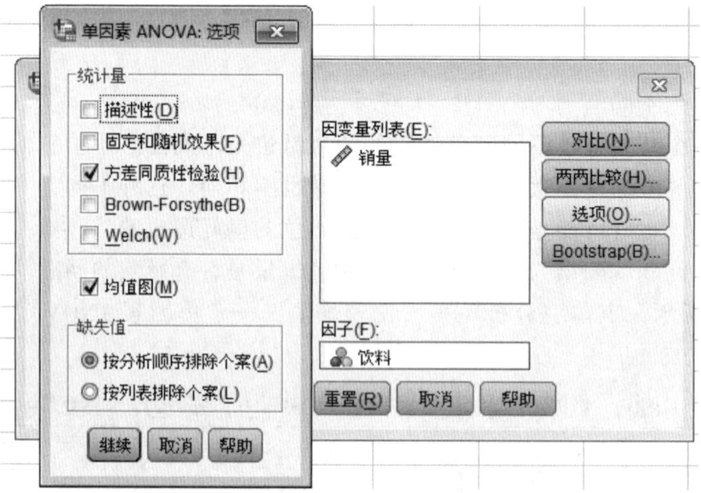

图 3-21 单因素方差分析选项对话框

单击“确定”，进行方差齐性检验。

见表 3-4，首先由方差齐性检验可以看到显著性 Sig. 值为 0，拒绝原假设，样本数据之间方差有显著差异，所以接下来用未假定方差齐性的检验方法。

表 3-4 方差齐性检验结果

方差齐性检验			
销量			
Levene 统计量	df1	df2	显著性
38.246	3	19	0

如图 3-22 所示，点击“LSD（L）”，在弹出的对话框中选择未假定方差齐性下面的 Dunnett' s C（U）检验方法，点击“继续”。

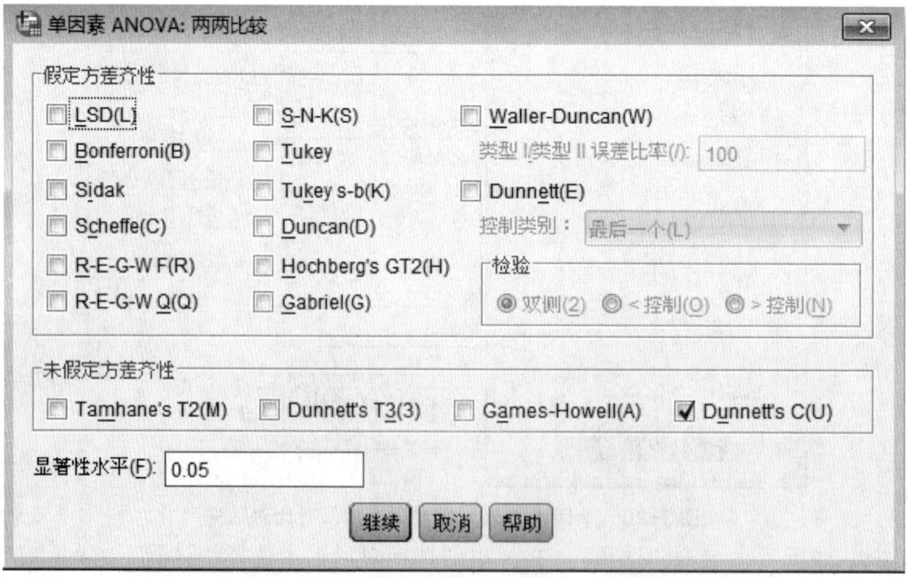

图 3-22 单因素方差分析两两比较对话框

表3-5是四种饮料方差分析的结果，组间平方和为244.993，均方为81.664，组内平方和为1 431.513，均方为75.343，F统计量为1.084，由于组间比较的Sig.值为0.38 > 0.05，因此四种颜色的饮料销量无显著差异。

表3-5 **四种颜色饮料的方差检验（ANOVA）结果**

ANOVA					
销量					
	平方和	df	均方	F	显著性
组间	244.993	3	81.664	1.084	0.38
组内	1 431.513	19	75.343		
总数	1 676.506	22			

各组间多重比较的结果和图示分别见表3-6和图3-23。

表3-6 **多重比较结果**

多重比较					
销量 Dunnett C					
（I）饮料	（J）饮料	均值差（I-J）	标准误	95% 置信区间	
				下限	上限
无色透明	粉色	-2.2600	0.9821	-6.258	1.738
	桔黄色	0.8600	1.0934	-3.591	5.311
	绿色	6.0125	5.0516	-10.790	22.815
粉色	无色透明	2.2600	0.9821	-1.738	6.258
	桔黄色	3.1200	1.0432	-1.127	7.367
	绿色	8.2725	5.0410	-8.479	25.024
桔黄色	无色透明	-0.8600	1.0934	-5.311	3.591
	粉色	-3.1200	1.0432	-7.367	1.127
	绿色	5.1525	5.0638	-11.709	22.014
绿色	无色透明	-6.0125	5.0516	-22.815	10.790
	粉色	-8.2725	5.0410	-25.024	8.479
	桔黄色	-5.1525	5.0638	-22.014	11.709

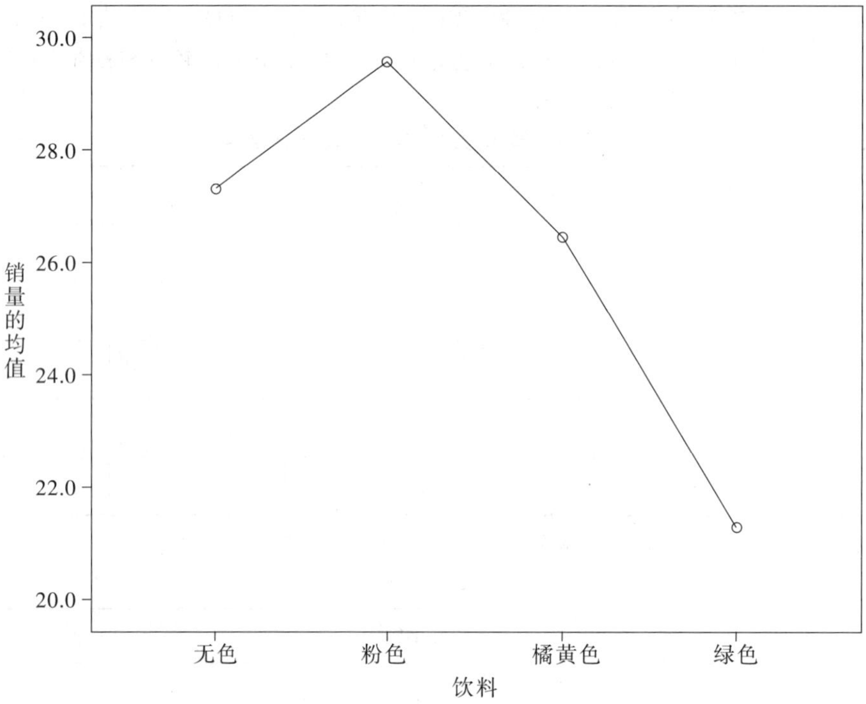

图3-23 四种颜色饮料销量均值折线图

变量观察值之间差异的产生来自两个方面：

一个方面是由因素中的不同水平造成的，称为系统性差异（或系统性误差），如：饮料的不同颜色带来不同的销售量。

另一个方面是由于抽选样本的随机性而产生的差异，称为随机性差异（或随机性误差），如：相同颜色的饮料在不同的商场销售量也不同。

两个方面产生的差异可以用两个方差来计量。

一个叫组间方差，即水平之间的方差，是衡量不同总体下各样本之间差异的方差。在组间方差里，既包括系统性误差，又包括随机性误差，如：在本例中，不同颜色的饮料在不同地点（超市）产品销售量之间的差异既有系统性误差（即由于人们对不同颜色的偏爱造成的差异），又有随机性误差（即由于抽样的随机性造成的差异）。不同颜色的饮料在不同地点（超市）产品销售量之间的方差即组间方差。

另一个叫组内方差，即水平内部的方差，是衡量同一个总体下样本数据的方差。在组内方差里仅包括随机性差异，如：在本例中，可以把同一个颜色的饮料在不同地点（超市）产品销售量之间的差异看成是随机因素的影响，同一个颜色的饮料在不同地点（超市）产品销售量之间的方差即为组内方差。

如果不同的水平对结果没有影响，如：饮料的不同颜色对销售量无影响，那么在水平之间的方差中，就仅仅有随机因素影响的差异，而没有系统性因素影响的差异。这样一来，组间方差与组内方差就应该非常接近，两个方差的比值就会接近于1；反之，如果饮料的不同颜色对销售量有影响，在组间方差中就不仅包括了随机性误差，而且包括了系统性误差，这时，组间方差就会大于组内方差，两个方差的比值就会大于1。当这个比值大到某种程度时，我们就可以做出判断，说不同水平之间存在着显著性差异。因此，方差分析就是通过不同方差的比较，做出接受原假设或拒绝原假设的判断，如：判断饮料的不同颜色对销售量是否存在显著性影响的问题，实际上也就是检验销售量的差异主要是由于什么原因引起的。如果这种差异主要是系统性误差，那么我们就说饮料的不同颜色对销售量有显著性影响。

三、实训成果

完成本项目所有任务后提交完整的实训报告，并提交2 000字的个人心得。

四、实训评价

完成本项目所有任务后一次评价。

五、参考资料

[1] 邓维斌，唐兴艳，等．SPSS19统计分析实用教程［M］．北京：电子工业出版社，2012.

[2] 邱小平．市场调研与预测［M］．北京：机械工业出版社，2017.

[3] 陈凯．市场调研与分析［M］．北京：中国人民大学出版社，2016.

任务四：数值型数据分析

一、实训目的

1.使学生掌握SPSS的基本窗口、菜单安排。

2.利用SPSS进行多个性质不同的SPSS变量分析，分析总体的多个特征，并分析这些特征的联系。

二、实训步骤

学生实践任务描述：对整理好的SPSS数据资料利用相关和回归进行多元统计分析，找出总体特征之间的关系，并检验这些特征的显著性。具体步骤如下：

1.相关分析

表3-7是以12对父子的身高数据为例来介绍相关分析的步骤。

表3-7　**12对父子的身高数据**　单位：英寸

父亲身高	65	63	67	64	68	62	70	66	68	67	69	71
儿子身高	68	66	68	65	69	66	68	65	71	67	68	70

选择菜单“分析”—“相关”—“双变量”，打开如图3-24所示的双变量相关对话框，将“父亲身高”和“儿子身高”两变量移入“变量”框中；身高是定距变量，“相关系数”选择Pearson；在“显著性检验”中选择“双侧检验”；单击“选项”按钮，选中“统计量”下的两项，计算结果将输出均值和标准差、叉积偏差和协方差。

从表3-8中可看出，相关系数为0.703>0，说明呈正相关，而相关系数的显著性Sig.=0.011<0.05，因此应拒绝零假设（H0：变量之间相关系数为0），即说明儿子身高是受父亲身高显著性正影响的。

2.回归分析

变量与变量之间的关系分为确定性关系和非确定性关系，函数表达确定性关系。研究变量间的非确定性关系，构造变量间经验公式的数理统计方法称为回归分析。

图 3-24 双变量相关对话框

表 3-8 相关性

		父亲身高	儿子身高
父亲身高	Pearson 相关性	1	0.703*
	显著性（双侧）		0.011
	平方与叉积的和	84.667	40.333
	协方差	7.697	3.667
	N	12	12
儿子身高	Pearson 相关性	0.703*	1
	显著性（双侧）	0.011	
	平方与叉积的和	40.333	38.917
	协方差	3.667	3.538
	N	12	12

*在 0.05 水平（双侧）上显著相关。

回归分析是指通过提供变量之间的数学表达式来定量描述变量间相关关系的数学过程，这一数学表达式通常被称为经验公式。我们不仅可以利用概率统计知识，对这个经验公式的有效性进行判定，而且可以利用这个经验公式，根据自变量的取值预测因变量的取值。如果是多个因素作为自变量，还可以通过因素分析，找出哪些自变量对因变量的影响是显著的，哪些是不显著的。

回归分析的一般步骤：

第 1 步：确定回归方程中的因变量和自变量。

第2步：确定回归模型。

第3步：建立回归方程。

第4步：对回归方程进行各种检验，包括拟合优度检验、回归方程的显著性检验和回归系数的显著性检验。

第5步：利用回归方程进行预测。

现有1992—2006年国内生产总值和财政收入的数据（见表3-9），请研究国内生产总值和财政收入之间的线性关系。

表3-9　**1992—2006年国内生产总值和财政收入数据**　单位：亿元

年份	国内生产总值	财政收入	年份	国内生产总值	财政收入
1992	26 923.5	3 483.37	2000	99 214.6	13 395.23
1993	35 333.9	4 348.95	2001	109 655.2	16 386.04
1994	48 197.9	5 218.10	2002	120 332.7	18 903.64
1995	60 793.7	6 242.20	2003	135 822.8	21 715.25
1996	71 176.6	7 407.99	2004	159 878.3	26 396.47
1997	78 973.0	8 651.14	2005	183 867.9	31 649.29
1998	84 402.3	9 875.95	2006	210 871.0	38 760.20
1999	89 677.1	11 444.08			

选择菜单“分析”—“回归”—“线性”，打开“线性回归”对话框，将变量“财政收入”作为因变量，“国内生产总值”作为自变量。

打开“统计量”对话框，选则“估计”和“模型拟合度”。

单击“绘制（T）…”按钮，打开“线性回归：图”对话框，选用DEPENDENT为y轴，*ZPRED为x轴作图，并且选择“直方图”和“正态概率图”作相应的保存选项设置，如预测值、残差和距离等。

表3-10显示回归模型编号、输入模型的变量、移出模型的变量和变量的筛选方法。可以看出，进入模型的自变量为“国内生产总值”。

表3-10　**输入/移去的变量[b]**

模型	输入的变量	移出的变量	方法
1	GDP[a]		输入

a.已输入所有请求的变量。

b.因变量：财政收入

表3-11中的R=0.989，说明自变量与因变量之间的相关性很强。R方（R^2）=0.979，说明自变量“国内生产总值”可以解释因变量“财政收入”的97.9%的差异性。

表3-12显示因变量的方差来源、方差平方和、自由度、均方、F检验统计量的观测值和显著性水平。方差来源有回归、残差。从表中可以看出，F统计量的观测值为592.250，显著性概率为0，即检验假设“H0：回归系数B = 0”成立的概率为0，从而应拒绝原假设，说明因变量和自变量的线性关系是非常显著的，可建立线性模型。

表 3-11 模型汇总[b]

模型	R	R方	调整R方	标准估计的误差
1	0.989[a]	0.979	0.977	1 621.66312

a. 预测变量：（常量），GDP。

b. 因变量：财政收入。

表 3-12 Anova[b]

模型		平方和	df	均方	F	Sig.
1	回归	1.557E9	1	1.557E9	592.250	0[a]
	残差	34 187 286.770	13	2 629 791.290		
	总计	1.592E9	14			

a. 预测变量：（常量），GDP。

b. 因变量：财政收入。

表3-13显示回归模型的常数项、非标准化的回归系数B值及其标准误差、标准化的回归系数值、统计量t值以及显著性水平（Sig.）。从表3-13中可看出，回归模型的常数项为-4 993.281，自变量“国内生产总值”的回归系数为0.197。因此，可以得出回归方程：财政收入=-4 993.281 + 0.197×国内生产总值。

表 3-13 系数[a]

模型		非标准化系数		标准系数	t	Sig.
		B	标准误差	试用版		
1	（常量）	-4 993.281	919.356		-5.431	0
	GDP	0.197	0.008	0.989	24.336	0

a. 因变量：财政收入。

回归系数的显著性水平为0，明显小于0.05，故应拒绝T检验的原假设，这也说明了回归系数的显著性，说明建立线性模型是恰当的。

三、实训成果

完成本项目所有任务后提交完整的实训报告，并提交2 000字的个人心得。

四、实训评价

完成本项目所有任务后一次评价。

五、资料来源

［1］邓维斌，唐兴艳，等.SPSS19统计分析实用教程［M］．北京：电子工业出版社，2012.

［2］邱小平．市场调研与预测［M］．北京：机械工业出版社，2017.

［3］陈凯．市场调研与分析［M］．北京：中国人民大学出版社，2016.

六、延伸阅读

案例："电动自行车消费者调查"信息分析

调查发现2000年国内电动自行车统计数量为130万多辆，这些车的使用状况怎么样？现有关这些情况作一统计分析。

一、消费者一般使用状况

1.在驾驶速度方面

由本调查发现，绝大部分（89.5%）的人骑车速度在每小时10～40千米，其中以每小时20～30千米者最多，占52.3%；其次为每小时30～40千米，占37.2%；至于速度在每小时10千米以下及40千米以上者，则仅占4.2%及6.3%。

2.在每日行驶里程数方面

近7成（68%）的受访者每日行驶里程数在25千米以下，其中，27.60%在5～15千米；在5千米以下者占20.3%；而在15～25千米的占20.1%。

3.在每日行驶时间方面

近7成（69.3%）的受访者其每日行驶时间多在1.5小时内，其中以0.5～1小时者最多，约占25.8%；其次1～1.5小时的受访者占22.4%；在0.5小时以内者占21.1%。由此显示，大部分的电动自行车每日行驶的时间并不是很长。

4.在电动自行车的用途方面

一般而言，大部分（68%）的受访者多用于上下班（课）；其次有15.6%为配合公司业务使用；用来购物逛街及休闲旅游的，则各占12%及2.9%，另有1.5%用于其他用途。

二、消费者对电动自行车需求状况

1.在充电方式方面

大多数（54.9%）受访者认为在自己家里充电最方便；有23.7%的受访者则赞成到特定充电站（加油站）充电；此外，赞成到特定场所换电池、设公共充电插座的则各占7.0%。

2.在公共设施配合方式方面

有1/3（33.4%）的受访者认为政府在公共设施的配合方面应增设充电场所；有57%的受访者表示应广设服务站或维修站；有70%的受访者认为应设电池回收站及机车停车场；有2.20%的受访者认为可开辟机车专用道；另有14%的受访者表示其他意见（如修平道路减少坑洞、减少红绿灯、建立保险制度、设置公共插头等）。

3.在价格方面

大部分（73.8%）受访者可接受的电动自行车最高价格在3 500元以下。希望能在2 500元以下的占22.7%，2 500～3 000元的占30.5%，3 000～3 500元的占20.6%。至于最高价格在3 500～4 000元及4 000元以上的，各占9.9%及6.5%。主要市场类别对电动自行车最高价格的接受程度见表3-14。

4.购买电动自行车的可能性

在经过简短的电动自行车说明，42.4%的受访者表示会想购买电动自行车，23.4%则表示不想购买，另外，不一定会买者占28.1%，不知道会不会购买的则占6%。而在试骑过电动自行车后，有过半数（53.3%）的受访者会想购买电动自行车，而不想购买者占15.2%，另外，表示不一定会买的比例占28.3%。由此得知，试骑电动自行车者较没试骑者的购买意愿高。主要市场类别购买意愿见表3-15。

表3-14 主要市场类别对电动自行车最高价格的接受程度表

市场类别	2 500元以下（%）	2 500～3 000元（%）	3 000～3 500元（%）	3 500～3 900元（%）	4 000元以上（%）
上班族	21.19	27.97	24.58	11.86	5.93
学生	36.54	25.00	19.23	5.77	3.85
家庭妇女	34.09	43.18	4.55	6.82	4.55

表3-15 主要市场类别购买意愿表

市场类别	试骑前				试骑后			
	会（%）	不会（%）	不一定（%）	不知道（%）	会（%）	不会（%）	不一定（%）	不知道（%）
上班族	37.29	22.03	33.05	7.63	59.26	7.41	33.33	0
学生	36.54	30.77	25.00	7.69	57.14	14.29	21.43	7.14
家庭妇女	40.91	22.73	27.27	9.09	50.00	25.00	12.50	12.50

5.欲购买电动自行车的原因

除了绝对不购买电动自行车的受访者之外，我们再探询可能有机会购买电动自行车的受访者，结果发现：无论试骑与否，受访者愿购买电动自行车的原因差不多，均着眼于环保观点；试骑后，电动自行车起步平稳、架控容易的优点更为受访者所认知，从而提升了受访者购买的意愿。主要市场类别购买动机摘录见表3-16。

表3-16 主要市场类别购买动机摘录

市场类别	试骑前				试骑后			
	不会污染空气（%）	噪音公害降低（%）	电价比油价便宜（%）	起步平稳架控容易（%）	不会污染空气（%）	噪音公害降低（%）	电价比油价便宜（%）	起步平稳架控容易（%）
上班族	39.02	28.66	12.20	11.59	32.85	32.31	12.31	21.54
学生	41.94	29.03	11.29	9.68	26.47	29.41	14.71	29.41
家庭妇女	43.55	22.58	12.90	11.29	35.29	35.29	11.76	17.65

6.不想购买电动自行车的原因

针对不想购买电动自行车的受访者，我们再深入探讨其不想购买的原因，结果发现：在试骑之前，受访者不想购买电动自行车的原因主要在于充电较麻烦、电力不足及充电后行驶距离太短等能源因素；而试骑后不想购买的原因首推最高速度太慢，其次为电力不足及加速性能不足，而原本没有试骑时，受访者较重视的“一次充电距离太短”则退居第4位，认为充电麻烦者也只占1成而已。由此显示，试骑后导致受访者不想购买的理由明显与试骑前不同，试骑前导致受访者不想购买的原因主要是考虑充电问题，而试骑后则是性能（速度）未能充分满足受访者。主要市场类别试骑前不愿购买的原因见表3-17，试骑后不愿购买的原因见表3-18。

表3-17 主要市场类别试骑前不愿购买的原因表

市场类别	一次充电距离太短（%）	充电麻烦（%）	马力不足（%）	电池易老化（%）	全车重量太重（%）	最高速度太慢（%）	加速性能不足（%）
上班族	11.36	27.27	9.09	6.82	9.09	6.82	4.55
学生	22.22	15.56	15.56	11.11	2.22	13.33	11.11
家庭妇女	17.39	21.74	13.04	4.35	4.35	13.04	4.35

表3-18 主要市场类别试骑后不愿购买的原因表

市场类别	一次充电距离太短（%）	充电麻烦（%）	马力不足（%）	电池易老化（%）	全车重量太重（%）	最高速度太慢（%）	加速性能不足（%）
上班族	0	0	25.00	0	0	25.00	25.00
学生	0	0	33.33	0	0	33.33	33.33
家庭妇女	16.67	16.67	0	16.67	16.67	33.33	0

7.当电动自行车符合要求时，何时购买

如果电动自行车将来改善其缺点，在试骑前，有近5成（49.8%）的受访者考虑在3年内购买，其中可能会在1年内购买的，占27.1%，而1～3年内可能会买的占22.7%，至于3年、5年以上才考虑购买的约占1成左右。另外近3成（28.1%）的受访者表示何时购买尚难以决定，仅有2.6%的受访者表示绝不购买。而在试骑后，有7成以上（72.9%）的受访者打算在3年内购买，较试骑前高出23.1%。其中可能会在1年内购买的占35.9%，而1～3年内可能会买的占37.0%，至于3、5年以上才考虑购买的约占1成左右，另外有1成左右的受访者表示何时购买尚难以决定，仅1.1%的受访者表示绝不购买。主要市场类别在试骑前与试骑后的预期购买年期见表3-19。

表3-19 主要市场类别试骑前与试骑后的预期购买年期表

市场类别	试骑前				试骑后			
	1年内（%）	1～3年（%）	3～5年（%）	5年以上（%）	1年内（%）	1～3年（%）	3～5年（%）	5年以上（%）
上班族	25.42	20.34	9.32	4.24	40.74	33.33	22.22	0
学生	28.85	19.23	5.77	3.85	28.57	42.86	7.14	0
家庭妇女	9.09	27.27	11.36	2.27	12.50	50.00	12.50	0

三、策略分析

1.目标市场与未来发展潜力

国内电动自行车市场主要消费群为一般上班族和学生，除此之外，家庭妇女利用电动自行车逛街购物的比例也不低，而家庭妇女对环境污染防治重视的程度也不低于上班族，而且如果能在百货公司及超级市场或菜市场周围设置投币式充电站，对购物者来说提供了相当大的便利，况且就费用来说，骑乘电动自行车也比较划算。

消费能力逐渐受市场重视的银发族也是电动自行车的潜在消费群体，电动自行车的平稳、无噪音及无污染可提供年龄层较大的消费群体，作为短程的交通工具。

就电动自行车最常为人所讨论的时速问题，在调查中，发现有一半以上的骑行者（52.3%）平时骑车速度不超过每小时25千米，所以在时速45千米以内的水准，应可符合需求。

为了克服充电麻烦的问题，住户除了利用夜间充电外，投币式充电站势必会在百货公司、超级市场及学校使用，以有利于使用者的便利性。

而且目前已有许多欧美先进国家以“电池”为动力的机动车比例正逐年提高，以改善日益恶化的空气污染问题，所以未来电动自行车的发展势必看好。

2. 市场采购特性

在采购特性方面，可从采购动机及考虑因素分析。

从调查中可以发现在被问及考虑购买电动自行车的原因当中，学生族群对电动自行车架控特性的重视程度比较高，而且在购买原因的比例分配上也比较平均。但在采购动机上，无论是上班族、学生或家庭妇女都是以环保意识为主要出发点，所以加强环保意识的宣传，会强化购买意愿。

另外在对电动自行车的架控稳定性方面，发现在购买电动自行车的原因当中，有关“起步平稳架控操作容易”一项，试骑前的比例为10.4%，试骑后比例跃升为22.0%。因此，如果让消费者试骑电动自行车，购买的欲望会更强。

如果就购买考虑因素而言，电动自行车在技术上所面临的速度慢与加速性能不足的瓶颈问题，将是消费者决定是否购买的主要原因。但亦有7成以上的消费者表示，若电动机车能改善其缺点，将会考虑在3年内购买。因此，电动自行车若能克服速度与加速方面的问题，市场前景将颇为看好。

另外，对电动自行车价格的接受性方面，大部分（73.8%）受访者可接受的电动自行车最高价格在3 500元以下，其中，以每辆在2 500～3 000元的接受比例最高，平均比率达30%。

综上，如果每辆电动自行车的售价低于3 000元，那么将有助于市场的拓展。

四、调查结论

国内电动自行车的使用者以学生及上班族居多，所以对自行车时速的要求比较高，目前国内最高限速为每小时25千米，而且国内人口密度高，加油站的设置尚称便利，所以如果电动机车充电不够便利，那么势必会遭遇推行方面的困难。

在关键零组件方面，电池要克服的是体积与重量的问题，能达到轻薄短小以减轻车身的重量，且缩短一次充电时长以节省时间，这些都是提升电动自行车便利性的关键；而马达要达到爬坡力强、易控速及降低成本。

虽然电动自行车面临了技术瓶颈及消费者使用习惯等问题，但是就长期趋势来看，电动自行车仍有其存在的价值及发展的空间。

任务五：市场调研报告撰写

一、实训目的

1.掌握撰写市场调研报告的基本原理及方法。

2.掌握调查报告的撰写，通过数据分析透过现象看本质，从原始的调查数据中总结规律性的东西。

二、实训步骤

学生实践任务概述：按照调研报告的基本格式与基本要求，为实际市场问卷调查活动撰写调研报告；完成实训成果的提交与评价工作。

1.市场调研报告的基本格式

市场调研报告的格式一般由：标题、目录、概述、正文、结论与建议、附件等几部分组成。

标题：标题和报告日期、调查小组名称，一般应打印在封面上。通过标题把被调查单位、调查内容明确而具体地表示出来，如《关于嘉兴市家电市场调研报告》。有的调研报告还采用正、副标题形式，一般正标题表达调查的主题，副标题则具体表明调查的单位和问题。

目录：如果调查报告的内容、页数较多，为了方便阅读，应当使用目录或索引形式列出报告所分的主要章节和附录，并注明标题、有关章节号码及页码，一般来说，目录的篇幅不宜超过一页。

概述：概述主要阐述调查课题的基本情况，它是按照市场调查课题的顺序将问题展开，并阐述对调查的原始资料进行选择、评价、做出结论、提出建议的原则等，主要包括三方面内容：第一，简要说明调查目的。即简要地说明调查的由来和原因。第二，简要介绍调查对象和调查内容，包括调查时间、地点、对象、范围、调查要点及所要解答的问题。第三，简要介绍调查研究的方法。介绍调查研究的方法，有助于使人确信调查结果的可靠性，因此对所用方法要进行简短叙述，并说明选用方法的原因。例如，是用抽样调查法还是用典型调查法，是用实地调查法还是文案调查法。另外，在分析中使用的方法，如指数平滑分析、回归分析法等也都应作简要说明。如果这部分内容很多，应有详细的工作技术报告加以说明补充，并附在市场调研报告的最后部分的附件中。

正文：正文是市场调查分析报告的主体部分。这部分必须准确阐明全部有关论据，包括问题的提出到引出的结论，论证的全部过程，分析研究问题的方法，还应当有可供市场活动的决策者进行独立思考的全部调查结果和必要的市场信息，以及对这些情况和内容的分析评论。

结论与建议：结论与建议是撰写综合分析报告的主要目的。这部分包括对引言和正文部分所提出的主要内容的总结，提出如何利用已证明为有效的措施和解决某一具体问题可供选择的方案与建议。结论和建议与正文部分的论述要紧密对应，不可以提出无证据的结论，也不要没有结论性意见的论证。

附件：附件是指调查报告正文包含不了或没有提及，但与正文有关必须附加说明的部分。它是对正文报告的补充或更详尽说明，包括数据汇总表及原始资料背景材料和必要的工作技术报告，例如为调查选定样本的有关细节资料及调查期间所使用的文件副本等。

2.市场调研报告的内容

市场调研报告的主要内容有：

第一，说明调查目的及所要解决的问题。

第二，介绍市场背景资料。

第三，分析的方法，如样本的抽取，资料的收集、整理、分析技术等。

第四，调研数据及其分析。

第五，提出论点，即摆出自己的观点和看法。

第六，论证所提观点的基本理由。

第七，提出解决问题可供选择的建议、方案和步骤。

第八，预测可能遇到的风险、对策。

3.注意事项

撰写调研报告时，要注意完整而精炼、客观而准确、清晰而有条理、易读易懂、外观正规而专业化。

陈述报告要简明扼要，突出重点，要注重陈述技巧，注意怎样打动听众，注重PPT质量。每组确定一名陈述人，陈述时要求衣着正式，神色自然庄重，保持良好的站立姿势。小组其他成员作为答辩人参与回答其他小组的提问。

三、实训成果

1.每组提交完整的市场调研报告，并按要求进行打印。

2.每组准备陈述用PPT，指定小组成员进行陈述。

3.每人提交不少于2 000字的实训心得。

四、实训评价

实训考核在“微助教”上进行，每位同学参与打分，教师和学生的打分比例如图3-25所示：

图3-25　“微助教”中教师评分与学生互评的评分权重

评价维度包括：结构是否完整、逻辑是否清晰；文字表述与图表质量；格式规范；陈述清晰、内容娴熟、节奏适中。各维度权重如图3-26所示：

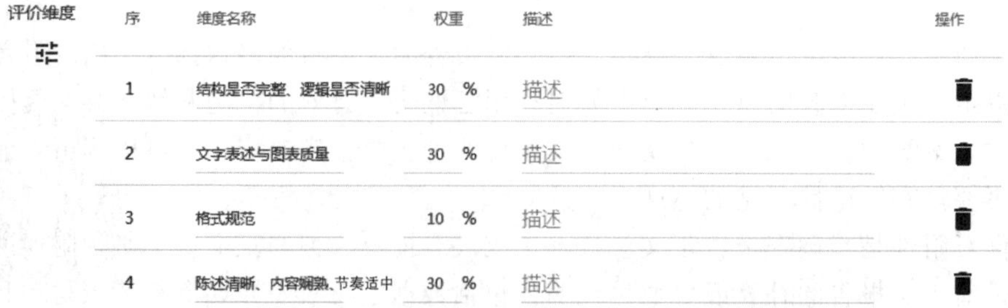

图3-26　“微助教”中的评价指标及权重

五、资料来源

[1] 蒋萍.市场调查 [M]. 上海：上海人民出版社，2007.

[2] 胡祖光，王俊豪，吕筱萍.市场调研与预测 [M]. 北京：中国发展出版社，2006.

[3] 陈凯.市场调研与分析 [M]. 北京：中国人民大学出版社，2016.

六、延伸阅读

调研报告示例：武汉葡萄酒市场调研报告

一、调研目的

1.初步了解样本市场主要大型商场和超市甜型葡萄酒的市场现状，分析武汉市场甜型葡萄酒的整体情况。

2.收集样本市场主要大型商场和超市不同品牌葡萄酒的市场分布、销售价格、销售状况以及同一品牌葡萄酒的产品分类、销售价格、销售状况，并进行对比分析。寻找武汉市场最佳突破点。

3.了解样本市场消费者对葡萄酒的需求层次、品牌认知程度。

4.了解样本市场消费者的饮酒（葡萄酒）类型、习惯、场合、男女比例、年龄层次等因素，挖掘潜在市场消费者。

二、调研方法

1.大型商场超市的走访和调研；

2.与部分商场超市促销员的个别访谈调研；

3.与部分商场超市消费者的个别访谈调研；

4.在互联网上查找资料进行补充。

三、调研概况

2002年3月24日至2002年3月25日对样本主要大型商场和超市进行了市场走访和调研。此次调研的大型商场和超市包括：中南超市、亚贸超市、中百仓储超市（武昌珞狮路店)、徐东平价超市、麦德龙超市（徐东店)、好又多超市（民意广场)、家乐福超市（武胜路十升店)、武商千禧龙超市、武汉广场、世贸广场、华联超市（汉阳店）等。这些商场超市均为武汉市场知名度较高的商场超市，几乎垄断了武汉市场大部分百货零售和批发；另外，它们分布于武昌、汉口、汉阳，由点及面辐射整个武汉三镇。因此，上述调研的样本可以比较真实地反映武汉市场葡萄酒销售现状。

本次调研普遍感受到消费者在选择甜型葡萄酒时较为看重产品品牌、葡萄酒的包装、葡萄酒的价位和葡萄酒的容量。以上四点是促成消费者购买某一品牌甜型葡萄酒产品的主要因素。而在选择档次较高的干红时则更注重品牌，对品牌似乎已经产生一定的忠诚度。像张裕、王朝等强势品牌，无论是其甜型葡萄酒还是其干红葡萄酒都在武汉市场取得了不错的销售业绩。但是如果加上促销手段，那么情况就有一定的变化。例如威龙系列产品，历来是人们公认的低档产品制造商。但是，在武汉一些卖场，他们开展了一些买一送一的促销活动，销售量就立刻超过了几大品牌。

武汉市场红酒主要品牌排序：张裕、长城、王朝、威龙。张裕大约占30%的市份额。丰收一般化。

甜型红酒的市场适应面较干红要广，消费群体要大。因为在调查的过程中，我们发现女性和一般不胜酒精的群体对甜型红酒更加青睐。而在一般的家庭消费中，为了适应全家所有人的口感，购买时选择甜型产品的可能性较干型要大。

详见以下调查资料：

四、调研内容

1.主导产品品牌情况：

（1）国内品牌

①张裕：

张裕葡萄酒在武汉大型商场超市的部分品名、容量、度数、价格详见表3-20：

表3-20 **张裕葡萄酒武汉大型商超市上架产品规格** 金额单位：元

序号	品名	容量	度数	价格
1	金张裕干红	750毫升	12度	50.00
2	解百纳高级干红	750毫升	12度	76.20
3	精品张裕干红	750毫升	12度	36.40
4	赤霞珠高级干红	750毫升	12度	67.00
5	高级珍珠红葡萄酒	750毫升	12度	9.90
6	红宝石葡萄酒	750毫升	8度	12.70
7	天然红葡萄酒	750毫升	—	9.10
8	天然白葡萄酒	750毫升	—	9.10
9	万客乐红葡萄酒	1 000毫升	12度	12.00
10	苹果万客乐红葡萄酒	500毫升	4~5度	14.20
11	张裕干白葡萄酒	750毫升	12度	24.30
12	玫瑰白葡萄酒	1 000毫升	13度	16.80
13	味美思营养葡萄酒	1 000毫升	18度	19.30
14	100%全汁玫瑰红葡萄酒	1 000毫升	12度	16.80

a.表格阴影部分为本品牌的高档产品，其余为本品牌的中、低档产品。

b.本表格不包括张裕礼品盒产品。

c.以上产品价格以中南超市为准，其余商场超市同种类型产品价格略有差异。

从表3-20可以看出，张裕甜型葡萄酒在武汉市场种类很多，干型、半干型、甜型品种齐全。有珍珠红葡萄酒、红宝石葡萄酒、万客乐红葡萄酒、玫瑰白葡萄酒、味美思营养葡萄酒等。这些甜型葡萄酒容量从500毫升到1 000毫升不等，价格从9.10元到76.20元不等，极大满足了消费者差异化的需求。除甜型葡萄酒之外，张裕在高档葡萄酒上也是强势出击，其解百纳高级干红、赤霞珠高级干红、金张裕干红和精品张裕干红深受消费者喜爱。张裕甜型葡萄酒和高档干红葡萄酒的价格最大差异为67.10元（76.20-9.10）。

张裕甜型酒系列度数多样，有4度～5度、8度、12度、13度、18度等，其中主要以8度以下产品为主。而干红则统一为12度。在市场分布中，张裕高档干红分布于各个调研样品市场，而张裕甜型酒系列则主要占据大型超市酒柜（如麦德龙、家乐福、好又多，而在武汉广场超市等小规模超市则没有张裕甜型酒系列。注：该超市主要零售高档次产品)。据样本市场中的促销小姐介绍，张裕甜型葡萄酒销量较好的为天然系列、红宝石系列以及万客乐系列。而消费者介绍他们选择这些系列产品的原因是因为价格便宜、度数适中和容量较大，而且适应面广。

②长城（昌黎长城）

长城葡萄酒在武汉大型商场超市的部分品名、容量、度数、价格详见表3-21：

表3-21　**长城葡萄酒武汉大型商超上架产品规格**　金额单位：元

序号	品名	容量	度数	价格
1	赤霞珠干红	750毫升	11.5度	115.60
2	佐餐干红	750毫升	11.5度	31.90
3	优质干红	750毫升	11.5度	56.60
4	三星干红	750毫升	11.5度	68.40
5	二星干红	750毫升	11.5度	29.00
6	长城干白	500毫升	—	18.90
7	长城天然白葡萄酒	750毫升	—	12.10
8	长城红葡萄酒	1 000毫升	6度	16.00

长城在武汉也有一定的口碑。但是，由于套用“长城”商标的葡萄酒繁多，使市场鱼目混珠，如“华夏长城”“沙城长城”“安徽长城”等若干品牌，所以影响了其一定的销量。

③王朝

王朝葡萄酒在武汉大型商场超市的部分品名、容量、度数、价格详见表3-22：

表3-22　**王朝葡萄酒武汉大型商超上架产品规格**　金额单位：元

序号	品名	容量	度数	价格
1	经典干红葡萄酒	750毫升	11.5度	33.60
2	金王朝干红葡萄酒	750毫升	11.5度	80.20
3	王朝干桃红葡萄酒	750毫升	11.5度	33.00
4	御用木制礼盒（2瓶）	750毫升	11.5度	91.50
5	王朝半甜葡萄酒	750毫升	11.5度	12.00
6	王朝干白葡萄酒	750毫升	11.5度	22.00
7	王朝甜葡萄酒	1 000毫升	8度	12.00

在调查的十大超市中，长城、王朝在样本市场中的甜型葡萄酒品种不多。原汁白葡萄酒更少。笔者仅看到长城天然白葡萄酒。这种售价为12.10元/750毫升的甜型葡萄酒在大型超市中的销售业绩相对比干型葡萄酒要好。但是，据了解长城天然白葡萄酒在酒店消费中的销售业绩相对比干型葡萄酒要差得多。

长城、王朝高档葡萄酒则在样本市场中与张裕几乎平分秋色，成为干红、干白市场销售的主流品牌。在样本市场中，它们的高档葡萄酒贯穿所有的调研市场，在有的商场中还设有摊位专卖，并且反响都不错。总之，在样品市场中，这两大品牌主要定位于高档葡萄酒，只是兼顾甜型葡萄酒。

④威龙

威龙葡萄酒在武汉大型商场超市的部分品名、容量、度数、价格详见表3-23：

表3-23 **威龙葡萄酒武汉大型商超上架产品规格** 金额单位：元

序号	品名	容量	度数	价格
1	品丽珠橡木桶陈酿干红	780毫升	11.5度	53.80
2	白标高级解百纳干红	750毫升	11.5度	35.90
3	薏丝琳干白	750毫升	11.5度	22.40
4	高级红葡萄酒	—	—	54.00
5	绿标干红葡萄酒	—	—	26.90
6	贵族干红葡萄酒	—	—	30.00
7	威龙纯汁葡萄酒（半干）	750毫升	—	25.50
8	威龙鲜汁葡萄酒	750毫升	—	8.80
9	威龙鲜汁红葡萄酒	1 500毫升	—	17.00
10	威龙红葡萄酒	1 000毫升	—	12.50
11	威龙红葡萄酒	750毫升	—	7.70
12	威龙全汁红葡萄酒	1 000毫升	—	12.00
13	威龙冰爽葡萄酒	500毫升	4度	8.20
14	威龙小香槟	750毫升	—	11.60
15	威龙苹果香槟	1 500毫升	—	18.00
16	威龙大红香槟	1 500毫升	—	24.00

a.表格阴影部分为本品牌的高档产品，其余为本品牌的中、低档和香槟产品。

b.本表格不包括威龙礼品盒产品。

威龙在样本市场中算得上是甜型葡萄酒的一大卖家，这符合其“甜酒大王”的称号。在各大商场超市中，除中南超市、中百仓储、家乐福、麦德龙等超市出现少量高档干红外，大部分卖场是其甜型葡萄酒的天下。其冰爽葡萄酒、鲜汁葡萄酒、全汁红葡萄酒、纯汁葡萄酒大面积出现在陈列卖场，迎合工薪消费，并且销路不错，而且还有款式新颖的礼品装系列。另外，在所走访的超市中，威龙是国产几大葡萄酒品牌中唯一出现香槟的（张裕除外），其小香槟、苹果香槟、大红香槟销售情况较好，成为市场亮点。

从调研市场促销小姐和顾客反映的情况来看，选择威龙甜型葡萄酒的主要因素是价格优势。从品牌和价格上看，威龙表现为品牌大（濮存昕出演其广告代言人）、价格低，似乎找到了比较好的契合点。另外，产品特色也是威龙甜型葡萄酒的一大卖点，新品纷呈，其生产的冰爽甜型酒，度数仅有4度，500毫升售价为8元左右，深受消费者喜爱。另外，瓶签出现濮存昕的1 000毫升威龙红葡萄酒和威龙全汁红葡萄酒也成为甜型葡萄酒的主打产品。

⑤丰收

丰收葡萄酒在武汉大型商场超市的部分品名、容量、度数、价格详见表3-24：

表3-24　**丰收葡萄酒武汉大型商超上架产品规格**　金额单位：元

序号	品名	容量	度数	价格
1	2000解百纳干红	750毫升	12度	40.30
2	丰收干红葡萄酒	750毫升	12度	33.00
3	丰收干红葡萄酒	500毫升	12度	21.80
4	丰收干红葡萄酒	375毫升	12度	17.60
5	高樽丰收红葡萄酒	750毫升	—	11.00
6	桂花陈酒	750毫升	11度	10.30
7	丰收纯汁红葡萄酒	1 000毫升	—	12.00
8	丰收北京红葡萄酒	1 000毫升	—	12.50

丰收葡萄酒在调研的样本市场中，只进驻家乐福、麦德龙、亚贸超市、中百仓储等市场，主要销售以干红系列为导向。其甜型葡萄酒只有丰收纯汁红葡萄酒、丰收北京红葡萄酒和桂花陈酒，这些甜型葡萄酒在样品市场中只在家乐福、麦德龙超市中出现，销售情况不甚理想。丰收在武汉的市场上，根本不能排到前四名。据了解，其销售业绩还是2000年以后开始出现回升的。

⑥品牌

新品牌主要是指云南红、新天干红和藏秘干红等近几年在广告上动作最大的品牌。其中，藏秘干红由于是青稞酿造，口味非常不符合武汉人的风格，所以，回头率很低。云南红和新天干红由于广告品味较高（云南红的民族风情广告、新天干红的仿花样年华广告）很受人们欢迎。加上其产品品种繁多，品名新颖，如云南红的“柔红”，很富有创意，受到消费者青睐，已经成为新品牌中的新宠，后劲很足。

⑦其他品牌

其他葡萄酒品牌在武汉大型商场超市的部分品名、容量、度数、价格详见表3-25：

这几种品牌的葡萄酒在样本市场的共同特点是进驻卖场不多，像新天干红，在样品市场中只有麦德龙超市一家超市有这种品牌的甜型葡萄酒销售；富瑞斯也只有家乐福一家超市出现这种品牌。

造成甜型葡萄酒在样品市场中群雄割据，竞争激烈的原因：一是干型葡萄酒市场格局还没有完全形成，甜型产品具有一定的市场基础，而且风险较低；二是有利可图。在高档的葡萄酒市场上，以张裕、王朝、长城、威龙为首的四大国产品牌占据了大半壁江山，再加之洋品牌的渗入，一些实力弱的葡萄酒生产企业在夹缝中不得不另找出路。于是，品牌纷纷把生产战略调整到甜型葡萄酒生产领域。在这个领域中，由于地域的关系，使得竞争

表3-25　　**其他葡萄酒品牌武汉大型商超上架产品规格**　　金额单位：元

序号	品名	容量	度数	价格
1	狮王小利口红葡萄酒	350毫升	—	4.90
2	狮王红葡萄酒	1 500毫升	8度	15.30
3	狮王白葡萄酒	730毫升	7度	8.90
4	狮王全汁水晶红葡萄酒	730毫升	—	8.90
5	狮王浓香山葡萄酒	660毫升	—	18.30
6	狮王浓香山葡萄酒	360毫升	—	12.40
7	玫瑰红葡萄酒	700毫升	12度	10.80
8	劲牌红珠干红葡萄酒	750毫升	12度	30.00
9	劲牌西部红珠葡萄酒	1 000毫升	12度	16.00
10	劲牌西部红珠葡萄酒	500毫升	8度	9.00
11	白洋河甜妹子原汁葡萄酒	1 000毫升	7度	13.20
12	白洋河紫薇红葡萄酒	700毫升	—	11.30
13	爱心原汁红葡萄酒	1 000毫升	8度	13.90
14	通化爽口葡萄酒	500毫升	—	11.30
15	通化爽口葡萄酒	740毫升	7度	13.20
16	通化原汁红葡萄酒	750毫升	—	11.30
17	新天新疆红葡萄酒	750毫升	—	9.90
18	新疆红葡萄酒	750毫升	—	9.90
19	北京富瑞斯天然白葡萄酒	1 000毫升	—	4.90
20	北京富瑞斯野山葡萄酒	3 600毫升	—	16.90

相对减弱。又由于消费面广，市场投展较容易。另外，开发甜型葡萄酒不仅可以获利，而且可以对高档葡萄酒进行产品补充和市场补充，从而提升品牌知名度并维护品牌营销网络，可谓一举数得。

（2）国外品牌

国外葡萄酒品牌在武汉大型商场超市的部分品种、容量、度数、价格详见表3-26：

国外的葡萄酒品牌在样本市场中基本上都为高档葡萄酒。只有法国蓝红葡萄酒价格在20.20元。这种甜型葡萄酒满足了一部分人花很少的钱买洋酒的心愿，因而在市场销售中还有一席之地。洋葡萄酒由于纯正的进口原装产品甚少加上消费者害怕买到假冒伪劣产品，因此，市场份额相对较小，大约相当于一个新品牌（如云南红）的消费量。

表3-26　**国外葡萄酒品牌武汉大型商超上架产品规格**　金额单位：元

序号	品名	容量	度数	价格
1	法国蓝红葡萄酒	750毫升	12度	20.20
2	法国干特级波尔多酒（10年100%红葡萄汁）	750毫升	—	174.40
3	法国特级地利坊葡萄酒	750毫升	—	72.20
4	法国雅图因葡萄酒	750毫升	—	60.20
5	法国古堡贵族葡萄酒	750毫升	—	48.80
6	西班牙斗牛士干红	750毫升	13度	86.90
7	美国阳光干红	750毫升	—	90.00

2.销售情况

从样本市场上了解到：在春节期间，高档干红的销量较好，甚至出现了供不应求的现象。消费者购买干红主要认定的是品牌知名度，像张裕的赤霞珠干红、长城的三星干红、王朝的金王朝干红成为市场销售的主流。消费者购买高档干红主要用于送礼、同朋友聚会、家人吃团圆饭。这一方面体现了档次，另一方面也体现了饮用葡萄酒的激情氛围。到了三月份，葡萄酒的销售主流则为甜型葡萄酒。消费者购买甜型葡萄酒主要是因为这些葡萄酒的价格较低、容量较多、味道较好，而且酒精度也不是很高。在样本市场中，甜型葡萄酒销量较好的为张裕天然红葡萄酒、威龙鲜汁全汁葡萄酒、狮王小利口红葡萄酒、通化原汁红葡萄酒等。这些葡萄酒的价格普遍在5元至12元之间，口味淡雅，甜度适中，能为大多数消费者接受且长期饮用。

3.消费者调研

从总体上看，约有6成的消费者饮用葡萄酒的原因是出于“在特定场合下，调节气氛和氛围”，约有2成的消费者出于“保健”目的而饮用葡萄酒。但是如果从年龄的角度对消费者进行细分，则会发现饮用目的随年龄的不同有着显著的差别。分析表明，在35岁以下的消费者中，62%的消费者饮用葡萄酒是追求一种情调和氛围，甚至是当饮料喝，而出于保健目的饮用的人数比例并不高；这种类型的消费者倾向饮用味道较甜的葡萄酒；随着年龄的上升，消费者出于保健目的而饮用葡萄酒的人数比例则越来越高。在36岁到55岁的人群中，追求情调和因保健目的而饮用葡萄酒的比例已经大致接近，分别为36.4%和43.6%；而在56岁以上的人群中，出于保健目的而饮用葡萄酒的比例则超过了半数，达56.3%，这种类型的消费者倾向饮用档次较高的干红葡萄酒。而且在这个群体中，“嗜酒者”的比例也比较高，有12.5%的人表示饮用葡萄酒就是因为“喜欢喝”。

调查表明，酒店是具体消费葡萄酒的重要场所。除此之外，家庭也是葡萄酒的消费场所之一。

家庭饮用统计显示，朋友聚会和平时在家饮用是饮用葡萄酒的主要原因。交叉分析结果表明，半数左右的年轻人主要在朋友聚会时饮用葡萄酒。随着年龄的增加，社交活动的减少，年长者在朋友聚会时饮用葡萄酒的比例逐渐降低，而在家庭饮用葡萄酒的比例则呈明显上升趋势。值得注意的是，虽然半数的年轻人主要是在朋友聚会时饮用葡萄酒，但是在18～25岁和26～35岁的年轻人中仍然有20%～30%的消费者表示主要饮用葡萄酒的场合是家庭。

参考相关资料，从总体上看，消费者每月饮用葡萄酒的次数为5.29次。但不同类型的消费者饮用的频次存在一定差异：把葡萄酒作为保健饮品的消费者属于高频次消费者，每月消费的次数高达8.49次。虽然出于调节气氛和氛围原因饮用葡萄酒的消费者比例最高，但这部分群体并非高频次饮用群体。

从饮用场合上将消费者进行划分，可以发现，平时家庭饮用群体每月饮用葡萄酒的频次最高，其次是工作应酬的消费群体。

从饮用不同种类葡萄酒的角度对消费者进行划分，可以发现，饮用干红的消费者群体的饮用频次最高。

从饮用不同价格葡萄酒的群体来看，饮用20～40元的消费者的饮用频次最高。

交叉分析表明，在家饮用和在外饮用旗鼓相当。

总体上讲，消费者在家饮用和在外饮用葡萄酒的比例接近1比1，但男性在外饮用的比例要高于在家饮用的比例，而女性在家饮用的比例则略高于在外饮用的比例。男性侧重于饮用干红，而女性侧重于饮用味道较甜的葡萄酒。同时，随着消费年龄的上升，人们在家饮用的比例也呈上升趋势，尤其是46岁以上的消费者在家饮用的比例占绝大多数。

参考相关资料，从总体上看，约有60%的消费者每月在葡萄酒上的花费在50元以下。每月花费在80元以上的重度消费群体所占的比例仅略高于1/4。

随着消费者文化水平的上升，每月在葡萄酒上的花费呈上升趋势；特别是随着消费者收入水平的上升，消费者在葡萄酒上的花费的上升趋势表现得更为显著。

五、小结

通过对甜型葡萄酒市场进行调研，得出以下结论：

1.在样本市场上，各种品牌葡萄酒竞争激烈。传统的四大国内品牌（张裕、王朝、长城、丰收）占据市场高档葡萄酒主导地位，约占53%的市场份额，其中，前三个品牌约占50%的市场份额，主要集中在省会级大都市和高档消费场所。其他品牌对市场进行补充，从而激发了市场活力。

2.武汉市场整体上的葡萄酒消费呈现上升趋势。以1999年为例，当年的葡萄酒销量仅为5 000万元，2001年则达到15 000万元，增长比率为200%。

3.洋品牌的葡萄酒在武汉市场主要以高档消费为主，价格在50元至200元。价格在20元左右的葡萄酒只有法国红蓝葡萄酒，所以基本上定位在高档或者洋消费群体。整体上所占比例不高。但是试图尝新者不少，潜在消费群体较大，不可小视。

4.强势品牌市场细分明确，终端完善，品种、价格齐全。这在销售中占有很大的优势。在家乐福、麦德龙等大型超市，促销架势使人汗颜。威龙的做法值得借鉴。武汉当地品牌劲牌公司生产的红珠葡萄酒开始为人所知，具有一定市场潜力。

5.品牌知名度成为葡萄酒高档市场消费者的首选因素，其次则是价格；味道、容量、价格、度数是消费者在选择甜型葡萄酒时比较注重的方面。

6.中低档红酒的市场需求很大。因为中低档红酒的消费群体所占比例很高。加上节日假期走亲访友的需要，货真价实的葡萄酒还是很受欢迎的。

第二节　营销策划技能训练

项目一　行业分析

一、实训目的

1.熟悉行业的分析，主要内容和过程；

2.掌握行业分析的主要模型和方法；

3.练习行业研究报告的撰写。

二、实训描述

教师以本地或学生较为熟悉的行业为题，要求学生根据行业研究的一般框架，对行业进行深入分析，让学生熟悉行业研究的主要内容和一般框架，也可以通过行业研究使学生熟悉一个行业的发展情况。

关键是要符合以下条件：一是尽可能选择大众行业，可以获得更多的参考数据；二是最好结合本地特色产业，学生可以开展现场调查。

1.调味料行业研究。

2.地板行业研究。

3.箱包行业研究。

4.毛巾行业研究。

5.果汁饮品行业研究。

6.电动自行车行业研究。

7.社区电商行业研究。

三、实训步骤

1.小组以自由组建的方式建立，每一小组3～6人，要求不同性格、不同能力的人合理配置。

2.进行资料收集和行业调查，并结合本地的特色产业，选定几个行业作为研究对象，也可以每个小组自行讨论选择一个熟悉的行业进行研究。

3.行业研究分析，形成分析报告。

行业研究流程参考如图3-27所示：

1.资料的收集整理

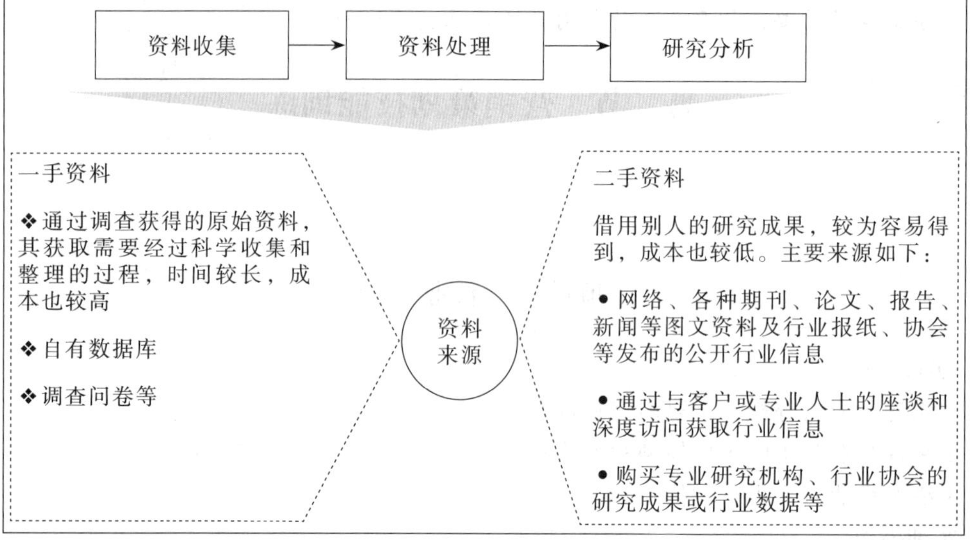

一般的研究机构主要通过收集互联网上免费的二手资料进行整合，得出自己的研究结论。在某种程度上可以说，谁能够掌握更多的有价值的资料，谁就能够做出更高质量的研究报告。

目的明确	网络资源非常丰富，要明确自己需要什么资料，在收集时要注意选择，否则会埋没在浩如烟海的信息海洋之中。另外，对于付费资料，购买时更是要慎重，避免金钱和精力上的浪费。
甄选鉴别	准确地鉴别资料的可靠程度。互联网上的数据不完全真实，错误的数据会导致错误的结论，必须学会鉴别不同来源资料的可靠性，且从不同的口径出发，数据会有较大出入，需要结合具体的情况对数据进行选择。
分类调整	根据所掌握的资料不断调整分析框架，及时对资料进行分类。对资料进行分类便于对资料的处理和使用，也能避免看过的资料需要时无处可找的尴尬。

2.研究分析的程序

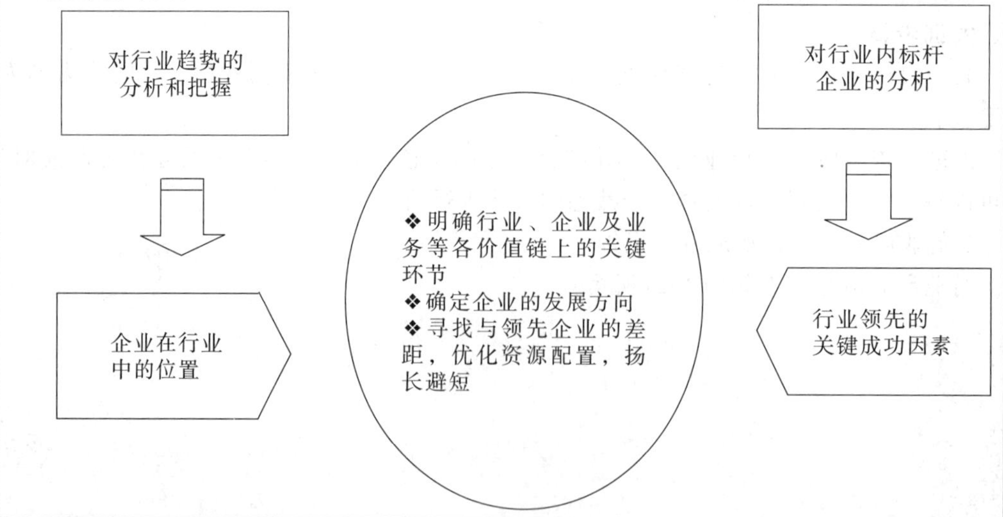

续图

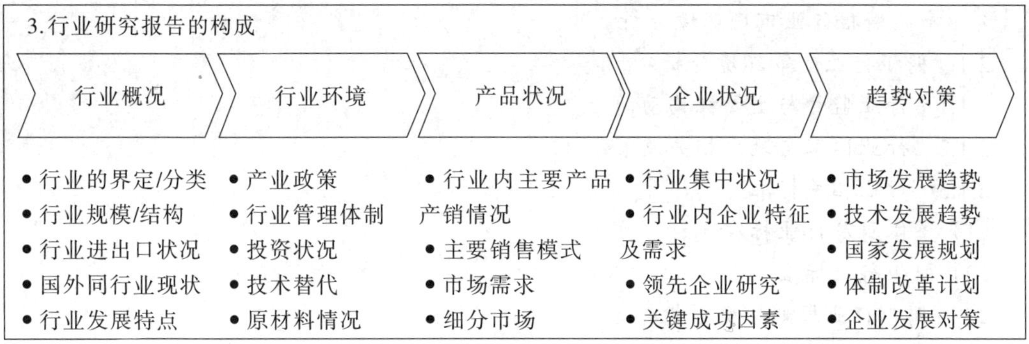

图3-27　行业研究流程

四、实训成果

分小组完成行业研究报告，各小组要完成PPT并进行陈述，每一位同学要写一份个人心得。

五、实训评价

1.研究报告占70%（需提供相关实施过程的佐证材料）。

2.个人心得占30%。

六、资料来源

前瞻产业研究院.2020—2025年中国橱柜行业产销需求与投资预测分析报告［EB/OL］.［2019-08-29］. https：//bg.qianzhan.com/.

七、延伸阅读

2020—2025年中国橱柜行业产销需求与投资预测分析报告

第1章：中国橱柜行业发展综述

1.1　橱柜行业定义及分类

1.1.1　行业概念及定义

1.1.2　行业主要产品分类

1.1.3　行业产品的应用领域

1.1.4　行业的生命发展周期

1.1.5　行业在国民经济中的地位

1.2　橱柜行业统计标准

1.2.1　橱柜行业统计部门和统计口径

1.2.2　橱柜行业统计方法

1.2.3　橱柜行业数据种类

1.3　橱柜行业产业链分析

1.3.1　橱柜行业产业链简介

1.3.2　橱柜行业上游产业链分析

（1）防火板市场现状与价格趋势

（2）不锈钢市场现状与价格趋势

（3）人造石市场现状与价格趋势

(4) 五金配件市场现状与价格趋势
第2章：橱柜行业市场环境分析
2.1 橱柜行业政策环境分析
2.1.1 行业监管与主管机构动向
2.1.2 行业国家与地方相关政策
2.1.3 行业相关标准
(1) 整体厨房行业标准
(2) 橱柜行业标准
2.2 橱柜行业规划环境分析
2.2.1 橱柜行业国家发展规划
2.2.2 橱柜行业地区发展规划
2.3 橱柜行业经济环境分析
2.3.1 国际宏观经济环境分析
2.3.2 国内宏观经济环境分析
2.3.3 经济环境对行业的影响
2.4 橱柜行业贸易环境分析
2.4.1 橱柜行业贸易环境发展现状
(1) 总体概况
(2) 国际橱柜贸易现状
2.4.2 橱柜行业贸易环境发展趋势
2.5 橱柜行业技术环境分析
2.5.1 行业专利发展情况
(1) 技术活跃度分析
(2) 专利类型分布
(3) 专利申请人分析
(4) 热点专利技术分析
2.5.2 行业主要产品新技术发展情况
2.6 橱柜行业社会环境分析
2.6.1 行业发展与社会经济的协调
2.6.2 行业发展面临的竞争环境
2.6.3 行业发展的地区不平衡与产业迁移
第3章：橱柜行业发展状况分析
3.1 中国橱柜行业发展状况分析
3.1.1 中国橱柜行业发展总体概况
3.1.2 中国橱柜行业发展主要特点
3.1.3 橱柜行业经营情况分析
(1) 橱柜行业经营效益分析
(2) 橱柜行业盈利能力分析
(3) 橱柜行业运营能力分析

（4）橱柜行业偿债能力分析
（5）橱柜行业发展能力分析
3.2　橱柜行业经济指标分析
3.2.1　橱柜行业主要经济效益影响因素
3.2.2　橱柜行业经济指标分析
3.3　橱柜行业供需平衡分析
3.3.1　全国橱柜行业供给情况分析
（1）全国橱柜行业总产值分析
（2）全国橱柜行业产成品分析
3.3.2　各地区橱柜行业供给情况分析
（1）工业总产值排名前10个省市分析
（2）产成品排名前10个省市分析
3.3.3　全国橱柜行业需求情况分析
3.3.4　各地区橱柜行业需求情况分析
3.3.5　全国橱柜行业产销率分析
3.4　橱柜行业进出口市场分析
3.4.1　橱柜行业进出口状况综述
3.4.2　橱柜行业出口市场分析
（1）橱柜行业出口整体情况分析
（2）橱柜行业出口产品结构分析
3.4.3　橱柜行业进口市场分析
（1）橱柜行业进口整体情况分析
（2）橱柜行业进口产品结构分析
3.4.4　橱柜行业进出口前景及建议
（1）橱柜行业出口前景及建议
（2）橱柜行业进口前景及建议
第4章：橱柜行业市场竞争状况分析
4.1　行业总体市场竞争状况分析
4.2　行业国际市场竞争状况分析
4.2.1　国际橱柜市场发展状况
1）美国橱柜市场发展分析
（1）美国橱柜市场现状
（2）美国橱柜主流风格
2）欧洲橱柜市场发展分析
（1）欧洲橱柜市场现状
（2）欧洲橱柜主流风格
3）日本橱柜市场发展分析
（1）日本橱柜市场现状
（2）日本橱柜主流风格

4）韩国橱柜市场发展分析
（1）韩国橱柜市场现状
（2）韩国橱柜主流风格
4.2.2 国际橱柜市场竞争状况分析
4.2.3 国际橱柜市场发展趋势分析
（1）自然风让橱柜回归自然
（2）中国元素在国际橱柜市场流行
4.2.4 跨国公司在中国市场的投资布局
（1）博洛尼公司在华投资布局
（2）韩国汉森集团在华投资布局
（3）阿特拉斯在华投资布局
（4）柏丽在华投资布局
4.2.5 跨国公司在中国的竞争策略分析
4.3 行业国内市场竞争状况分析
4.3.1 国内橱柜行业竞争格局与市场份额
（1）国内橱柜行业竞争现状
（2）国内橱柜行业需求规模
（3）国内橱柜行业品牌关注度
4.3.2 国内橱柜行业五力模型分析
（1）行业竞争格局分析
（2）潜在进入者威胁分析
（3）替代品的威胁分析
（4）供应商议价能力分析
（5）下游客户议价能力分析
4.4 行业投资兼并与重组整合分析
4.4.1 橱柜行业并购重组驱动因素
4.4.2 橱柜行业并购重组模式分析
4.4.3 国内外橱柜行业投资兼并与重组分析
（1）国外橱柜企业投资兼并与重组
（2）国内橱柜企业投资兼并与重组
4.4.4 橱柜行业投资重组趋势分析
第5章：橱柜行业主要产品市场分析
5.1 行业主要产品结构特征
5.1.1 行业产品构成分析
5.1.2 行业产品市场发展概况
5.2 消费者市场需求分析
5.2.1 需求的主要拉动因素
5.2.2 消费者市场需求分析
（1）消费者消费能力分析

（2）消费者需求调查分析
5.2.3　房地产市场发展状况分析
（1）房地产开发景气指数
（2）房地产开发投资情况
（3）商品房销售情况分析
（4）房地产市场发展走势分析
（5）房屋装修市场发展状况分析
5.3　行业主要产品市场分析
5.3.1　实木橱柜产品市场分析
5.3.2　不锈钢橱柜产品市场分析
5.4　行业主要产品营销渠道与策略
5.4.1　行业产品营销渠道设置情况
（1）卖场销售渠道
（2）连锁加盟商渠道
（3）直营店销售渠道
（4）网络销售渠道
（5）家居体验馆模式
（6）房屋精装修工程渠道
5.4.2　主要橱柜品牌销售渠道分析
5.4.3　行业产品营销渠道存在的问题
5.4.4　行业产品营销渠道发展趋势与策略
5.5　橱柜行业指数分析
5.5.1　橱柜行业指数分析
5.5.2　橱柜行业招商指数分析

项目二　创意案例大赛

一、实训目的

1.让学生感受创意和灵感的魅力。

2.激发学生追求创意的热情，培养创意自信。

二、实训描述

教师通过比赛的形式，激励学生去搜寻创意的商业案例，不限案例的类型，广告、活动、产品策划都可以。学生在充分理解案例的基础上，对案例进行分析、讲解，实现所有同学共同学习的目标。

三、实训步骤

（一）学生分组

自由组建小组，每一小组为3～6人，要求不同性格、不同能力的人合理配置。每个小组需要有一个创意的团队名称。

（二）收集创意案例

每一个小组需要搜集一个“创意案例”。创意案例的过程必须经过小组认真讨论，要在每一个小组成员收集的创意案例基础上，进行讨论确定小组创意案。

四、实训成果

每个小组完成一份创意案例的分享报告（PPT），并向全体同学进行展示。

五、实训评价

考核由老师和同学共同完成，综合实训的评价由组间互评（30%），组内互评（20%）和教师评分（50%）组成，主要以表3-27为评价依据：

表3-27 **评价指标及权重**

考核依据	建议分值	考核/评价细则
系统性	30%	内容完整、逻辑清晰、形式美观
创新性	35%	内容有创意、形式有创新
工作量	15%	汇报体现出团队进行了很多研究、分析和设计工作，能提供相关证据
现场表现	15%	现场讲解过程有条理、内容清晰，不只是念PPT
其他	5%	一些创新的工作，意外的惊喜

六、延伸阅读

七夕创意活动策划

2014年8月2日，是中国传统的节日——七夕情人节。在上古传说中，农历七月七是牛郎、织女一年一度鹊桥相会的日子。引申到现代，特别是近些年来，七夕情人节已成为时尚男女表达爱意的一个特殊节日，与阳历2月14日情人节有异曲同工之妙。

为充分体现KTV的经营风格和经营特色，特依照目前公司的经营情况、枣庄市民娱乐市场变化，针对七夕情人节消费群体，做出如下活动策划：

一、活动主题

“七夕情人节KTV全新时尚主题派对活动”；

“爱情冲击波 寻找你心中的女神”。

二、活动时间

2014年8月1日—2日。

三、活动目的

1.通过本次活动，提高KTV在枣庄餐饮娱乐市场的品牌号召力。

2.提高80%的日均营业额（活动结束后，由财务部向总经理汇报活动结果）。

四、活动构想

本次活动借鉴北京、上海、深圳、杭州的酒吧已行之有效的促销方法，并结合当地娱乐场所的活动经验，针对当前时尚都市男女喜欢寻找激情、寻找新鲜刺激的消费心理来进行策划整合。活动采用大型交友的方法，鼓励来KTV的客人努力同“陌生人说话”，再通过我们对交友活动程序仔细控制，相信一定能创造出一种欢快、新鲜的泡吧生活模式（具体控制方法见策划案第六项爱情冲击第一波）。

五、活动方法

1.整合公司各部门客户资源，统一以短信息的形式向客人发布活动信息。

2.通过户外广告、DJ台（可邀请KTV DJ一名）、LED显示屏、包房电脑等向近期光顾公司的客人发布活动信息、内容、活动方法。

3.精心布置活动场地，争取创造一种浪漫的节日气氛。

4.本活动以KTV一层大厅为活动中心，以包房为辅。

5.凡2日光临KTV的女宾，均可在吧台领取玫瑰花一支。

6.来店开台、开包房的客人即随台赠送巧克力两枚。

六、活动内容

爱情冲击第一波："寻找你心中的女神"（要着重考虑）。

1.活动口号：坚决同陌生人说话。

2.本店自行设计交友卡，男（绿色）、女（粉红色）；交友卡内容为：姓名（昵称）、年龄、爱好、工作、对他/她的要求。

3.客人开台/包房后，即送给客人交友卡，让客人自行填写。

4.客人可通过观察，然后委托服务员将交友卡送给心仪的他/她。

5.如果双方有意，可通过服务员从中向双方沟通后开始约会。

爱情冲击第二波："炫自己，火辣MM召集令"（此计划含大厅及包房），由本店安排专人对当晚到场的女宾进行观察，如发现有青春靓丽的女生，可通知服务员邀请她于特定时间上台做简单表演（主持人、表演时间另行安排），表演结束后可领取本店特制鸡尾酒卡一张，凭酒卡可到鸡尾酒吧领取指定鸡尾酒一杯（此项活动的评选以本店店长签批为准）。

爱情冲击第三波："真情告白"。

凡是七夕情人节当晚光顾KTV的热恋情侣，KTV可为他们提供走上DJ台，大声表达爱意的机会，并可获赠香槟酒一支（特殊的日子，特殊的真情告白，怎能不感动她/他）。

爱情冲击第四波："浪漫激情"（此计划含大厅及包房）。

活动期间8月1—2日，凡消费一打啤酒以上或消费额满300元，均可获8月26日0:00分现场抽奖券一张，依此类推，凭抽奖券现场抽奖。

一等奖：1名 薛国大酒店客房一间/一晚，浪漫装饰及香槟酒一瓶。

二等奖：3名 数码MP4各一部。

三等奖：10名 巧克力各一盒。

（具体实施安排另行决定）

七、场景布置

1.大门口：

①门口橱窗：广告牌两块，注明活动信息。

（情人节活动全攻略：KTV邀您和您的他/她一同参加KTV七夕情人节PARTY，并大声将你的爱说出来，让大家见证你们的爱情，一起带着你们甜甜的爱情，现场表白、传情）

②大门玻璃：贴心形及玫瑰花图案。

③大门：粉红色气球点缀。

2.大堂：

①大堂正中用木板做心形签名墙，用玫瑰花包围。

②对准大门二楼围栏大理石墙壁做喷画雕刻字：七夕情人节KTV全新时尚主题派对活动爱情冲击波寻找你心中的女神。

③楼梯扶手点缀红色玫瑰花。

3.大厅：

①DJ台：前台面板点缀多色玫瑰花，并用泡沫雕刻："你是我的玫瑰你是我的花"字样。

②周围大厅三面围墙上空雕刻银色反光字，大小不一：

唐诗1：乞巧楼前雨伞晴，弯弯新月拌双星。
邻家少女都相学，斗取金盆卜他生。

唐诗2：七月七日长生殿，夜半无人私语时。
在天愿做比翼鸟，在地愿为连理枝。

宋词3：纤云弄巧，飞星传恨，银河迢迢暗度。
金风玉露一相逢，便胜却人间无数。
柔情似水，佳期如梦，忍顾鹊桥归路？
两情若是久长时，又岂在朝朝暮暮。

③大厅各条立柱用玫瑰花及心形图案点缀。

4.包房：

①各包房每张台面放置玫瑰花一支。

②各包房放置活动计划及细则一份。

八、活动安排

1.策划部根据总经理意见修改好计划案并准备实施。

2.营销部按图纸于7月23日前做好广告架的制作、安装工作。

3.大厅部、包房部抽人手配合美工于7月23日做好布场工作。

4.财务部做好抽奖券及奖品的安排、发放工作及活动用卡的购买。

5.大厅DJ台及节目部安排好活动期间音乐路线、节目的调整，7月24日报总经理节目单。

6.营销部于7月23日前联系广告位位置、薛国大酒店，做好房间及餐饮安排。

7.策划部于7月22日前推出活动广告（含户外、电脑），并做好各种用卡的设计。

8.本店各部门统筹安排，7月24日统一彩排活动流程。

项目三　整合营销策划

一、实训目的

1.完成一个系统的营销策划项目，练习完整的营销策划过程。

2.锻炼解决实际问题的能力。

3.锻炼团队的配合协作的能力。

二、实训描述

教师以本地企业为实际案例，设计一个策划案，带领学生进行实地考察，深入了解企业，引导学生在调查中发现问题，并进行营销策划。让学生完整经历发现问题、分析问题和解决问题的全过程。营销策划案结构和内容如图3-28所示。

构成		内容	作用
封面		方案名称、客户名称、策划人名称、提案时间、策划适用时间段等	策划书名片
摘要		策划案主要内容概述	方案精髓
目录		策划案提纲	构成框架
前言		策划的背景、目的、方法、意义等说明	背景与过程
正文	界定问题	明确策划主题与目标	策划任务
	环境分析	重要环境因素分析	策划依据
	综合分析	SWOT分析，分析优势、劣势、机会与威胁	提出问题
	营销目标	市场目标、财务目标等	明确营销目标
	营销战略	STP战略（市场细分、目标市场、市场定位）	总体布局
	营销组合策略	产品策略、价格策略、渠道策略及促销策略	具体对策
	执行方案	人员安排、道具设备、时间计划、地点选择	执行蓝本
	财务分析	费用预算、效益分析	可行性分析
	控制方案	执行控制、风险预测、应急方案	保障成功
结束语		总结、突出、强化策划人意见	突出重点
附录		数据资料、问卷样本及其他背景材料	提高可信度

图3-28　营销策划案结构及内容

三、实训步骤

1.小组以自由组建的方式建立，每一小组3～6人，要求不同性格、不同能力的人合理配置，为策划过程，制订研究计划。

2.开展专项策划。在对策划对象进行认真调查研究的基础上，针对企业面临的主要问题，界定策划问题，选择1～7个专项策划中的几个或全部进行策划。策划的内容要构成一个完整的系统。

（1）营销环境分析。

（2）营销目标确定。

（3）营销产品策划。

（4）营销品牌策划。

（5）数字营销策划。

（6）营销渠道策划。

（7）营销活动策划。

四、参考案例

麒盛科技——索菲莉尔智能床

索菲莉尔品牌是上市公司麒盛科技旗下的品牌。麒盛科技是电动床资深品牌，是全球最早研究、开发、生产智能床的企业，经过14年的努力，如今已经成为国际知名的智能床企业，更是世界四大床业集团的资深战略伙伴。为开拓国内智能床市场，麒盛科技将起源于美国的索菲莉尔品牌引入国内。索菲莉尔作为全球智能床领导品牌，拥有全世界最大的生产基地。目前公司在全球设立三大事业中心：北美区、欧洲区、中国区。

索菲莉尔智能床在遵循人体工程学理念的前提下，倡导“0压力”立体睡眠。当人躺在这张床上时，它能自动监控人体的状态和身体健康信息，看书、玩电脑、玩手机、按摩都有不同的姿态调节，让人体的每一个动作都能有最舒适的感受。人体在睡眠时，它能根据人体睡眠六个阶段来感知和判断人体的睡眠健康程度，无论是清醒还是浅睡眠、深睡眠，任何阶段都有健康标准。当人体感到不适甚至生病的时候，它也能够自动分析、判断并产生动作指令，自动调节床体位置。例如，一个半夜鼾声四起的人，索菲莉尔智能床能够根据鼾声自动调整高度缓解打鼾。

电动床在欧美国家的渗透率很高，但在国内的渗透率不高，正处于产品生命周期的成长期。近年来，一些生产沙发和床的公司也开始进入智能床领域，因此，行业成熟度将不断提高。2019年索菲莉尔全国门店150家，未来索菲莉尔的营销该如何突破，要整体进行策划。

1.如何基于品类思想，进行产品定位？

2.品牌打造，特别是面向年轻消费者群体的品牌该如何打造？

3.如何利用互联网，开展数据营销？

4.产品渠道如何建设？

5.如何提升门店的效率？

五、实训成果

学生分小组完成一份整合营销策划报告，各小组要完成PPT并进行陈述，每一位同学要写一份个人心得。

六、实训评价

本项目多次任务一次考核，评价由组间评分（30%）、组内评分（20%）和教师评分（50%）三个部分组成，主要评价依据见表3-28。

表3-28 **评价指标及权重**

考核依据	建议分值	考核/评价细则
系统性	30%	分析、目标、结构设计、政策设计、管理等内容完整
可行性	30%	内容符合产业、企业的实训，具有较高的可行性，具有较好的应用价值
创新性	5%	能提出一些新颖的想法和做法，即使不具有可行性
工作量	15%	汇报体现出团队进行了很多研究、分析和设计工作，能提供相关证据
现场陈述	20%	现场讲解过程有条理、内容清晰，不只是念PPT

七、资料来源

佚名．索象厨卫建材营销策划案例：欧琳橱柜［EB/OL］．［2015-04-28］．https：//wenku.baidu.com/view/e4bce56fcc7931b764ce1541.html.

八、延伸阅读

索象厨卫建材营销策划案例：欧琳橱柜

欧琳橱柜筹建于1994年，是率先将欧式整体厨房引入国内的企业，主要致力于智能美学橱柜、高端厨电、健康水槽和整体家居的设计研发，是厨房整体解决方案的提供者和生活方式的倡导者。曾先后参与十余项国家标准、行业标准的制定、修订，取得专利470余项，连续五年荣获全球工业设计最高奖——红点奖。面对如此优秀的成绩，欧琳的领导层并没有停滞不前，而是站在更高、更长远的角度上为欧琳的未来发展规划蓝图。在新的市场环境中，欧琳将营销放在更加重要的位置上，如何提升品牌美誉度，赋予品牌活力，让它更年轻、更时尚，是欧琳面临的重要课题。

一、危机带来转机，机遇与竞争并存的橱柜市场

近年来，橱柜业成为一个高利润的新行业，受到众多投资者的关注，除了橱柜生产企业外，已经有家电、卫浴、建材等相关行业的企业跨行扩展，进入橱柜行业。这使得该行业的发展空前壮大，行业的竞争也日益激烈，橱柜行业面临重新洗牌。“橱柜行业的竞争越来越激烈了！”这是橱柜行业老总们纷纷发出的感叹。随着橱柜行业的日渐成熟，市场竞争也越来越激烈，每个企业都不惜花重金来宣传自己，今天搞特价销售，明天组织抽奖活动，想法层出不穷。现在的橱柜市场今非昔比，有很多产品趋于同质化，让消费者眼花缭乱，企业要想在这场没有硝烟的战争中取得胜利，什么样的想法才是最深入人心，最受消费者喜爱的呢？质量，工艺，价格，抑或是品牌？

自国家相继出台降息、增加出口退税率、减免税等一系列救市措施后，橱柜行业出现新一轮的火爆行情。2009年以来，受全球金融危机的冲击，海外橱柜买家的预算大幅度削减，原本只唯意大利、德国高端产品马首是瞻的买家迫于无奈，不得不将采购的眼光转向亚洲，转向中国。危机，就橱柜行业而言，对全球是危，对中国则是千载之机。经过本轮金融危机的阵痛，在之后的5年里，中国橱柜业将会产生1 000亿元的市场份额，巨大的市场商机不容忽视。

二、索象战略定位，欧琳品牌新升级

1.市场定位

通过精细的市场研究，索象为欧琳橱柜进行以下消费群特征描述：

（1）消费者特征。橱柜消费者婚姻结构非常明显，接近九成的消费群体为已婚，证明欧琳橱柜消费群体基本都是以家庭为单元。

消费群体年龄方面主要集中在25～50岁，各年龄段群体比例分布较为均衡，总体学历偏高。职业集中在“一般的白领、个体户、中级管理人员、专业人士”等收入相对可观的职业人群中。

（2）关注因素。消费者喜欢的橱柜品牌的主要原因依次是“质量有保证”“品牌名气大”“外观时尚、大方”“价格实惠”等。

在使用过的橱柜品牌中，消费者认为不是最好橱柜品牌的原因是“品牌知名度太小”“性价比不高”“外观不够时尚”“质量存在问题，故障率高”等。

当购买橱柜时，消费者主要关注“使用的舒适性、实用性”“品牌名气、口碑”“价格实惠”等三个因素，其次才是“售前、售后服务”等因素。

（3）消费行为。消费者的住房情况较好，住房面积较大，接近八成消费者的住房面积在80平方米以上。

四成以上消费者购买橱柜的原因是“搬了新房子，需要买橱柜”，超过两成的消费者购买橱柜的原因是“橱柜旧了，想换个新的”。

超过五成消费者购买橱柜主要征求配偶的意见，超过两成的会“征求全家人的意见”。接近六成的消费者在购买橱柜之前只花不到2个星期去了解橱柜市场信息就决定购买。

（4）消费者测试。对橱柜部件的看法：超过五成的消费者最关注的橱柜部件是“台面”。对橱柜设计的考虑：橱柜设计中优先考虑“有效利用空间”。

橱柜存在的缺点：目前橱柜存在的最大的缺陷是“实用性不强”“操作不方便、舒适性差”，其次是“做工不够细致”“设计不够合理”。

2.战略举措

针对欧琳橱柜目前面临的问题，索象团队与欧琳高层深度沟通，明确欧琳橱柜需要从以下方面进行战略调整：

（1）品牌形象的变革。欧琳是率先将欧式整体厨房引入国内的企业，长期深耕中高端市场，在消费者心目中树立专业、高端品牌形象的同时，也使欧琳品牌在消费者头脑中留下老化的固有印象，而如今80后、90后成为购买的中坚力量，因此，索象认为，欧琳橱柜也应该适当地采取一些将品牌年轻化的措施，将品牌从经典向时尚化、年轻化方向引导。

（2）营销渠道的变革。

①以建材市场、家居连锁卖场为代表的橱柜业的快速发展，直接给现有的橱柜渠道结构造成冲击，能否认清发展方向，调整渠道政策是欧琳橱柜当前面临的最大困惑。

②全国各区域业态发展的不均衡给予了橱柜企业因地制宜的机会，但也加大了橱柜渠道管理的复杂性。

（3）终端经销商的变革。

①由于橱柜行业必然面临毛利率下降的趋势，在产品创新力无法获得短期突破的前提下，厂、商利益和目标出现差距。

②终端竞争力的作用日益突出，因此欧琳如何通过经销商管理好终端是当前面临的问题。

三、全方位创新策略导入，为品牌注入新动力

1.品牌差异化表达

其实在一个市场中，如何树立卓尔不群的品牌形象，是大部分企业的追求。这也是“人无我有，人有我优”理念的升华。如何让消费者记住，让消费者接受，产生购买，实现利润，其中差异化竞争的关键性不言而喻。

对于橱柜品牌，比如欧派，通过价格的明显优势，在全国大范围扩张，铺设渠道，从而在国内市场占有一席之地；其次，欧派还突破自身局限，走橱电一体化的自主路线。

而作为享誉国内外的大品牌欧琳橱柜来说，树立自己的差异化形象，在众多竞争者中独树一帜则显得更为重要。

因此，索象在确立欧琳品牌战略和品牌定位之后，基于品牌价值体系，开始分步骤落地执行。

（1）针对中高档的消费者，索象继续划分不同的消费层次，明确自身定位，如：欧琳橱柜是尊贵、品质的代言，提倡“尊贵厨房，尊贵生活”的理念。

（2）在橱柜的销售过程中，索象不搞打折，不搞促销。

（3）由于橱柜本身就是定制产品，所以在定制过程中索象融合客户的特殊喜好，或者

家庭故事等元素，打出独一无二，绝无复制品的宣传口号。

（4）制作过程透明化。索象把制作过程用DV拍摄下来，定期向客户反馈，顾客可以随时监督代表自己家庭特色的产品是如何一步步“成长”的。

2.主推智能美学系列产品

在品牌战略目标的导引下，我们为欧琳明确了产品开发思想：围绕“智能美学厨房”新品牌定位规划未来产品线，支撑品牌体系；用科学性和艺术性的理念，提炼打造几大科学功能诉求；围绕“智能美学”的概念，选择现有重点市场，推出几款经典明星产品；针对细分市场，策划一系列针对性强、有主题性的产品，作为突破；结合现有产品的销售情况和市场情况，围绕新品牌定位，对现有产品线进行优化和整改。

改头换面再升级，重新梳理和产品定位。

（1）优化产品结构，组合作战。索象根据目标消费者不同，建立欧琳合理的产品线，承担各自的产品角色，并体现清晰独特的产品诉求。由此实现充分利用企业资源，满足市场需求，市场竞争攻防有序，从而获得了更多的市场份额。

（2）激发终端，助力开拓市场。在品牌策略指引下，企业设计并制作各类丰富多彩的传播物料，助力开拓市场，以下为部分策略。

3.渠道拓展策略

（1）家装渠道开发。与家装公司和设计师营建利益共同体，针对不同的家装公司采用不同的开拓方法。与连锁型装饰公司合作，设计师是欧琳首要的合作对象。与中小型装饰公司合作，可以直接与老板沟通，达成协议，激励其重点推荐欧琳的产品，其次与设计师也要保持长期合作。

（2）房屋中介渠道开发。中介公司购房客户信息丰富，成交客户对其也有一定的信任。因此，索象认为，欧琳可有针对性选择中高端楼盘附近的中介合作。重点采取“返利+客户让利”的合作方式，让客户真实感受到实惠。

（3）楼盘渠道开发。在小区交钥匙、开始装修的前期进驻。根据小区实际情况，选择一至两套档次相当的样板摆放在管理处指定位置。利用各种宣传方式，抢占业主第一视角。以让利优惠活动，刺激业主成交消费。一般时间为三个月，样板可在各小区重复使用。

（4）建立销售联盟。欧琳要进行产品销售推广，一条重要途径就是与其他行业的经营者密切合作，在销售中使双方产品相辅相成，达到双赢的目的。选择厨房家用电器经销商进行合作，使厨电销售一体化，更有利于橱柜的推广与销售。

4.铺就广阔终端

（1）增开直营店。直营店除了传统意义的营业功能外，还包括对品牌的诠释，对企业文化提升的平台，也是作为其他营销渠道的铺路石和前提条件。

（2）社区加盟。通过市场调研，选择一个高档社区设立样板店。社区加盟店不选择门面开设，而是选用住宅作为店面，进行产品展示及宣传。样板店的布置要突出人性化、生活化，使卖场形象更精致化，令消费者产生真正的感动，感受到品牌的亲和力。在卖场空间里，除了本身冰冷感觉的橱柜之外，可另加布置各种温馨的艺术品，增加人情味，用富有家庭温暖感觉的产品外形与丰富色彩，尽量去冲淡人性对于工业产品的反感。对加盟店的经营者及销售人员进行专业化的销售培训，以提高销售人员的服务态度及专业水准，使各加盟店具有统一的整体风格，从而树立良好的品牌形象。

（3）户外展示。在未设立加盟店的其他高档社区，可利用节假日进行产品的户外宣传推广活动，可扩大品牌知名度，以达到促销目的。通过在人流密集处设立产品展示区，向广大的消费者推荐产品，并通过有奖问答、游戏表演等形式与消费者产生互动，使消费者对产品有进一步的认识，加深“欧琳”品牌在消费者脑海中的印象。

（4）创新招商方式，拓宽销售渠道。在前期创造坚实的品牌战略体系下，索象团队优化欧琳招商系统，明确招商条件、政策及支持，同时协助建立营销团队，借力厨房电器、建材家居等市场资源，帮助欧琳进行全国招商工作，从而拓展了渠道网络布局。

（5）渠道精耕细作，打造品牌样板市场。样板市场建设期间，索象团队策划终端活动，认真督导终端建设；全面推进终端陈列标准化和基础营销动作，有力提升欧琳的实战能力。

5.公关助推品牌形象转型

（1）借世博发力高端市场。欧琳成为2010年上海世博会迄今为止第一家厨具指定供应商，同时在世博会“天下一家”主题馆，展出全球首款欧琳推出的“低碳智能厨房”，将向世界展示未来的厨房科技和前瞻性的厨房生活理念。此次活动不仅使欧琳再发全力冲进高端市场，而且拉开了欧琳全面发力2010年厨具市场的大幕。

（2）品牌年轻化转型。邀请名模张亮、天天作为欧琳厨具新生活方式的代言人，倡导一种快乐时尚的生活方式，提出了“男人快乐厨房”的新概念，推出了囊括“快乐色彩、快乐收纳、快乐搜索、快乐分享”等时尚智能元素的“亮生活”快乐厨房，在成功构建品牌国际化的基础上，使欧琳橱柜进一步向时尚化和年轻化延伸。

6.网络营销同步跟进

对于欧琳橱柜而言，自然也必须紧跟互联网的节奏，贴合消费需求的变化。

（1）索象通过网络数据分析研究并制订欧琳橱柜网络整体解决方案，开始进行欧琳橱柜官网升级等具体执行细节，打造欧琳橱柜形象创新、功能齐全、内容丰富、入口便捷的在线信息传播通道和对外高端的品牌形象。

（2）着手欧琳橱柜淘宝、天猫、京东、小家电四大旗舰店的打造，并对其售前、售中、售后的服务流程进行了有效整合和优化。将CRM和财务管理系统及物流配送系统全面融合，有效提高电子商务网站的运行效率并切实降低管理成本，从而实现物流、销售和资金的企业资源合理配置。

（3）索象认为：欧琳橱柜要想建立权威并获得消费者信任，还有一个主要方法，就是通过多种渠道不断创造有价值的内容。这通常涉及相关的行业信息，为受众提供见识或娱乐。这样的做法能使欧琳橱柜稳步建立起与受众的和谐关系，从而发展忠实的信众。其中最佳的B2B内容营销手段是社交媒体、官方网站上的文章、新闻通讯，以及其他网站上的视频和文章，通过使用一个或多个以上渠道，促使欧琳橱柜逐步在行业内建立正面形象。

（4）欧琳橱柜尝试多种网络工具以最大限度地与消费者群体进行接触。这种多样化策略已经被很多橱柜企业证明是富有成效的，因为它通过使消费者更容易识别某品牌而建立了品牌资产。欧琳橱柜当然也可以充分运用诸如微博、微信、论坛等形式，与消费者建立更紧密的联系。

同时，索象建议，欧琳在开拓网络销售渠道时，还应考虑以下几方面：

①首先，从消费者角度设计渠道。只有采用消费者比较放心、容易接受的方式才有可能吸引消费者使用网上购物，以克服网上购物“虚”的感觉。我们欢迎在网上下订单（不付款）、咨询，再到实体店看货，并给予一定优惠。

②其次，在设计订货系统时要简单明了，不要让消费者填写太多信息，而应该采用现在流行的“购物车”方式。

③再次，在选择结算方式时，应尽量提供多种方式以方便消费者选择，同时还要考虑网上结算的安全性。

④最后，关键是建立完善的配送系统。

四、成果归纳

1.差异化的品牌定位，使欧琳快速区别于其他橱柜品牌，主攻高端、尊贵、智能、美学橱柜市场，其倡导的“尊贵厨房、尊贵生活”成为众多高端家庭的渴望，从而有效巩固了欧琳品牌的差异化形象。

2. 当红人气偶像名模张亮和“暖男”天天加盟欧琳橱柜，为欧琳注入了新生命和新活力，从而成功实现了欧琳品牌的年轻化转型，为欧琳进军青年消费者市场打下坚实的基础。

第三节　品牌管理技能训练

项目一　市场细分

一、实训目的

1.使学生理解生活方式的AIO测量方法及其如何在市场细分中得到应用。

2.对于市场细分需要用到的因子分析和聚类分析的方法原理和流程有初步认识。

3.对于市场细分的统计数据分析结果能够解读并给出营销建议。

二、实让描述

（一）软硬件要求

东华大学消费者行为分析系统“北斗心”软件、学生上机进入前台模块。系统所需软件环境为Microsoft Windows 7或以上版本并安装Microsoft Excel。

（二）任务描述

采用“北斗心”消费行为分析系统的生活方式细分模块及其示例数据，要求同学运用示例数据在“北斗心”系统中进行简单的因子分析和聚类分析操作并对分析结果能够进行解读。该示例数据是通过一个简化的AIO生活方式量表对90后城市青少年群体的生活方式进行测量并附有样本的个人信息及其决策过程的有关信息，样本量为360份。要求同学参照“北斗心”系统的操作说明就样本数据对生活方式量表的各测量维度进行因子分析，通过因子分析获取代表90后城市青少年不同生活方式典型特征的各因子，并在此基础上对90后城市青少年样本人群进行聚类分析，从而划分细分市场，最后就不同细分市场人群在消费行为的E.K.B环节（消费者决策过程的五个环节）进行显著性差异分析，为企业针对90后城市青少年选择营销模式提供依据。

完成任务需要准备的事项：

在前期理论课程中完成相关理论知识的学习，包括生活方式及其AIO测量方式的知识点、生活方式的市场细分应用的知识点、消费者决策过程（E.K.B环节）知识点的学习掌握。

开展实训前根据老师给予的资料对于因子分析和聚类分析的基本统计分析原理和思路进行课下学习以达到初步了解的程度。

安装“北斗心”消费行为分析系统。

三、实训步骤

（一）任务布置与知识讲解

实训前一次的理论课程给出实训任务描述和统计分析方法应用的基本资料，并结合知识点讲解实训任务的场景以及要完成的任务，要求学生在课下学习并回顾相应的理论知识点。

（二）软件安装及数据分析操作

正式实验在计算机房进行，在2学时的实训课中首先演示并要求每位学生独立完成“北斗心”系统软件的安装及后续的操作和实训报告。“北斗心”系统软件的安装遵从如下流程：双击安装文件—接受授权协议—选择安装目录—完成安装并运行软件。

要求学生按照如下操作流程进行数据分析操作。数据分析包括数据导入及设置、描述性统计分析、因子分析、聚类分析及差异比较分析这几个步骤。在此过程中指导学生解决出现的各种问题并要求其最终得出每个步骤的数据分析结果。

“北斗心”生活方式细分模块的操作流程如下：

1.数据导入及设置

①运行生活方式细分分析系统，单击文件—打开，弹出文件打开窗口，选择要导入的Excel文件，单击打开，实现数据导入。

②数据成功导入后，进行数据的属性设置。单击数据—属性设置，弹出如图3-29所示的属性设置窗口，并根据题项设置，将属于消费行为的题目数据类型设置为消费偏好，属于生活方式信息的23个AIO题目在数据类型上选择为生活方式，对年龄、教育等个人信息则选择为个人情况，勾选所有数据项目（软件默认为全选）。

数据类型设置完毕，点击消费偏好选项卡，对消费偏好信息进行细化设置（如图3-30所示），并根据信息类型、消费偏好、消费决策过程的不同阶段将其数据类型分别设定为需求认知、信息收集、选择评估、购买决策、购后使用。数据设置完毕后，单击确定，基础数据设置完毕。

2.描述性统计分析

单击分析—描述性统计分析，弹出描述性统计分析及信度与效度分析结果界面（如图3-31所示），该界面可以点选调查样本的关于消费偏好、生活方式、个人情况的描述统计情况，以及信度与效度分析结果。一般来说克朗巴哈系数大于0.75可以认为问卷量表具有较好的信度，KMO系数大于0.7认为该数据适合做因子分析。

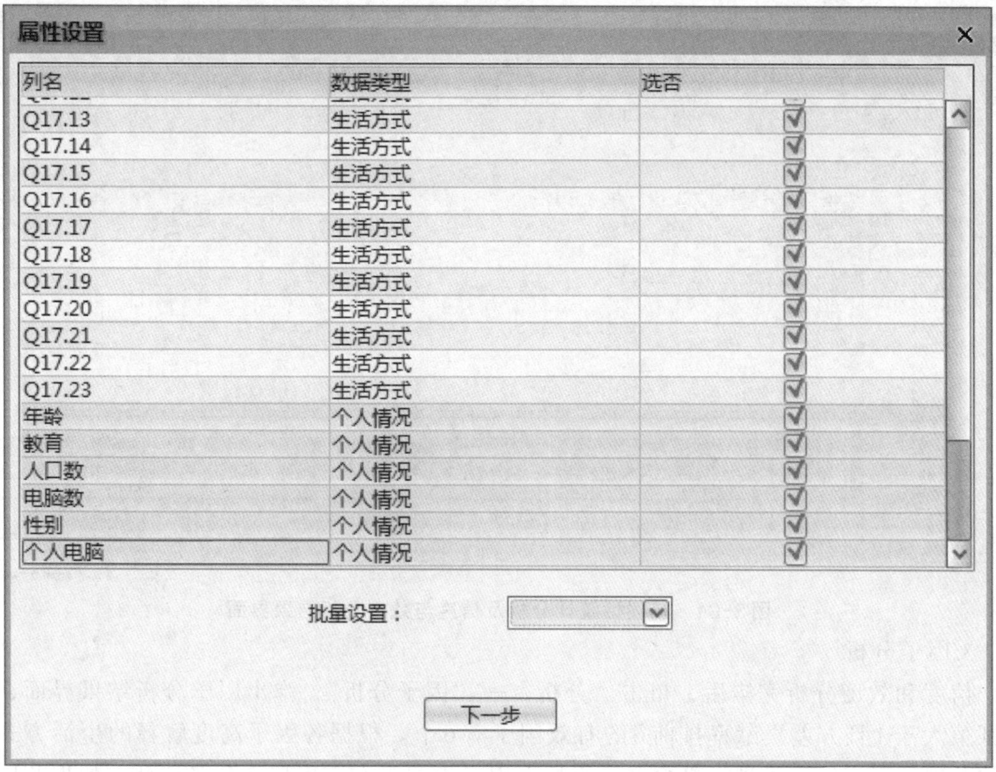

属性设置

列名	数据类型	选否
Q17.13	生活方式	√
Q17.14	生活方式	√
Q17.15	生活方式	√
Q17.16	生活方式	√
Q17.17	生活方式	√
Q17.18	生活方式	√
Q17.19	生活方式	√
Q17.20	生活方式	√
Q17.21	生活方式	√
Q17.22	生活方式	√
Q17.23	生活方式	√
年龄	个人情况	√
教育	个人情况	√
人口数	个人情况	√
电脑数	个人情况	√
性别	个人情况	√
个人电脑	个人情况	√

批量设置：

下一步

图 3-29　属性设置窗口

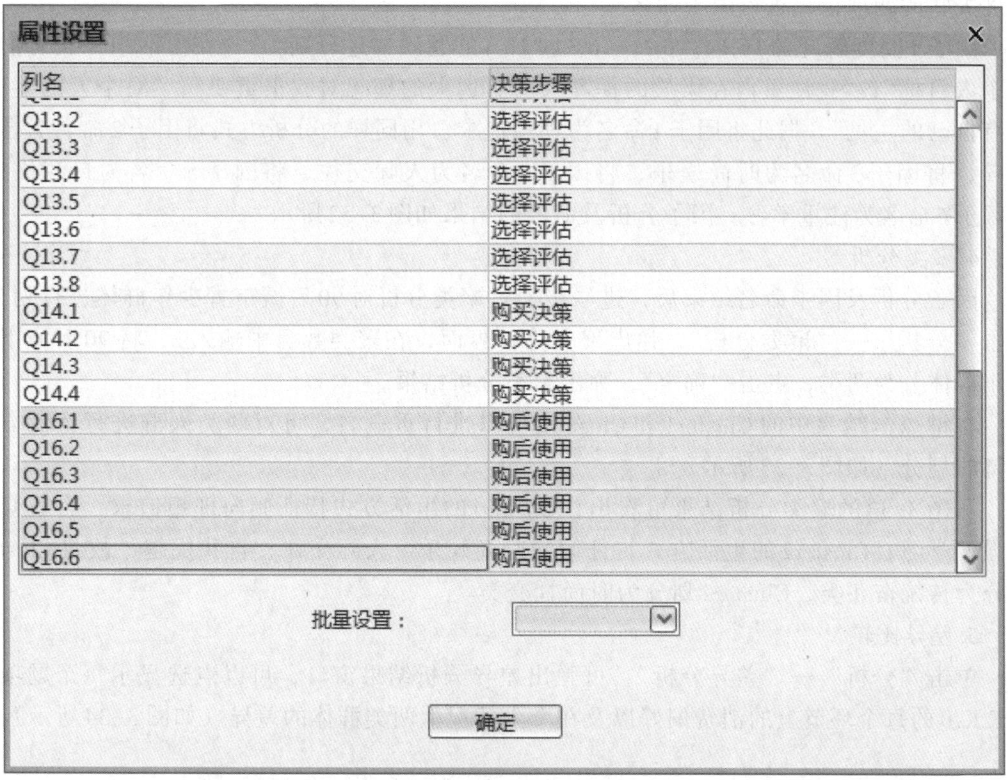

属性设置

列名	决策步骤
Q13.2	选择评估
Q13.3	选择评估
Q13.4	选择评估
Q13.5	选择评估
Q13.6	选择评估
Q13.7	选择评估
Q13.8	选择评估
Q14.1	购买决策
Q14.2	购买决策
Q14.3	购买决策
Q14.4	购买决策
Q16.1	购后使用
Q16.2	购后使用
Q16.3	购后使用
Q16.4	购后使用
Q16.5	购后使用
Q16.6	购后使用

批量设置：

确定

图 3-30　选择生活方式细分分析变量

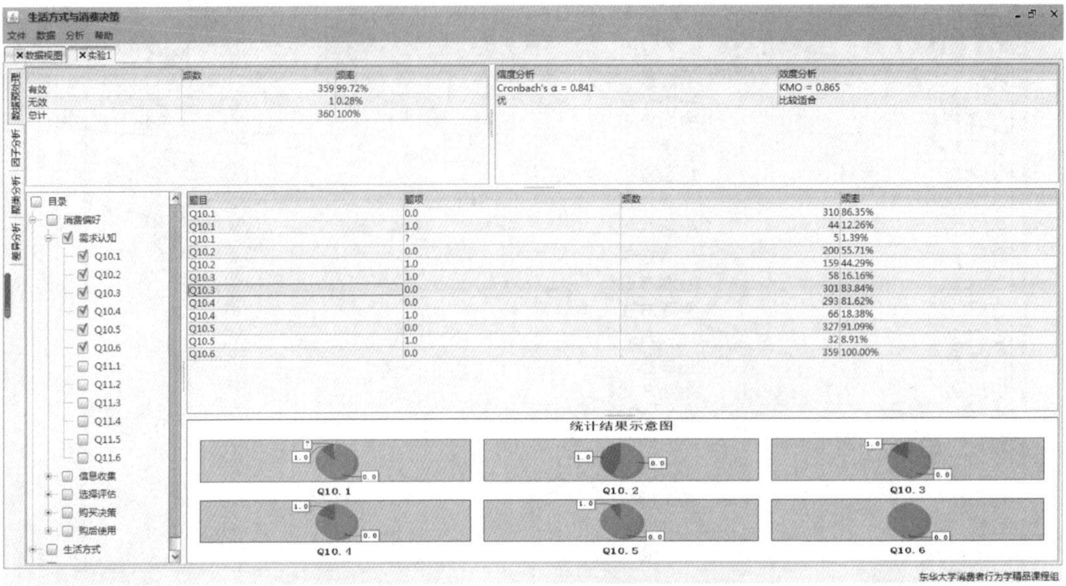

图3-31　描述性统计分析及信度与效度分析结果界面

3.因子分析

信度和效度分析完毕后，单击“分析”—“因子分析”，弹出因子分析结果界面，取特征值大于1且方差贡献率排前6的有效因子有6个。根据各因子高度解释的生活方式的具体题项，对有效因子进行重命名。鼠标在因子上点击右键出现重命名选项，根据与因子高度关联的题项情况进行因子命名。

因子1高度解释的16.1、16.2、16.3和16.4的题项描述分别为：“在生活中，我有清晰的个人目标”，“我注重内在素质的提高”，“有远大的理想对我很重要”，“对个人的事情，我有自己的主见”。据此将因子1命名为理想追求。用同样的分析方式将因子2命名为自我修养，将因子3命名为时尚娱乐，将因子4命名为人际交往，将因子5命名为自我优越，将因子6命名为注重学习。因子分析及命名的结果如图3-32所示。

4.聚类分析

因子分析及因子命名结束后，进一步通过聚类分析对90后城市青少年群体进行划分，单击“分析”—“聚类分析”，弹出聚类分析界面，在聚类数目中输入2，将90后城市青少年群体分为两类，点击“确定”，弹出聚类分析结果。

右键点击结果中的Cluster1和Cluster2可以进行重命名，可对两类人群进行生活方式类型的划分（如图3-33所示）。

从图3-33的聚类分析结果可看出，Clusterl的生活方式特征倾向理想追求、自我修养和强调学习；Cluster2的生活方式特征倾向时尚娱乐、人际交往、自我优越，故将Clusterl划分为传统奋斗类，Cluster2划分为时尚社交类。

5.差异比较

单击“分析”—“差异分析”，可弹出差异分析结果窗口，可以点选显示每个题项以及E.K.B的每个环节上的消费偏好以及在个人情况上两类群体的差异（如图3-34所示）。

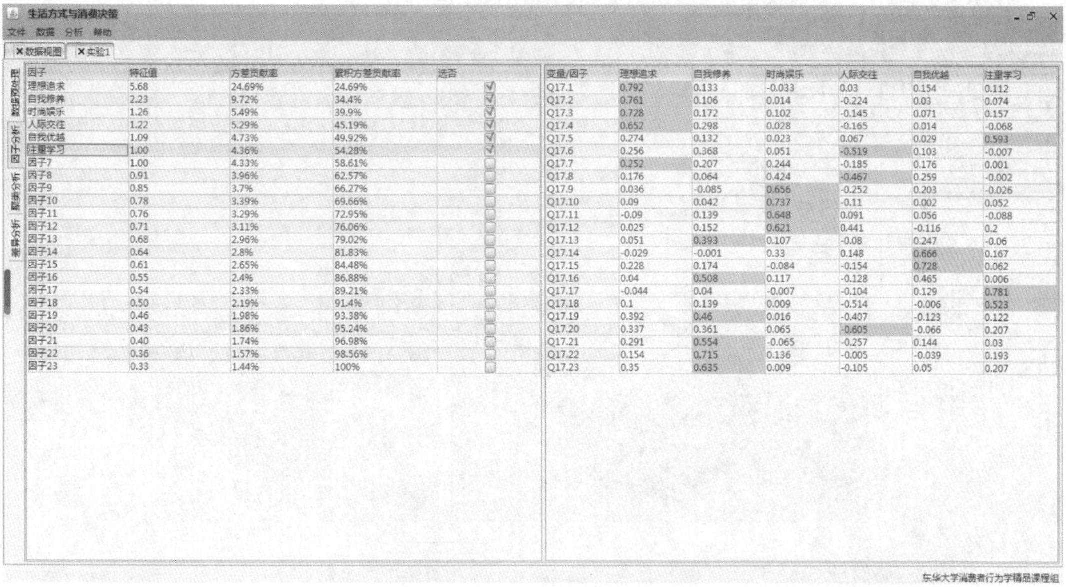

因子	特征值	方差贡献率	累积方差贡献率	选否
理想追求	5.68	24.69%	24.69%	√
自我修养	2.23	9.72%	34.4%	√
时尚娱乐	1.26	5.49%	39.9%	√
人际交往	1.22	5.29%	45.19%	√
自我优越	1.09	4.73%	49.92%	√
注重学习	1.00	4.36%	54.28%	√
因子7	1.00	4.33%	58.61%	
因子8	0.91	3.96%	62.57%	
因子9	0.85	3.7%	66.27%	
因子10	0.78	3.39%	69.66%	
因子11	0.76	3.29%	72.95%	
因子12	0.71	3.11%	76.06%	
因子13	0.68	2.96%	79.02%	
因子14	0.64	2.8%	81.83%	
因子15	0.61	2.65%	84.48%	
因子16	0.55	2.4%	86.88%	
因子17	0.54	2.33%	89.21%	
因子18	0.50	2.19%	91.4%	
因子19	0.46	1.98%	93.38%	
因子20	0.43	1.86%	95.24%	
因子21	0.40	1.74%	96.98%	
因子22	0.36	1.57%	98.56%	
因子23	0.33	1.44%	100%	

变量/因子	理想追求	自我修养	时尚娱乐	人际交往	自我优越	注重学习
Q17.1	0.792	0.133	-0.033	0.03	0.154	0.112
Q17.2	0.761	0.106	0.014	-0.224	0.03	0.074
Q17.3	0.728	0.172	0.102	-0.145	0.071	0.157
Q17.4	0.652	0.298	0.028	-0.165	0.014	-0.068
Q17.5	0.274	0.132	0.023	0.067	0.029	0.593
Q17.6	0.256	0.368	0.051	-0.519	0.103	-0.007
Q17.7	0.252	0.207	0.244	-0.185	0.176	0.001
Q17.8	0.176	0.064	0.424	-0.467	0.259	-0.002
Q17.9	0.036	-0.085	0.656	-0.252	0.203	-0.026
Q17.10	0.09	0.042	0.737	-0.11	0.002	0.052
Q17.11	-0.09	0.139	0.648	0.091	0.056	-0.088
Q17.12	0.025	0.152	0.621	0.441	-0.116	0.2
Q17.13	0.051	0.393	0.107	-0.08	0.247	-0.06
Q17.14	-0.029	-0.001	0.33	0.148	0.666	0.167
Q17.15	0.228	0.174	-0.084	-0.154	0.728	0.062
Q17.16	0.04	0.508	0.117	-0.128	0.465	0.006
Q17.17	-0.044	0.04	-0.007	-0.104	0.129	0.781
Q17.18	0.1	0.139	0.009	-0.514	-0.006	0.523
Q17.19	0.392	0.46	0.016	-0.407	-0.123	0.122
Q17.20	0.337	0.361	0.065	-0.605	-0.066	0.207
Q17.21	0.291	0.554	-0.065	-0.257	0.144	0.03
Q17.22	0.154	0.715	0.136	-0.005	-0.039	0.193
Q17.23	0.35	0.635	0.009	-0.105	0.05	0.207

图3-32　因子分析和命名结果图

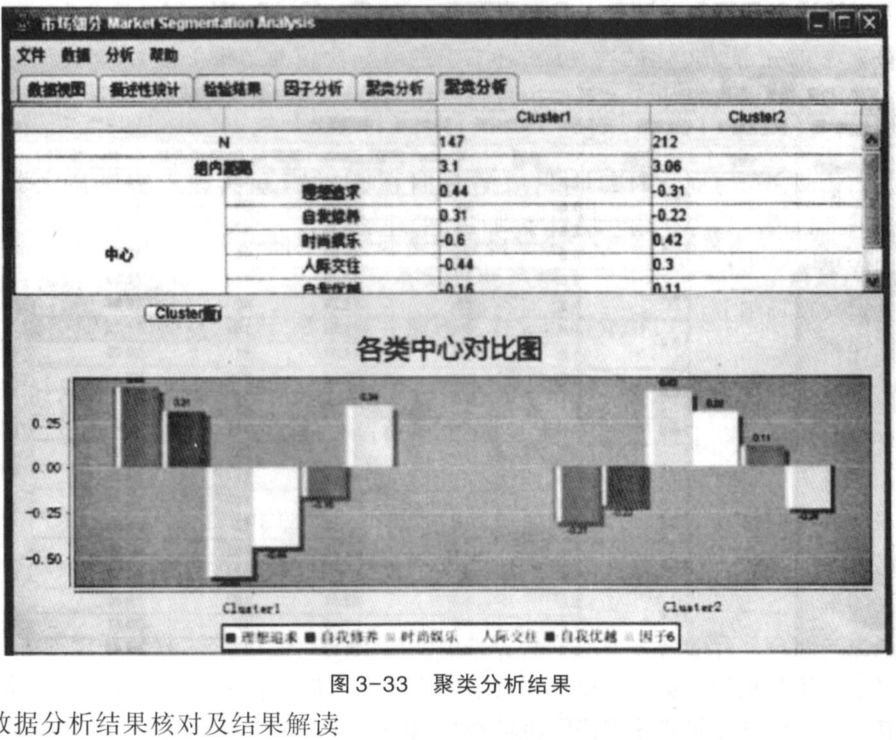

图3-33　聚类分析结果

（三）数据分析结果核对及结果解读

结合以上每个步骤的数据分析结果交流讨论其部分数据结果如何解读，以及相应数据结果的解读在上下环节中的作用或者可以对应怎样的营销策略。在此过程中鼓励同学积极提问并参与讨论以加深对市场细分思路的理解。

（四）完成实训报告并点评

实验结束后一周内要求每位学生独立完成实训报告。报告包含：(1) 对生活方式市场细分应用思路的总体理解和描述；(2) 数据分析的结果（包括信度和效度结果、因子分析

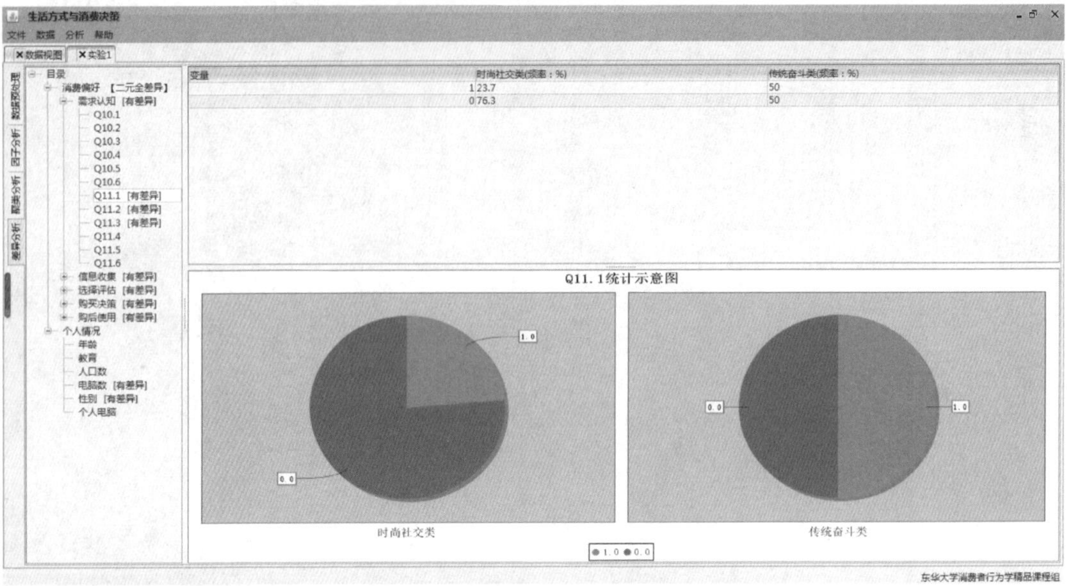

图3-34 消费偏好差异比较分析靖果

的结果及因子命名依据的列表展示、聚类分析的两个群体得分数据结果以及命名解释，对已经区分两个细分市场群体的在E.K.B环节上的差异比较的结果汇报）；（3）结合数据结果说明市场细分的结果是什么以及应该进行怎样的目标市场选择策略；（4）一个简短的个人实训心得体会。

老师在评阅完所有同学的实训报告后在后期的理论课上就具有代表性的问题进行点评及与同学继续讨论，以深化同学们对实训目标的理解。

四、实训成果

学生提交市场细分报告和个人实训心得。

五、实训评价

该实训项目的技术难度较高对理论的理解较复杂，作为专题实训，主要目的不在于掌握数据分析方法，而在于理解生活方式的理论如何在营销实践中得以变成数据以及帮助市场细分，理解消费者行为学的知识点如何与市场营销学的知识和策略结合起来并起到基础作用，理解真实的市场细分工作是如何展开的。因此在软件和数据的选择上采用的是模块式界面化操作的“北斗心”软件而非统计分析软件。考核重点也主要在于对流程的理解和数据结果的解读上。

实训报告四个部分的得分构成依次为20%，50%，20%，10%，评分标准如下：

思路描述清楚正确，提到知识点在其中的应用；数据结果正确无遗漏，结果解读思路清楚正确；市场细分结果描述准确，市场选择策略无误；个人心得能体现实训参与和理解的深度。

实训报告要求：1.25倍行距，正文五号宋体，一级标题三号黑体，二级标题四号黑体，三级标题小四号黑体，A4纸，边距上下2.7厘米，左3.0厘米，右2.4厘米，加实验项目名称作为页眉。

六、资料来源

[1] 沈蕾. 消费者行为学实验教程——读心游戏：消费心理分析与实验［M］. 上海：

上海财经大学出版社，2012.

[2] 费鸿萍.营销工程与应用——基于中国市场与企业运作的视角 [M]. 上海：华东理工大学出版社，2012.

七、延伸阅读

生活方式细分——因子分析及聚类分析

通过前期市场调研，营销者往往会掌握大量关于细分市场的顾客行为特征，如需求、态度等的数据。在实际研究中研究者往往希望尽可能多收集相关数据，以期能够对问题有比较全面、完整地把握和认识。但是，较多的变量会增加分析问题的复杂性，因为变量之间可能存在一定的相关性，从而导致多变量之间信息出现重叠现象。这时需要削减变量，使营销者能从众多的细分变量中识别出最能够区分顾客的变量，以提高随后分析的效率。这种采用较少变量代替原来较多变量，用较少变量反映原来多个变量的绝大部分信息的思路，被称为“降维”的思想。因子分析就是一种主要用于数据简化和降维的多元化统计方法。在面对诸多具有内在相关性的变量时，因子分析试图使用少数几个随机变量来描述许多变量所体现的一种基本结构。其基本思想是根据相关性大小将原始变量分组，从而使得组内的变量之间相关性较高，而不同组的变量间相关性较低。

因子分析有四个特点：第一，因子变量的数量远小于原有指标变量数量；第二，因子变量是对原始变量的信息进行重新组合，以新提取的因子变量来反映原有变量大部分的信息；第三，因子变量不存在线性相关关系，为后续采用这些因子进行其他统计分析带来便利；第四，因子变量具有命名解释性，即因子能综合反映某些原始变量信息，可以进行命名。

聚类分析又称群分析，是依据现有对象的个体特征，对其进行分类的方法。聚类分析是一种建立分类的多元统计分析方法，它能够将一批样本（或变量）数据根据其诸多特征，按照其性质上的亲疏程度在没有先验知识的情况下进行自动分类，从而产生多个分类结果。同类内部个体特征间具有相似性，不同类间个体特征的差异性较大。聚类分析有多种方法，“北斗心”软件中的生活方式细分模块中的聚类分析采用的是快速聚类的方法。快速聚类分析的基本思想是：首先按照一定方法选取一批凝聚点，再让样本向最近的凝聚点凝聚，形成初始分类，然后再按照最近距离原则修改不合理的分类，直到合理为止。因此在快速聚类时，首先会要求用户自行给出需要聚成多少类，这个确定好的分类数就是选择观测凝聚点的个数。分类数必须大于2且小于等于观测数。对于选取的初始凝聚点作为这些类均值的第一次观测值，把每个观测分配到与它最接近的“凝聚点”所代表的类中来形成临时分类，然后用这些临时类的均值代替初始“凝聚点”。再次分配观测到它最接近的新的凝聚点形成新的临时分类，将这个替代过程一直迭代进行下去，直到在新形成的分类中再没有什么变化或达到规定的限制条件为止。快速聚类在此过程中采用的是最小化与类均值间距离平方和的标准迭代算法，其结果能快速高效率地生成大数据文件的不相交分类。

项目二　品牌定位分析

一、实训目的

1.使学生对中国的品牌个性维度的测量方法及其如何在品牌定位中得到应用有所了解。

2.对于品牌定位分析结果的蛛网图原理和解读有初步认识。

3.对于基于品牌个性的定位统计数据分析结果能够进行解读并给出营销建议。

二、实训描述

（一）软硬件要求

东华大学消费者行为分析系统“北斗心”软件、学生上机进入前台模块。系统所需软件环境为Microsoft Windows 7或以上版本并安装Microsoft Excel。

（二）任务描述

采用“北斗心”消费行为分析系统的品牌定位分析模块及其示例数据，要求同学运用示例数据在“北斗心”系统中进行简单的品牌定位分析操作并对分析结果能够进行解读。该示例数据是通过一个包含42项题的完整的中国品牌个性测量表收集了100个有效样本并对某类产品的理想形象进行评分。通过不同人口统计变量细分市场的差异分析来了解在不同细分市场中顾客需求的品牌个性，并据此为即将上市的新产品提出针对不同细分市场的市场定位诉求点以及建议的品牌推广策略。

三、实训步骤

（一）了解品牌个性测量知识背景及实验数据的构成

教师在课前要求学生阅读延伸材料，对品牌性测量维度有所了解。正式实验开始后先向学生展示中国的品牌个性测量表维度（见表3-29），解释其中测量题项与使用问卷数据间的关联与对应关系，使学生对要分析的数据构成有大致了解。

介绍并明确实验任务，使学生了解人口统计特征数据用于区分细分市场，而品牌性测量数据是针对样本了解其对于某类电子产品的理想产品形象的评分值（1分代表非常不同意，5分代表非常同意）。向学生介绍后续的分析将比较不同细分市场的消费者在品牌个性各维度理想值上的差异，从而分析不同细分市场品牌定位的诉求重点，并为某品牌即将新上市的该款电子产品提出定位建议。

（二）数据导入及设置

运行消费行为分析系统，单击“文件”—“打开”，弹出文件打开窗口，选择数据录入的Excel文件，单击“打开”，实现数据导入。数据导入后，界面呈现如图3-35所示的品牌定位分析数据视图。

数据成功导入后，进行数据的属性设置。单击“数据”—“属性设置”，弹出如图3-36所示的属性设置窗口，并对各数据属性进行相应的设置：对42个价值属性相应在数据类型的下拉列表上选择品牌属性，用类似方法将性别、年龄、居住地等人口统计变量的数据类型设置为细分市场。数据类型设置完毕后单击“确定”。

表3-29　**中国的品牌个性测量表维度**

品牌个性维度	测量题项	品牌个性维度	测量题项
真诚（仁）	1.实际	能力（智）	23.可靠
	2.家庭导向		24.耐用
	3.朴实		25.安全
	4.诚实		26.智能
	5.真诚		27.技术
	6.真实		28.团体
	7.有益性		29.成功
	8.原创		30.领导
	9.快乐		31.自信
	10.感性	高尚（雅）	32.高贵
	11.友善		33.魅力
刺激（乐）	12.勇敢		34.美观
	13.时尚		35.迷人
	14.刺激		36.女性化
	15.朝气		37.儒雅
	16.酷	粗犷（勇）	38.开放性
	17.年轻		39.男性化
	18.充满幻想		40.西方化
	19.独特		41.坚强
	20.新潮		42.粗犷
	21.独立	—	—
	22.现代		

（三）品牌定位分析

单击品牌定位分析窗口的过滤选项卡，出现如图3-37所示的界面，在市场名称“性别”字段中勾选0和1，其中0代表“女性”，1代表“男性”。点击“确定”即可得出选择的细分市场间的差异分析结果。

（四）结果输出及解读

以上步骤完成后，在软件界面上显示出某电子产品品牌定位分析结果（如图3-38所示）。

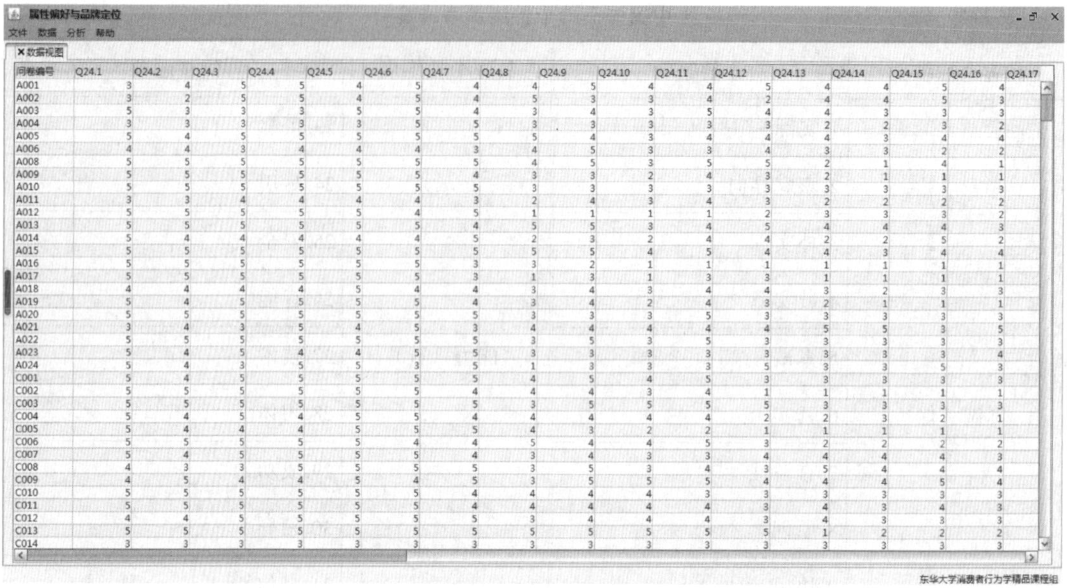

图3-35 品牌定位分析数据视图

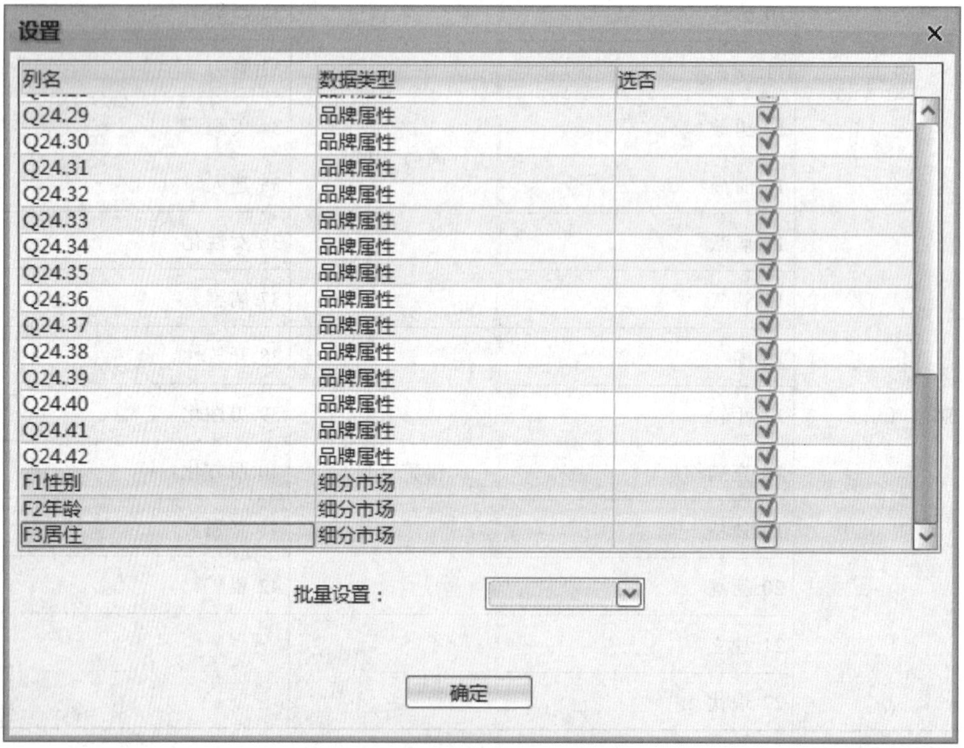

图3-36 设置品牌定位分析数据类型

图3-38中上方的模块是对42个价值偏好属性在男、女两个市场的均值比较列表，显示了不同性别人群在价值偏好上平均水平的差异。在真诚（第1～11个指标）、刺激（第12～22个指标）和高尚（第32～37个指标）三个维度上，女性平均水平普遍高于男性；在能力（第23～31个指标）维度上，男性平均水平偏高；而在粗犷（第38～42个指标）维度上，男性与女性的平均水平差异并不大。

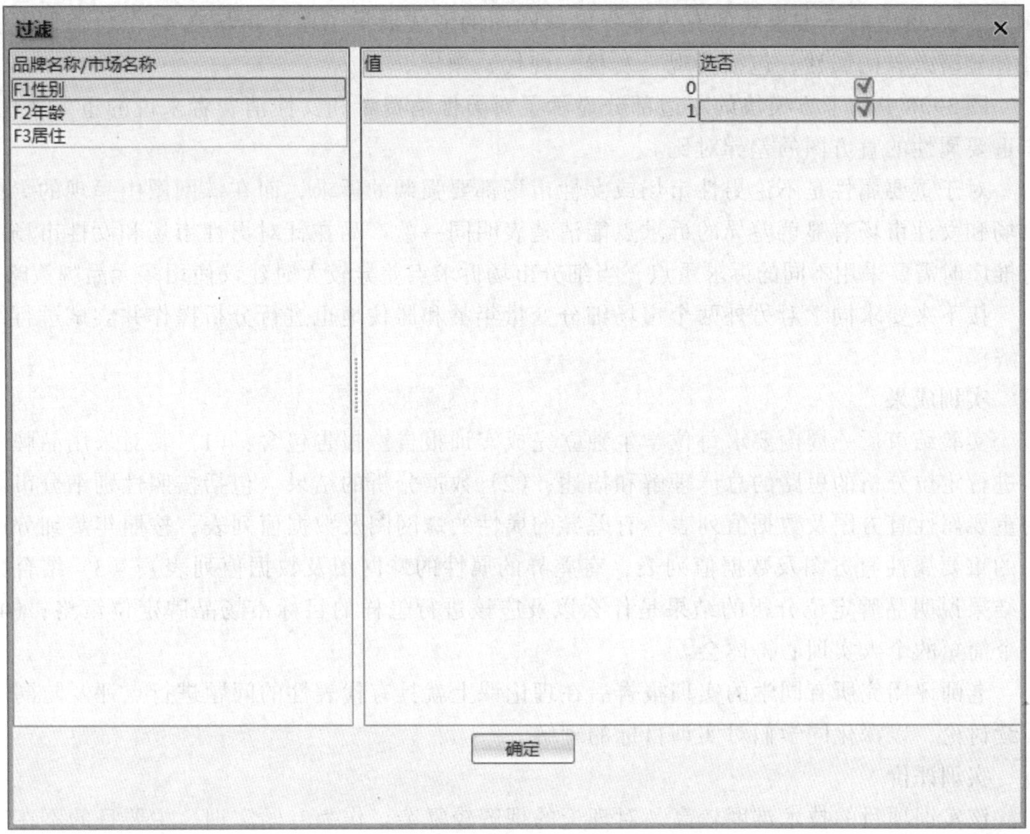

图 3-37　选择品牌定位分析的细分市场特征

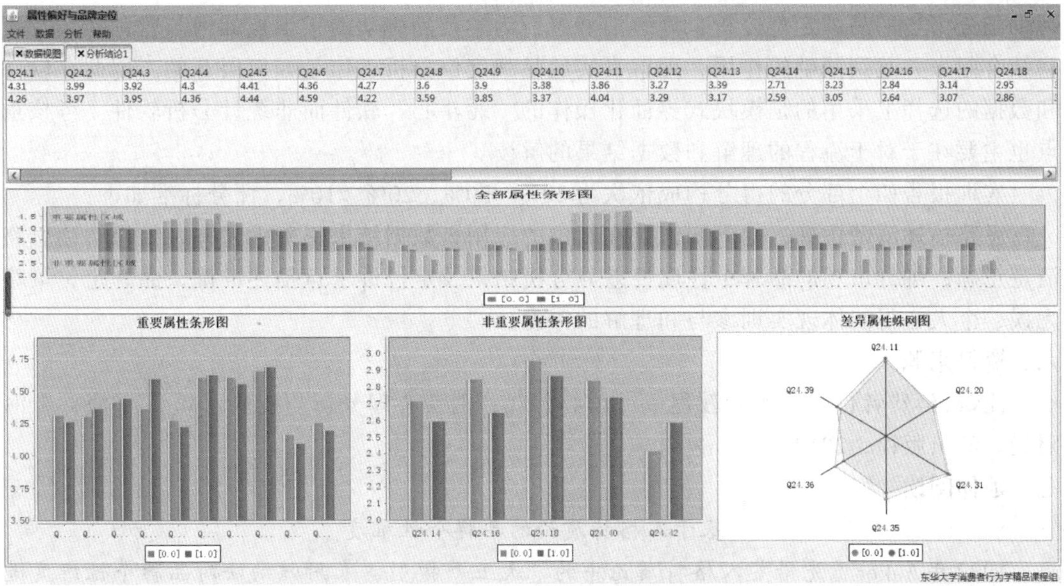

图 3-38　某电子产品品牌定位分析结果

图 3-38 中的中间模块部分是对 E 值均值列表的直方图显示，更直观地呈现了两个市场平均水平的差异。在图 3-38 中还直观标出均值高于 4 分的属性是消费者看重的品牌属性，均值低于 3 分的属性是非重要属性。

图3-38中的下方模块的右边部分以蛛网图的形式展示了两个市场在42个价值偏好上具有显著差异的属性，包括美观、友善、现代、领导。

图3-38中的下方模块的左边部分显示了对男性消费者和女性消费者来说的重要属性、非重要属性的直方图的差异对比。

对于重要属性是不论男性市场或女性市场都要强调的诉求，而在蛛网图中呈现的男性市场和女性市场有显著差异的诉求点能清楚表明同一款产品在针对男性市场和女性市场进行推广时需要采用不同的诉求重点，当细分市场诉求点差异较大时建议使用多元品牌策略。

接下来要求同学对另外两个市场细分变量年龄和居住地也进行分析操作并尝试进行结果解读。

四、实训成果

实验结束后一周内要求每位学生独立完成实训报告。报告包含：（1）其对采用品牌个性进行定位分析的思路的总体理解和描述；（2）数据分析的结果（包括按照性别细分市场的重要属性直方图及数据值列表，有差异的属性的蛛网图及数据值列表；按照年龄细分市场的重要属性直方图及数据值列表，有差异的属性的蛛网图及数据值列表）；（3）结合数据结果说明品牌定位分析的结果是什么以及应该进行怎样的目标市场品牌定位策略；（4）一个简短的个人实训心得体会。

老师评阅完所有同学的实训报告后在理论课上就具有代表性的问题进行点评及与同学继续讨论，以深化同学们对实训目标的理解。

五、实训评价

该实训项目的技术难度较高，对理论的理解较复杂，作为专题实训，主要目的不在于掌握数据分析方法，而在于品牌个性的理论及其测量如何在营销实践中得以变成数据以及帮助细分市场的品牌定位分析，理解消费者行为学及品牌学的知识点如何与营销实践及策略结合起来并起到基础的作用，理解真实的品牌定位分析工作是如何展开的。因此在软件和数据的选择上采用的是模块式界面化操作的“北斗心”软件而非统计分析软件。考核重点也主要在于对于流程的理解和数据结果的解读。

实训报告四个部分的得分构成依次为20%、50%、20%、10%，评分标准如下：

思路描述清楚正确，提到知识点在其中的应用；数据结果正确无遗漏，结果解读思路清楚正确；细分市场的品牌个性属性差异分析结果及定位诉求点描述准确，品牌定位策略无误；个人心得能体现实训参与和理解的深度。

六、资料来源

沈蕾.消费者行为学实验教程——读心游戏：消费心理分析与实验［M］.上海：上海财经大学出版社，2012.

七、延伸阅读

基于人格特质论的品牌个性维度

1997年Aaker首先借鉴人格特质论中的“大五”模型，采用归纳法对品牌个性维度进行研究。研究发现美国文化背景下的品牌个性体系包括五大维度，15个次级维度和42个品牌个性特征，五大维度分别为“Sincerity（真诚）、Excitement（刺激）、Competence（胜任）、Sophistication（教养）和Ruggedness（强壮）”。Aaker的研究为学者们提供了一个新的研究思路，是品牌个性理论研究领域的一项重大突破，其方法得到了广大学者的推崇，这一品牌个性的测量方法得到众多研究者的采用。

国外众多学者对不同国家文化背景下的品牌个性维度进行了探讨。通过比较研究，学者们认同了不同文化背景下的品牌个性维度具有差异的这一论断。国内学者在此基础上，基于我国特殊的文化背景以及不同的产品背景，也对品牌个性维度进行了深入研究。其中以学者黄胜兵和卢泰宏（2003）通过实证研究开发了中国的品牌个性维度量表被广泛认同。中国的品牌个性维度从中国传统文化角度阐释了中国的品牌个性维度为“仁、智、勇、乐、雅”。其中“仁”是同Aaker等人研究的基于美国文化背景下的品牌个性维度中的“Sincerity”相对应的品牌个性维度，形容人们具有的优良品行和高洁品质，比如务实、诚实、正直等；“智”是同西方的“Competence”相对应的维度，形容人们聪慧、沉稳、可靠和成功等品质；“勇”与“Ruggedness”较为相关，形容强壮、坚韧、勇敢等形象特征；“乐”比较具有中国特色，除包含了“Excitement”的含义以外，还具有表达积极、自信、乐观、时尚的含义；“雅”与西方研究中的“Sophistication”相应，涵盖了有品位、有教养、有品位等词汇，用来形容儒雅的言行风范和个性。

项目三　CIS及品牌广告创意设计

一、实训目的

1.要求学生从真实的企业形象CIS系统资料中，根据企业形象设计的内容以及企业产品和品牌的具体情况，理解CIS设计中的“理念识别”、“行为识别”和“视觉识别”如何实现。

2.掌握广告的概念、种类及特点等基本知识，以及如何将广告目标策略、信息策略、诉求表达方式灵活运用于品牌定位的广告设计中。

3.了解广告创作的基本原理和基本要求，掌握广告文案创作的基本方法，熟悉广告画的创作，并能够结合实际进行操作。

二、实训描述

结合实训2中的性别细分市场的品牌定位点差异，要求同学们以小组为单位，每小组5～10人选择市场上真实存在某品牌的同类产品，并收集该品牌企业CIS资料以了解企业的宗旨和理念，然后为该品牌产品的男性市场和女性市场的不同诉求定位点运用所学广告学知识进行广告文案和广告画的设计。

三、实训步骤

（一）选择真实企业及产品，收集该企业CIS的资料

首先回顾实验项目二的某款电子产品的不同性别细分市场的品牌定位诉求点，然后向学生介绍实训任务，即选择一款市面上的真实电子产品，以项目二的定位诉求点分别为男性市场和女性市场进行广告画和广告文案的设计。为了先了解该电子产品的已有品牌形象，要求学生收集该产品以及品牌所属企业的CIS相关资料。

（二）分析CIS相关资料

要学生在表3-30所示的CIS设计评价框架下分析收集到的企业CIS资料，形成小组报

告并进行课堂汇报和讨论。此过程的目的在于使各小组更加准确地掌握所选企业的理念及与其相匹配的视觉设计元素。

表3-30 CIS设计评价标准及其评价分值

评价指标	评价标准	分析内容说明
1.MI设计	①使命清晰 ②精神概括准确 ③理念应用实施得当	能从各种材料中提炼出清晰的使命，并用词语准确概括表达；在企业的标语、口号、广告语、企业歌曲中举例说明企业理念的表达
2.BI设计	①管理行为策划合理 ②公关策划新颖 ③营销宣传材料新颖	企业网站中的管理公告内容规范能反映企业理念；企业的广告、推销、推广、公关等对外传播符合企业理念的行为方式和行为准则，以上需要举例说明
3.Ⅵ设计	视觉识别设计合理，包括企业名称、标志设计、企业在各种场合下使用的宣传内容的标准字体以及标准色的设计	结合收集材料对Ⅵ评价标准中的各种设计进行分析并列举材料进行说明

（三）广告创意设计

根据项目二中的对该款产品男性市场和女性市场的不同品牌定位设计男性市场和女性市场的平面广告画和广告文案。首先明确两个广告的定位主题，然后小组讨论确定广告的创意、创意表现方式、诉求方式和广告设计元素等，最后分工进行广告设计。

四、实训成果

各小组上交完成的平面广告和广告文案并分别附上简短的作品介绍。由教师在所有小组中选取优异的报告完成组，要求该组向同学陈述其广告设计内容，陈述时间为8分钟。陈述要求：

1.明确说明该广告的主题；

2.要求广告创意具有独创性、时效性；

3.通过标准的广告文案写作方法表达；

4.作品介绍简明扼要，普通话标准，信息丰富，感染力强。

各组完成广告创作陈述后，其他同学有3分钟时间可以针对创作内容提出疑问。提问内容仅限创作内容本身，由报告小组任意成员回答问题。教师在同学提问后，对每组所做的创作进行简单点评，点评时间控制在3分钟。这个讨论过程旨在加深对品牌定位于广告创意设计的统一性以及设计流程上的理解。

五、实训评价

实训的成绩分为CIS资料分析报告和广告创意设计两个部分，得分构成分别为40%，60%。其中CIS资料分析的评分标准为MI，BI，VI每个部分的分析都符合评价标准和分析内容说明中的资料举例要求。对于不符合的地方酌情扣分，其中MI部分的满分为30分，BI部分的满分为30分，VI部分的满分为40分。

广告创意设计部分的评分标准如下：

1.广告画及广告文案创意好，整体效果佳（20分）。

2.作品突出广告主题，能很好启发媒体受众，引起共鸣（20分）。

3.作品有创新性，构思新颖（20分）。

4.作品介绍简明扼要，信息丰富（10分）。

5.广告画美工好，色彩搭配合理，生动逼真（15分）。

6.文案写作符合文案策划格式标准，语句结构合理，易上口，言简意赅（15分）。

实训报告要求：1.25倍行距，正文五号宋体，一级标题三号黑体，二级标题四号黑体，三级标题小四号黑体，A4纸，边距上下2.7厘米，左3.0厘米，右2.4厘米，加实验项目名称作为页眉。

此外对于参与汇报与讨论的同学有5～10分的另行加分。

六、资料来源

王亮，陈兆荣.市场营销实验实训教程［M］. 合肥：中国科学技术大学出版社，2016.

七、延伸阅读

成功广告创意的特征及常见广告诉求方式运用

成功广告创意必须切中主题，易于理解及具有独创性。其中创意切中主题是指广告创意要来自广告定位，而广告定位则来自产品定位或者品牌定位。产品或品牌的定位就是凸显产品或者品牌区别于其他产品或品牌的诉求点。广告主题就是广告要表达的中心思想是否被体现直接决定了广告的成败。在其他两个方面，广告创意要具有独创性才能给人留下深刻的印象同时凸显品牌的个性，否则就起不到广告的作用。而易于理解是广告的创意不能过于复杂，如果影响了受众的理解也无法达到传播的效果，因为消费者在理解广告作品上是不会下很大的工夫的，如果消费者不理解广告作品也就谈不上能领会广告要表达的主题了。

广告诉求方式的基本形式可以分为功能诉求（Unique Selling Proposition，USP）和情感诉求（Emotion Selling Proposition，ESP）。功能诉求是指广告诉求定位于受众的理智动机，通过真实、准确、公正地传达企业、产品、服务的客观情况，使受众经过概念、判断、推理等思维过程，理智地做出决定。广告人罗瑟·瑞夫斯定义其中一种影响最大的广告手法为独特销售说辞策略，其重在突出产品独一无二的功能，可以达到强占消费者心理空间、先入为主的效果，属于典型的功能诉求。情感诉求则是在广告中紧紧抓住人类的情感生活，策划出以情感为包装形式的广告作品。情感是广告创意诉求的重点，情感是没有国界的，全人类共通的语言，富有人情味的广告会为任何国别的人所接受，而广告最常采用的也是人类最基本的情感，有爱情、亲情、乡情、生活情趣、个人的其他心理感受、恐惧（这种负面情绪主要是公益性广告采用）。

第四节　公共关系管理技能训练

项目一　公共关系活动策划训练

一、实训目的

1.使学生熟悉公关活动策划的基本程序。

2.通过该项目训练，让学生掌握活动策划的主要方法和策划书的撰写。

二、实训描述

学生自由分组，但每组不超过5人。实训由老师明确公关活动的目标，然后由学生小组根据公关活动策划的程序自行确定主题和具体活动方案。在策划过程中，老师只对学生的提问进行解答，并监督学生实训过程，具体工作由学生利用课余时间自行组织完成。

三、实训步骤

1.《公关活动策划》工作计划

老师明确策划目标和具体要求后，由学生自行分组，然后小组讨论写出《公关活动策划》工作计划，得到老师认可后，由学生小组按工作计划在课下完成策划的全部工作。老师在中途要进行抽查、督促。

2.策划方案交流

各小组在规定时间内完成策划书后，制作交流PPT，各小组在课堂上进行策划方案交流，交流内容包括：方案主题、公众分析、方案内容、预算等。在交流过程中，学生各小组相互提问，并由老师进行点评。

四、实训成果

实训成果以《公关活动策划书》的形式提交。要求根据交流中其他同学提出的问题和老师的点评对原策划书进行修改完善，并形成最终策划书。

五、实训评价

实训成绩将根据过程表现和策划书质量两方面进行评定。其中过程表现占40%，并对小组各成员的贡献差别进行评价，策划书质量占60%。

六、资料来源

［1］蒋楠.公共关系原理与实务［M］. 3版.北京：中国人民大学出版社，2013.

［2］佚名.公共关系经典案例分析——“蒙牛—超女”“闪亮—快男”［EB/OL］.［2020-06-03］. https：//wenku.baidu.com/view/1c36f449670e52ea551810a6f524ccbff121ca9c.html.

七、延伸阅读

“蒙牛—超女”和“闪亮—快男”公共关系成功案例

从组织上讲，社会学家认为，“组织就是精心设计的以达到某种特定目标的社会群体”。“超女”“快男”这个组织的设计可谓独具匠心，从海选到预赛、复赛，层层淘汰，又层层设立复活机制，有决出的各赛区冠亚季军参加在星城长沙举行的决赛，吊足了观众的胃口，也可以在长达几个月的时间内对选手进行包装。另外，组织作为一个有机体，它的生存、发展也需要良好的环境，环境构成了组织发展的基本条件，“组织是社会的一种器官，只有能为外部环境做出自己的贡献，才能算有所成就”，“组织存在的唯一理由，就是为外部环境提供良好的服务”。

就环境而言，“超女”“快男”在这点上也处理得比较稳妥，其内部环境诸如决策层、员工队伍、管理机制、文化氛围、精神面貌等都做到了和谐有序。

从外部环境上分析，在外部环境中一项最重要的内容就是公众，尤其对于“超女”“快男”这类选秀节目而言，公众的支持与否直接决定了他们的命运。作为公共关系工作的对象，公众是以某个特定组织为核心而形成的特殊的利益共同体。以“蒙牛”为例，“蒙牛”以“超女”为平台，把公共关系工作的对象集中在年轻人身上，“蒙牛”获得“超女”的冠名费为2 000万元，加上15秒的插播广告及现场广告牌等，其投入总额在2 800万元左右。当然，“蒙牛”对“超女”的贡献远不止于此，在许多公交车体、户外灯箱和平面媒体广告上，都留下了“超女”们的倩影，而这笔投放费用则高达8 000多万元。前后两者数字相加，“蒙牛”的投入已达1.08亿元。随着湖南卫视收视率和社会声望的急速上升，“蒙牛”也获得了巨大的利益，成为当时年轻人的时尚饮品，往往是一提到“超女”马上就想到蒙牛酸酸乳，喜欢“超女”的人也会“不可救药”地喜欢上蒙牛酸酸乳。由此可见，在“超女”的影响下，“蒙牛”将对象重点圈在年轻人这个时尚一族是极其明智的，它适应了年轻人对时尚疯狂追求的时势，可谓顺意公众，从而取得了巨大的成功。“蒙牛今年在酸酸乳上的销售收入至少20亿元，在酸性乳饮料上的平均利润有望达到30%。”根据某营销咨询公司的调研组在上海的调查报告，蒙牛酸酸乳已经成为“酸性乳饮料”的消费者第一提及品牌，在10～25岁女性的目标受众之中，酸酸乳的第一提及率高达45%。

最后，从传播要素上看，传播是“人们利用符号并借助媒体来交流信息的行为与过程”。“蒙牛”请第一届“超女”季军张含韵为产品的形象代言人，并量身定做广告曲《酸酸甜甜就是我》出现在电视广告、广播以及一线二线城市的灯箱和路牌上，“蒙牛”的一切活动，如产品包装、海报、电视广告、网络广告、广播广告都与“超女”挂钩，“蒙牛”的300多场街头演唱及派发的200多万张DM，这些湖南卫视无法依靠自身网络完成的工作，又由“蒙牛”来完成，既为“超女”推波助澜，又提高了湖南卫视的整体形象。而“快男”更是超越了“酸酸甜甜就是我”，打出“我最闪亮”的口号，并连续推出“闪亮新看点”“闪亮新势力”“闪亮新猜想”“闪亮新人生”多种战略，使传播收到了良好的效果。同时，“闪亮”“快男”还及时有效地与全国各大主流媒体进行细致沟通，重视记者的反馈意见，把握企业品牌的宣传导向，通过传播达到提高企业品牌知名度和美誉度的目的。针对在传播中出现的问题，将媒体分门别类，逐个击破，并专门为媒体定制稿件，反复与记者进行沟通。

终于，“快男”成功了，成功在于它取得了超过2005年“超女”的高收视率，高投票率；“闪亮”也成功了，成功在于它用最短的时间取得了滴眼液行业最高的知名度以及80%的市场增长率。整个项目的公关事件最终得到了客户的认可，2007年仁和闪亮快乐男声这场营销闪电战也最终画上圆满的句号。

“蒙牛—超女”“闪亮—快男”这两个公共关系的案例充分表明良好的公共关系对政府、企业乃至整个社会都会产生重要的作用，只有在公关活动中充分重视公共关系的形象与美誉度，企业才能取得最终成功。

项目二　企业产品质量问题引起的危机公关

一、实训目的

1.使学生了解危机发展的基本过程和危机事件的生命周期。

2.通过该项目训练，让学生掌握危机公共关系处理的原则、处理程序和关键环节。

二、实训描述

学生自由分组，但每组不超过5人。实训由老师说明某企业因产品质量问题遭到消费者投诉并在自媒体上发布，引起广泛关注，从而引发企业危机。就此危机事件，要求学生提出危机公关方案和实施策略。

三、实训步骤

1.危机事件分析

在老师说明某企业产品质量引起的危机事件后，各学生小组集体讨论分析危机事件的可能原因、发展过程和可能引起的后果。

2.讨论危机处理方案

基于前面的讨论，各学生小组提出危机处理方案，并与各小组进行相互交流，最终形成统一的处理方案。在此过程中，老师要进行点评。

3.实施程序及可能的障碍

对上面形成的处理方案进行实施，明确实施步骤，在实施过程中可能碰到什么问题以及如何解决。

四、实训成果

实训成果以《危机公关实训总结》的形式提交。要求说明危机发展过程、处理程度、处理原则、关键环节以及障碍克服等内容，并叙述自己通过这次实训的感受。

五、实训评价

实训成绩将根据过程表现和总结两方面进行评定。其中过程表现占60%，并对小组各成员的贡献进行差别评价，总结的质量占40%。

六、资料来源

[1] 张岩松.企业危机管理案例教程［M］. 北京：北京交通大学出版社，2012.

[2] 何春晖.中外公关经典案例解析［M］. 南京：南京大学出版社，2015.

七、延伸阅读

华为Mate20Pro“绿屏门”事件

一、案例背景

华为于2018年10月16日发布了华为Mate20Pro这一款手机。这款手机刚上市不久，无论国内还是国外，都有不少网友反映这款手机出现了绿屏现象，具体表现为手机显示屏泛绿，尽管许多不同的手机，屏幕显示色调都不同，但此次华为Mate20Pro上的绿屏却不一样，这已经不算是正常的色调范围了。只要这款手机将背景调成黑色或者灰色时，显示屏边缘发绿就会非常明显，尤其是在夜间使用更加严重。经过对比才发现出现绿屏现象的华为Mate20Pro大多数都是采用LG供应商的屏幕，而不是采用京东供应商的屏幕，也就是说，此次屏幕混用之后，可能发生绿屏的概率有所不同。面对消费者反映的“绿屏门”事件，华为公司开始没有引起高度重视，而是简单回应，也没有提出解决问题的方案，致使国内外使用这款手机的用户都怨言颇深，甚至对华为的技术和服务质量产生了质疑，一度影响了华为的信誉和形象。

二、危机分析

1.华为公司没有准确回应消费者反映的问题

在华为Mate20Pro这款手机出现“绿屏门”事件之后，华为的客服表示：“华为Mate20Pro屏幕为打造一流的外观和使用体验，使用了柔性OLED屏幕，两侧弧边可以进行曲面弯曲设计。因为边缘弯曲形状，在正视角或者夜晚环境下观察弧边时存在光学的轻微变化，您可能会察觉到侧边轻微的显示颜色和亮度变化，这属于业界曲面屏幕正常的光学现象。此问题并非产品故障，您可以放心使用。”这个简单的回应，没有体现科学、准确的专业精神和对消费者负责的态度，而且是以客服的方式进行回复，并不是由华为公司公关部门予以官方的正面回应，因此不具有权威性。

2.华为公司没有把握解决问题的最佳时机

面对消费者反映的问题，华为公司一度没有提出解决方案，而是以简单的回复了事，把绿屏归于“正常”范畴。直到海内外市场绿屏的情况越来越严重时，华为官方才默默改变了态度，先是芬兰的用户可以在售后进行换机，然后国内的用户也可以享受换机的待遇。从应对公关危机的角度，华为公司并没有对国内外网友的反馈给予足够的重视，从而失去了应对危机的最佳时机。

3.华为公司没有体现维护品牌企业应有的服务能力

作为一个国际化手机品牌，许许多多的消费者都在用华为手机，就在于它的性价比和质量，以及品牌效应。品牌就是无形的资产。华为手机成为了中国人的骄傲，也成为了可以信赖的标志和品牌。与这个品牌相适应的应当是高度的危机意识和服务能力，视企业信誉为生命，不应当容许任何有损于品牌的行为发生，但是在“绿屏门”事件出现后，华为公司的反应和作为，没有体现出品牌企业应有的服务意识和服务能力，致使国内外消费者对华为的技术和品牌产生了不信任感，甚至以为是“老大思想”作祟，令很多消费者失望，一度对华为的形象和品牌产生了怀疑。

三、解决措施

1.华为公司暂时停止生产华为Mate20Pro这款手机

自从华为Mate20Pro出现“绿屏门”事件以后，华为公司为了解决这个事件，改进产品的质量，提高消费者的购买力，暂时停止了这款手机的生产线。华为公司再对这款手机进行严格的质量检测，等到这款手机的质量合格以后再生产。这说明华为公司解决了这次危机，维护了消费者的合法权益，发现了自身的不足和缺陷，找到了改正错误的机会，让消费者得到更多的支持和重视，为消费者提供更加满意的产品，从而避免此次事件再次发生。

2.出现“绿屏门”现象的华为Mate20Pro可以直接退款

自从越来越多的消费者反映华为Mate20Pro这款手机的“绿屏门”现象以后，华为公司为这些消费者提供了两种退款方案：第一种，直接退款；第二种，换成华为Mate20或者华为Mate20X，退差价。如果用户不想退款，还想继续等待这款手机，那么华为会提供华为P20作为短时间的备用机给消费者使用。这种解决问题的方案，体现了华为公司对消费者负责的诚意，体现了消费者至上的态度，并最终得到了消费者的谅解、支持和认可，让消费者感到满意，从而重新赢得了消费者的信赖，也挽回了“绿屏门”事件对华为形象和品牌的影响。

四、总结和启示

1.品牌企业必须有强烈的危机意识

从古至今，中国的传统文化就有居安思危的教训，告诉人们在安逸的环境下必须提高警惕，懂得未雨绸缪，防患于未然，将危机发生的概率缩小，直至化危为机。从“绿屏门”事件中，尽管华为公司最终妥善处理了这个公共危机，但是我们仍然可以看出，华为公司内部的危机意识并不是非常强烈的，或者说没有摆到决策层的重要位置，对危机的应对和处理没有形成常态，且不懂得抓住最佳时机解决危机，这是一流企业不应当发生的。“绿屏门”事件的出现，再次告诫我们，危机无处不在，越是顺利的时候，越是积极向上的时候，越要看到潜在的隐患和危机，从而保持高度的警惕，及时防范和化解危机。否则，一个很小的事件，也可能酿成很大的危机。

2.品牌企业必须有一流的公关能力

组织与消费者的关系如何，直接影响组织的生存与发展。消费者作为上帝，与消费者良好的关系是组织成功的动力和源泉，为确立组织外部公共关系打下了良好的基础。无论是哪一个组织，都要和消费者建立良好的竞争合作关系，能为企业销售产品营造良好、和谐的环境。组织与消费者公共关系的好坏直接影响着组织的经济利益。树立良好的消费者关系，有利于树立组织良好的形象，从而提高组织的知名度和美誉度，进而促进组织蓬勃发展。从“绿屏门”事件可以看出，华为公司内部的公关体系并不十分健全，公关建设并没有形成常态，公关部门的公关能力并不很强，致使事件应对和处置滞后、欠妥，从而导致消费者抱怨，不同程度地损害了华为公司的良好形象和声誉。这就告诉我们，品牌企业必须把公关能力建设摆在十分重要的位置，有专业的机构、专业的队伍和专业的能力，才能应对好突发事件和突发危机。

第四章
销售能力培养模块

第一节　推销技巧训练

项目一　自我推销训练

一、实训目的

1.锻炼学生在公开场合面向大众推销自己的胆量和能力。

2.通过自我推销演练，加深学生之间的相互了解，为推销团队协调行动、进行协作奠定良好基础，同时有利于授课教师迅速掌握全班学生的情况，以便有针对性因人制宜地组织开展推销实践活动。

二、实训描述

学生应按授课教师的要求，精心写好一份3分钟的自我推销词，反复演练，以达到内容熟练，神情自然。在课堂时间让学生登上讲台进行3分钟内自我推销演练。

三、实训步骤

1.教师布置任务，要求学生准备3分钟自我推销词，力求有特色，让人印象深刻。推销的成败主要不在于产品的魅力，而在于推销员本身的魅力。

2.指定学生的顺序，一个接一个上台进行自我推销演讲，注意音量、站姿、演讲顺序、肢体动作等。推销内容包括：

（1）问候。

（2）我是谁（基本情况包括姓名、来自哪里、个人兴趣爱好、专长、家庭情况等）。

（3）自我推销设计：可推销自己的表情，推销自己的爱好，推销自己的能力。

3.准备好计时工具，从演练人上台问好后开始计时，达到2分30秒时，举牌提醒。学生准备结束，时间到，停止演练，演讲不足3分钟者必须站足3分钟。

四、实训评价

本实训由教师和学生共同评分。评定过程可通过“互联网+”的技术手段，利用雨课堂、微助教等网上教学平台进行。成绩由教师、学生各占50%评定。评定内容包括：

1.上讲台自我推销演讲神态、举止（50分），其中声音大小10分，热情展现7分，面带微笑10分，站姿8分，语言表达10分，服装得体5分。

2.自我推销演讲词内容新颖、独特，顺序自然（40分）。

3.时间掌控（10分）。

项目二 销售现场调研

一、实训目的

1.让学生通过本项目的实训掌握产品市场分析的方法。

2.让学生通过销售现场观摩，分析并学习销售方法。

二、实训描述

以小组为单位，选择一款产品进行市场调研，分析市场定位和目标，然后去销售现场观摩，最后进行小组分析展示。

三、实训步骤

1.教师布置任务

将学生分成若干小组，每组4～6人。

2.学生选择推销产品

以小组为单位，选择一款产品，利用周末进行市场调研，形成调研报告。产品可选择：面巾纸、糖果、书、手机等。调研报告包括行业现状、产品现状、竞争者现状、产品定位、目标消费者等。

3.销售现场分析

以小组为单位，进入各大卖场进行观察，并记录卖场中的销售人员的推销过程，分析销售人员的销售方法，选出最佳推销员和最差推销员。

4.课堂上进行讨论

要求每个小组首先对产品进行市场分析汇报，然后在课堂上用图片、视频等方式展示销售现场，并对销售人员的销售方法进行点评。

四、实训评价

实训由教师和学生共同评分。评定过程可通过“互联网+”的技术手段，利用雨课堂、微助教等网上教学平台进行。成绩由教师、学生各占50%评定，内容包括：对产品的市场分析（占50%），销售现场分析（占50%）。

项目三 实地销售训练

一、实训目的

1.培养市场营销学生的实践能力，把所学理论应用于实践中。

2.用实践检验学生所学的理论知识，同时锻炼学生实际解决问题的能力。

二、实训描述

以小组为单位进行产品销售。学生自由组队，每小组5～7人。实训从销售产品的选择、销售现场分析、实地销售和销售汇报四个方面进行。教师从中进行把控，并提供必要的支持。

三、实训步骤

1.教师布置任务。

将学生分成若干小组，每组4～6人。

2.现场销售

每个小组准备若干产品，用摆摊的方式，在学校规定的时间及地点进行销售，寻找准顾客、有效接近、推销洽谈、处理顾客异议、完成产品销售。

3.销售汇报

对现场销售成果进行汇报展示。要求做成PPT演示，时间控制在5分钟左右。汇报内容包括：①推销的产品；②推销策略（如何发现顾客、接近顾客，顾客提出了哪些主要异议，如何处理顾客异议，采取了哪些成交策略促成交易）；③推销效果：成交数量、金额，盈亏情况；④推销收获：体会与启示。

四、实训成果

实训报告（每个小组1份）。同时要提交实地推销证明材料1套（每个小组1份），包括：①所推销的产品或服务的介绍资料，如产品说明书、宣传页等；②推销现场照片不少于3张。小组成员每人提交一份实训心得。

五、实训评价

本实训由教师和学生共同评分。评定过程可通过“互联网+”的技术手段，利用雨课堂、微助教等网上教学平台进行。成绩由教师、学生各占50%评定。实训内容由四部分成绩组成，每部分成绩各占25%。个人成绩由小组成员间互评得出贡献得分，在小组成绩的基础上，上下浮动3～5分。成绩评定内容包括：

1.产品分析报告及汇报。

2.销售现场分析报告及汇报。

3.现场销售业绩。

4.销售成果报告及展示。

六、资料来源

[1] 张岩松.企业危机管理案例教程［M］. 北京：北京交通大学出版社，2012.

[2] 吴铭.乔·吉拉德的销售秘诀［J］. 市场营销案例，2008（7）.

七、延伸阅读

乔·吉拉德的销售秘诀

乔·吉拉德，因售出13 000多辆汽车创造了商品销售最高纪录而被载入吉尼斯大全。他曾经连续15年成为世界上售出新汽车最多的人，其中6年平均售出汽车1 300辆。销售是需要智慧和策略的事业。在每位推销员的背后，都有自己独特的成功诀窍，那么，乔的推销业绩如此辉煌，他的秘诀是什么呢？

一、250定律：不得罪一个顾客

在每位顾客的背后，都大约站着250个人，这是与他关系比较亲近的人：同事、邻居、亲戚、朋友。如果一个推销员在年初的一个星期里见到50个人，其中只要有两个顾客对他的态度感到不愉快，到了年底，由于连锁影响就可能有5 000个人不愿意和这个推销员打交道，他们知道一件事：不要跟这位推销员做生意。

这就是乔·吉拉德的250定律。由此，乔得出结论：在任何情况下，都不要得罪哪怕是一个顾客。在乔的推销生涯中，他每天都将250定律牢记在心，抱定生意至上的态度，时刻控制着自己的情绪，不因顾客的刁难，或是不喜欢对方，或是自己心绪不佳等原因而怠慢顾客。乔说得好："你只要赶走一个顾客，就等于赶走了潜在的250个顾客。"

二、名片满天飞：向每一个人推销

每一个人都使用名片，但乔的做法与众不同：他到处递送名片，在餐馆就餐付账时，他要把名片夹在账单中；在运动场上，他把名片大把大把地抛向空中。名片漫天飞舞，就像雪花一样，飘散在运动场的每一个角落。你可能对这种做法感到奇怪。但乔认为，这种做法帮他做成了一笔笔生意。

乔认为，每一位推销员都应设法让更多的人知道他是干什么的，销售的是什么商品。这样，当他们需要他的商品时，就会想到他。乔抛撒名片是一件非同寻常的事，人们不会忘记这种事。当人们买汽车时，自然会想起那个抛撒名片的推销员，想起名片上的名字：乔·吉拉德。同时，要点还在于，有人就有顾客，如果你让他们知道你在哪里，你卖的是什么，你就有可能得到更多生意的机会。

三、建立顾客档案：更多地了解顾客

乔说："不论你推销的是任何东西，最有效的办法就是让顾客相信——真心相信——你喜欢他，关心他。"如果顾客对你抱有好感，你成交的希望就增加了。要使顾客相信你喜欢他、关心他，那你就必须了解顾客。

乔中肯地指出："如果你想要把东西卖给某人，你就应该尽自己的力量去收集他与你生意有关的情报……不论你推销的是什么东西。如果你每天肯花一点时间来了解自己的顾客，做好准备，铺平道路，那么，你就不愁没有自己的顾客。"

刚开始工作时，乔把收集到的顾客资料写在纸上，塞进抽屉里。后来，有几次因为缺乏整理而忘记追踪某一位准顾客，他开始意识到自己动手建立顾客档案的重要性。他去文具店买了日记本和一个小小的卡片档案夹，把原来写在纸片上的资料全部做成记录，建立起了他的顾客档案。

乔认为，推销员应该像一台机器，具有录音机和电脑的功能，在和顾客交往过程中，将顾客所说的有用情况都记录下来，从中把握一些有用的材料。

乔说："在建立自己的卡片档案时，你要记下有关顾客和潜在顾客的所有资料，他们的孩子、嗜好、学历、职务、成就、旅行过的地方、年龄、文化背景及其他任何与他们有关的事情，这些都是有用的推销情报。所有这些资料都可以帮助你接近顾客，使你能够有效地跟顾客讨论问题，谈论他们自己感兴趣的话题，有了这些材料，你就会知道他们喜欢什么，不喜欢什么，你可以让他们高谈阔论，兴高采烈，手舞足蹈……只要你有办法使顾客心情舒畅，他们不会让你大失所望。"

四、猎犬计划：让顾客帮助你寻找顾客

乔认为，干推销这一行，需要别人的帮助。乔的很多生意都是由"猎犬"（那些会让别人到他那里买东西的顾客）帮助的结果。乔的一句名言就是"买过我汽车的顾客都会帮我推销"。

在生意成交之后，乔总是把一叠名片和猎犬计划的说明书交给顾客。说明书告诉顾客，如果他介绍别人来买车，成交之后，每辆车他会得到25美元的酬劳。

几天之后，乔会寄给顾客感谢卡和一叠名片，以后至少每年他会收到乔的一封附有猎犬计划的信件，提醒他乔的承诺仍然有效。如果乔发现顾客是一位领导人物，其他人会听他的话，那么，乔会更加努力促成交易并设法让其成为猎犬。实施猎犬计划的关键是守信用——一定要付给顾客25美元。乔的原则是：宁可错付50个人，也不要漏掉一个该付的人。猎犬计划使乔的收益很大。

1976年，猎犬计划为乔带来了150笔生意，占总交易额的1/3。乔付出了3 750美元的猎犬费用，收获了75 000美元的佣金。

五、推销产品的味道：让产品吸引顾客

每一种产品都有自己的味道，乔·吉拉德特别善于推销产品的味道。与“请勿触摸”的做法不同，乔在和顾客接触时总是想方设法让顾客先“闻一闻”新车的味道。他让顾客坐进驾驶室，握住方向盘，自己触摸操作一番。

如果顾客住在附近，乔还会建议他把车开回家，让他在自己的太太、孩子和领导面前炫耀一番，顾客会很快地被新车的“味道”陶醉。根据乔本人的经验，凡是坐进驾驶室把车开上一段距离的顾客，没有不买他的车的。即使当时不买，不久后也会来买。新车的“味道”已深深地烙印在他们的脑海中，使他们难以忘怀。

乔认为，人们都喜欢自己来尝试、接触、操作，人们都有好奇心。不论你推销的是什么，都要想方设法展示你的商品，而且要记住，让顾客亲身参与，如果你能吸引他们的感官，那么你就能掌控他们的感情了。

六、诚实：推销的最佳策略

诚实，是推销的最佳策略，而且是唯一的策略，但绝对的诚实却是愚蠢的。推销容许谎言，这就是推销中的“善意的谎言”原则，乔对此认识深刻。

诚为上策，这是你所能遵循的最佳策略。可是策略并非法律或规定，它只是你在工作中用来追求最大利益的工具。因此，诚实就有一个程度的问题。

在推销过程中，推销员有时需要说实话，一是一，二是二。说实话往往对推销员有好处，尤其是推销员所说的，顾客事后可以查证的事。

乔说：“任何一个头脑清醒的人都不会卖给顾客一辆六汽缸的车，而告诉对方他买的车有八个汽缸。顾客只要一掀开车盖，数数配电线，你就死定了。”

如果顾客和他的太太、儿子一起来看车，乔会对顾客说：“你这个小孩真可爱。”这个小孩也可能是有史以来最难看的小孩，但是如果要想赚到钱，就绝对只能这么说。

乔善于把握诚实与奉承的关系。尽管顾客知道乔所说的不尽是真话，但他们还是喜欢听人拍马屁。少许几句赞美，可以使气氛变得更愉快，没有敌意，推销也就更容易成交。

七、每月一卡：真正的销售始于售后

乔有一句名言：“我相信推销活动真正的开始在成交之后，而不是之前。”推销是一个连续的过程，成交既是本次推销活动的结束，又是下次推销活动的开始。推销员在成交之后继续关心顾客，将会既赢得老顾客，又能吸引新顾客，使生意越做越大，客户越来越多。

“成交之后仍要继续推销”，这种观念使得乔把成交看作是推销的开始。乔在和自己的顾客成交之后，并不是把他们置于脑后，而是继续关心他们，并恰当地表示出来。乔每月要给他的1万多名顾客寄去一张贺卡。一月份祝贺新年，二月份纪念华盛顿诞辰日，三月份祝贺圣帕特里克日……凡是在乔那里买了汽车的人，都收到了乔的贺卡，也就记住了乔。正因为乔没有忘记自己的顾客，顾客才不会忘记乔·吉拉德。

八、学会自信

乔·吉拉德，美国有史以来最著名的销售大王。他出生在美国的一个贫民窟，比人们想象中的还要贫困，在很小的时候他上街去擦皮鞋补贴家用，最后连高中都没有念完就辍学了。他的父亲总是说他根本不可能成才。父亲的打击一度让他失去自信，甚至有一段时间，他连说话都会变得结结巴巴。幸运的是，他有一个伟大的母亲，是她常常告诉乔·吉拉德："乔，你应该去证明给你爸爸看，你应该向所有人证明，你能够成为一个了不起的人。你要相信这一点：人都是一样的，机会在每个人面前。你不能消沉、不能气馁。"母亲的鼓励重新坚定了他的信心，燃起了他想要获得成功的欲望，他变成一个自信的人！从此，一个不被看好，而且背了一身债务几乎走投无路的人，竟然在短短3年内被吉尼斯世界纪录称为"世界上最伟大的推销员"。而且至今还保持着销售昂贵商品的空前纪录——平均每天卖6辆汽车！一直被欧美商界当成"能向任何人推销出任何产品"的传奇式人物。

第二节　商务谈判技能训练

项目　综合模拟谈判

一、实训目的

1.通过谈判技能实训帮助学生系统掌握商务谈判的基本原理、策略、技巧以及商务礼仪的基本内容，培养学生的市场调查及收集资料的能力、语言能力、思辨能力、应变能力及团队合作精神。

2.将谈判原理、策略和技巧运用到交易过程中，将变幻莫测的谈判活动还原为一种科学性活动，从而揭示谈判活动的规律、原则和艺术。

3.通过实训让学生充分领略谈判沟通既是一门科学，又是一门艺术。

二、实训描述

1.教师以某一企业、学校采购为背景设置真实的谈判任务。

2.实训形式安排：课堂布置实训任务，安排实地走访市场，组织课堂分组模拟谈判，撰写实训报告四个阶段实施。

3.参考案例：嘉兴某股份有限公司，需购置业务用手提电脑300部，将与嘉兴的联想电脑销售公司就此项目的买卖进行面对面的模拟谈判。每个小组，无论是采购商还是销售商都必须对联想品牌电脑认真进行调查，模拟谈判之前每个小组成员必须一起对谈判进行策划（要求调查联想品牌三种以上型号的笔记本电脑）。

三、实训步骤

1.同学分为若干小组，小组规模为4人/组，各组人数必须一致，组团的时候应注意小组成员在知识、性格、技能方面的互补性，并进行明确分工。

2.针对谈判任务进行市场调查，收集情况，熟悉产品特性，了解产品市场状况。

（1）收集与本次谈判有关的政治、经济、文化、行业信息及相关法律法规等。

（2）尽可能多收集谈判对方的相关情报并加以分析。

（3）收集潜在竞争者的情报并加以分析。

（4）预想取得良好的谈判结果。

（5）评估我方的需求和礼仪。

（6）确定谈判协议的最佳替代方案。

（7）确定保留价格和理想成交价。

（8）评估对方的谈判协议最佳替代方案。

（9）理解对方的真正利益。

（10）确认双方谈判代表的权利。

（11）寻找与谈判对手类似的个人或单位进行模拟谈判。

（12）制定谈判预案并进行评估。

3.做好谈判计划

（1）组成谈判小组。

（2）进行人员分工。

（3）确定谈判目标。

（4）确定谈判地点并做好相关准备。

（5）确定谈判进程。

（6）制定谈判策略。

（7）准备谈判资料。

（8）准备谈判合同文本。

（9）制定应急预案：成员、场地及设备、策略、竞争对手的干扰等方面。

4.开展综合模拟谈判，重点练习

（1）谈判开局技巧。

（2）谈判磋商技巧。一方报价—另一方价格解释—双方讨价还价—僵局出现—分析僵局产生原因，实施僵局解决策略。

（3）谈判成效及签约。

5.制定谈判规则

（1）模拟谈判：每组由组长牵头，采购和供应两组分别配对，作为谈判对手，其他的小组观摩，每两组模拟谈判完毕，在教师的带领下讨论，指出“谈判人员”在谈判过程中礼仪、语言、思维、策略等方面的不足，并提出改进建议。现场抽取一定数量同学进行评分。

（2）建立经验交流制度：每两组完成模拟谈判后，其他同学及小组间可进行经验交流，教师可针对共性问题在课堂上组织讨论和专门讲解。

四、实训成果

每个实训小组提交一份实训报告，小组成员提交个人心得体会。

实训报告的文本格式：

（一）封面

（二）目录

（三）正文部分

1.本小组商务谈判计划书。

2.实训内容。

3.实训过程：A.市场调查过程及内容；B.采购或销售谈判方案；C.模拟谈判过程。

4.老师及其他小组评点、建议的记录。

五、实训评价

成绩的评定以小组为单位。凡是未参加实训的同学，成绩以零分记载。

评分时参考实训态度；着装和行为的规范性；小组成员之间的协调配合；实训报告格式的规范性，内容的完整性，问题分析的透彻性，原因解释的合理性，实训总结的中肯性等（见表4-1）。学生现场评分和实训报告成绩各占实训总成绩的50%。

表4-1 **现场评分表**

	分值	采购	供应	采购	供应
组别					
基本分	30				
目标实现	15				
谈判技巧	15				
内容资料	10				
思辨能力	10				
协调配合	10				
表情风度	10				
加分项					
减分项					
总分					

六、资料来源

［1］聂元昆.商务谈判学［M］. 2版.北京：高等教育出版社，2016.

［2］佚名.原则式谈判［EB/OL］.［2018-05-28］. https://baike.baidu.com/item/原则式谈判.

七、延伸阅读

哈佛的谈判原则

罗杰·费希尔（Roger Fisher）是哈佛大学法学院的荣誉教授，他曾经长期担任美国热门电视栏目《辩护士》的特约嘉宾，同时参与和咨询了许多著名的国际纠纷和冲突问题，曾经担任美国、伊朗、危地马拉等国家和政府的高级谈判顾问。在费希尔的倡导下，1979年哈佛大学法学院、商学院的一批学者成立了一个关于谈判的研究兴趣小组，他们定期聚会讨论谈判与冲突的问题，这就是著名的哈佛谈判项目的雏形。

在哈佛谈判项目所提出的众多理论中，其中最著名的就是费希尔在《谈判力》一书中所总结的原则式谈判。

以往，人们通常将谈判划分为软式谈判和硬式谈判两种风格：软式谈判又称友好型谈判，谈判者可以为达成协议而让步，尽量避免冲突，总是希望通过谈判签订一个皆大欢喜的协议，或者至少能够签订一个满足彼此基本利益的协议而不至于空手而归。

硬式谈判又称立场型谈判，谈判者将谈判看做一场意志力的竞争，认为在这种竞争中，立场越强硬的一方最后获得的收益也会越多。硬式风格的谈判者往往更多地关注如何维护自身的立场、提升自己的地位，总是处心积虑地要压倒对方。

根据费舍尔的观点，以上这两种谈判风格都是错误的，正确的应该是原则式谈判风格。

与软式谈判相比，原则式谈判也注意与对方保持良好的关系，但是并不像软式谈判那样只强调双方的关系而忽视利益的公平。

与硬式谈判相比，原则式谈判主张注重调和双方的利益，而不是在立场上纠缠不清。因此，原则式谈判既不是软式谈判，又不是硬式谈判，而是介于两者之间。

哈佛原则式谈判的基本原则：

1.人：谈判者要将谈判过程人的因素与谈判的具体问题区别开。

2.利益：谈判者应关注双方实质性的利益，而不是表面的立场。

3.案：为了共同的利益，谈判者要努力创造各种可供选择的解决方案。

4.标准：如果遇到利益冲突，谈判者应该采用客观标准来衡量彼此的利益范围。

第三节　渠道管理技能训练

项目一　渠道认识实训

一、实训目的

1.理解营销渠道的内涵与构成。

2.理解营销渠道的功能。

3.理解不同行业的营销渠道。

二、实训描述

教师对学生进行分组，一般每组为5人以下，要求学生以组为单位对某种或某类商品（如方便面、洗发水、电视机、自行车、汽车等）的分销渠道模式进行实地调查；确定所调查的此种或此类商品采用了何种分销渠道模式，并分析说明企业为何采用这种分销模式。

三、实训步骤

第一步，对学生进行分组，每组为5人以下，学生以组为单位对某种或某类商品（如方便面、洗发水、电视机、自行车、汽车等）的分销渠道模式进行实地调查。

第二步，根据调查掌握的情况，确定所调查的此种或此类商品采用了何种分销渠道模式，并分析说明企业为何采用这种分销模式。

第三步，画出渠道的结构图，描述经销商完成的功能。

第四步，分组做PPT向全体学生进行展示。

四、实训成果

课堂上陈述调查过程，并展示分析结果；课后提交实训报告。

五、实训评价

据所提交的实训报告、课堂讨论分析的质量进行考核。

考核以A、B、C、D、E五档等级制进行评价。

A：独立完成实训报告，实训步骤、结论正确并有较深入的实训心得阐述，字迹端正，课堂讨论分析表现好；

B：实训步骤、结论正确但无实训心得，字迹比较端正，课堂讨论分析表现较好；

C：实训步骤、结论出现错误较多，字迹比较端正，课堂讨论分析表现一般；

D：不能独立完成实训报告，或实训步骤、结论出现重大错误，或字迹潦草，态度不够认真，课堂讨论分析表现较差；

E：不能完成实训作业，态度很不认真。

六、资料来源

佚名.分销策略的制定［EB/OL］.［2015-08-27］. https://www.docin.com/p-110809491.html.

七、延伸阅读

不同的分销渠道模式

一、消费品的分销渠道模式

消费品又称生活资料商品，其分销渠道模式有以下五种基本形式。

1.生产者-消费者

这是在生活资料产品分销渠道中最简单、最短的渠道。其特点是由生产者直接把商品销售给最终消费者而不经过任何中间环节，推销任务由企业自己的推销员担任，有利于树立企业形象和商品的促销。企业可以通过邮寄销售、送货上门、来料加工、电话销售、设立自己的商品销售门店等形式，把商品直接供应给最终消费者，使商品以最快的速度和最低的价格到达消费者手中。一般来说生产大型高级耐用消费品或传统食品、保鲜期较短的食品的企业适合采用这种渠道。

2.生产者-零售商-消费者

这种渠道的特点是在生产者与消费者之间只有零售商一个环节，发挥了零售商分散、接触顾客较多，对市场需求变化反应较快的特点，从而简化了生产者的推销手续，有利于扩大销售范围，加快销售速度，减少商品损耗，适用于保管期短的农副产品、鲜活易腐商品、技术性能较高的耐用品、大型耐用消费品、易碎商品等。

3.生产者-批发商-零售商-消费者

这种渠道是生产者把商品转卖给批发商，再由批发商批发给零售商，最后又由零售商卖给最终消费者，从而充分发挥中间商的专业作用。有利于生产者批量销售商品，缩短生产周期，加快资金周转；有利于零售商多批次、小批量、多品种购进商品，保证零售商品花色品种齐全，吸引消费者。这种分销渠道环节较多、较长，商品到达消费者手中所需时间相对较长。这在商品经济相对发达的条件下是一种常用的分销渠道，生产企业特别是小型生产企业普遍采用，另外产品零星、分散、人力不足的企业也适合采用这种分销渠道模式。

4.生产者-代理商-零售商-消费者

这种分销渠道与上一种渠道不同的是代理商替代了批发商。代理商比批发商更熟悉其代理商品的知识，从而能非常专业地向顾客介绍商品的性能、规格、质量、特点等，有利于商品促销，加上代理商不拥有商品的所有权，代理商与生产者的经济利益容易统一。

5.生产者-代理商-批发商-零售商-消费者

这种分销渠道环节最多，渠道最长，商品到达消费者手中所需的时间最长，支付的流通费用最多，面对消费者的价格也最高，一般不宜采用。

二、生产资料商品的分销渠道模式

生产资料商品的分销渠道模式一般有四种基本形式。

1.生产者-用户

商品不经过任何中间商，由生产者直接向用户推销商品，这种形式是环节最少、流通费用最低的分销渠道，一般适用于商品价值高和技术性较强的生产资料。

2.生产者-批发商-用户

这种分销渠道模式比前一种形式多了一个批发商中间环节，可以减轻生产企业销售商品的负担，集中精力搞好生产，充分发挥批发商的作用，从而加快商品流通速度，适用于销售有季节性、周期性、连带性以及用户分散的商品。

3.生产者-代理商-用户

生产者将其商品通过代理商这一中间环节转卖给用户。其特点是比用批发商转卖商品能减少费用，降低价格；有利于销售特种技术性能的生产资料，有利于商品促销工作的开展。代理商对商品不拥有所有权，而是以生产者“代理人”的身份出现，向生产者收取“佣金”，在经济利益上与生产者是一致的。另外，代理商对所经营的商品质量、规格、性能等方面较为熟悉，因此，生产者如果没有推销机构或对市场情况不熟，或商品有特种技术性能，一般都采用这种分销渠道。

4.生产者-代理商-批发商-用户

这是环节最多、最长、最复杂的生产资料分销渠道。对一些用户分散的商品，需要分散存货，销售批量小，生产者无力自己推销，又急于销售的商品，因此往往采取这种渠道。

对于生产资料来说，由于品种、规格、型号复杂，有的商品技术性强，需要成套供应，而且生产资料往往需要由生产者提供技术指导、安装调试、人员培训等服务。因而，生产资料分销渠道的最大特点是产需直接见面的购销方式。

项目二　渠道设计实训

一、实训目的

1.通过实训掌握渠道设计的影响因素。

2.针对某个具体的企业进行渠道设计。

3.掌握渠道规划设计有效性的评价。

二、实训描述

1.案例选择

教师采用实例实做的方式，选择学校本地的1～2家企业，最好一个是生产消费品的企业，一个是生产生产资料的企业，收集企业相关背景信息，提供给学生，在有条件的情况下，可以到企业实地进行考察，让学生结合企业的实际情况，运用课堂上所学的渠道策划内容，进行渠道设计。

2.参考案例

浙江恒凯装饰材料科技有限公司旗下品牌——御秀，是专业生产高精端刺绣墙布等布艺的现代化实体型高新技术企业，集产品研发、生产、营销于一体。御秀位于中国高端刺绣工艺的集散地——嘉兴，汲取了苏绣与杭绣的精髓。御秀以“传承刺绣国粹，弘扬刺绣文化”为使命，致力于为民用家居和商业客户提供高雅、尊贵、时尚的艺术化布艺产品。

御秀拥有由职业经理人、高级工程师、生产质量管理专家等组成的高端工作团队。在研发方面，御秀以市场为导向，不断创新；在生产方面，御秀严格按照国际化生产质量管理规范进行生产，视质量为生命；在营销方面，御秀追求“诚信营销”，培养并建立了一支国内一流的营销团队，培育并搭建完善的营销网络，致力于国内及国际市场的开发。“御秀”作为公司的品牌，不断追求品格与价值。御秀刺绣墙布采用高档布料为基材，并结合了中国传统穿针引线的刺绣工艺，以独创的工艺技术将不同颜色的色线巧绣成各种图案，从而塑造出具有雕塑感的刺绣产品。

2017年主要问题：区域不均衡，南方市场启动慢；经销商的动销能力不强；市场竞争激烈，价格提升空间小。

三、实训步骤

第一步，对给定的企业进行考察，特别对分销渠道模式进行实地调查。

第二步，以组为单位重新规划设计这两个企业的分销渠道模式。

第三步，通过PPT的形式，分组进行成果展示。

第四步，由老师和企业的市场渠道负责人对学生设计的分销渠道进行点评，看是否符合企业的实际和产品销售的要求。

第五步，根据老师和企业渠道负责人的点评，各组对其设计的渠道模式进行修订完善，力争拿出一个让企业满意的渠道设计方案，最好能被企业实际采用。

四、实训成果

课堂上陈述调查过程，并展示分析结果；课后提交实训报告。

五、实训评价

据所提交的实训报告、课堂讨论分析的质量进行考核。

考核以A、B、C、D、E五档等级制进行评价。

A：独立完成实训报告，实训步骤、结论正确并有较深入的实训心得阐述，字迹端正，课堂讨论分析表现好。

B：实训步骤、结论正确但无实训心得，字迹比较端正，课堂讨论分析表现较好。

C：实训步骤、结论出现错误较多，字迹比较端正，课堂讨论分析表现一般。

D：不能独立完成实训报告，或实训步骤、结论出现重大错误，或字迹潦草，态度不够认真，课堂讨论分析表现较差。

E：不能完成实训作业，态度很不认真。

六、资料来源

马燕.城市合伙人模式到底是什么，城市合伙人定义及模式详解［EB/OL］.［2020-03-01］. https://www.changchenghao.cn/n/84131.html.

七、延伸阅读

分销渠道的新模式——合伙人制

近几年，城市合伙人的概念兴起，那么到底什么是城市合伙人呢？简而言之，你用自己的资源和企业的模式进行合作，彼此取长补短，互通有无，以达到利益的最大化。城市合伙人实际上是一个利益共同体，共享项目，共同创业。

简单地说，城市合伙人是在传统分销渠道的基础上融合了粉丝经济，会员经济，合伙人制度等一系列中心思想从而形成的新的商业模式。

目前，城市合伙人有三种模式：

1.股权架构上的“合伙”关系。把现成的模式、系统、经验和资源都毫无保留提供出去，并设计合理的机制均分回报及资本收益。

2.“无任何成本式”城市合伙人。该类合伙人并不用与品牌正式签署《劳动合同》，属于非正式编制用人，并不是该公司或者品牌的员工；是借助与整合“货品资源、品牌资源、渠道资源、物流资源等资源”来为自己创业。合伙人不需要支付任何费用，收入采用“无底薪+佣金”的形式。

3.“保证金式”城市合伙人。这个类型的合伙人关系，基本上与第二种类似。唯一的不同在于在成为城市合伙人之前，需要支付一笔加盟保证金。

城市合伙人是有一定门槛的，不仅要对创业者所处的行业要有一定认知，而且要有一定的人际关系，资源甚至是渠道。即使没有相关行业经验，企业管理能力、快速学习能力这些也是需要具备的。

如果想做城市合伙人，创业者又有哪些选项呢？A5创业项目推荐这几个不错的选择：

1.神州土地网招募分站合伙人

神州土地网隶属于神州土地（北京）信息技术有限公司，是国内领先的“互联网+”农村产权流转交易综合服务平台，以农村产权流转交易业务核心，为农村产权供需双方提供交易前信息发布服务、交易中撮合服务和交易后农业金融、农业社会化服务等多种深度型综合服务。

2.点名网招募城市合伙人

点名网是一家专注于城乡O2O生活平台建设及运营的创新型互联网信息科技公司，开发运营点名网同城一站式O2O生活平台，经过两年多的发展，已服务覆盖500万城乡居民，同时赢得了众多合作商家的认可和广大用户的青睐。

3.驾车网招募分站合伙人

驾车网隶属于北京1039科技发展有限公司，1039公司是国内第一家专业从事培训行业标准化软件开发和大型应用性平台的高科技企业，是培训行业信息化建设的最佳合作伙伴。

4.赢商网招募分站合伙人

赢商网创建于2010年，经过多年发展，已成为中国零售商业领域极具影响力的全媒体平台及行业大数据平台。其以媒体和数据双核驱动的模式，通过媒体营销、数据服务、交易撮合、品牌孵化服务于中国零售商业领域的场所端与品牌端，打造“中国零售商业数据生态圈”，旨在不断提升行业效率，与合作伙伴一起推动中国零售商业更加繁荣。

项目三　渠道成员的激励与管理

一、实训目的

1.进一步加深学生从实践层面对分销渠道模式和中间商的理解。

2.培养学生依据中间商的市场覆盖面、经验、知识、能力、信誉、合作意愿以及产品组合情况选择满意中间商的能力。

3.培养学生渠道管理的系统思维能力。

二、实训描述

根据所学知识以及对现实同类企业渠道模式调查所掌握的情况资料，对模拟公司产品的分销渠道模式和中间商进行决策选择。

1.以自愿为原则，6~8人为一组，组建“×××模拟公司”，公司名称自定。

2.根据企业的实力与产品的销售目标，决策确定企业产品的分销渠道模式。

3.根据选择中间商应考虑的因素为企业产品选择满意的中间商。

4.制定渠道招商、运行、激励的相关政策。

三、实训步骤

第一步：渠道结构的设计。

第二步：渠道成员的选择，练习使用综合评价法选择渠道成员。综合评价法打分示例见表4-2。

表4-2　**综合评价法打分示例**

主要评价因素	权重	渠道商1		渠道商2		渠道商3	
		打分	加权分	打分	加权分	打分	加权分
市场覆盖范围	0.20	75		70		90	
信誉与声望	0.10	70		80		80	
销售经验	0.10	85		90		90	
合作意愿	0.15	80		80		70	
产品组合情况	0.10	90		85		80	
财务状况	0.10	80		70		75	
区位优势	0.10	65		70		80	
促销能力	0.15	80		85		80	
总得分	1.00	625		630		645	

第三步：制定渠道的招商、运行和激励等政策，如价格政策、形象政策、区域政策、返利政策、品牌政策等。

第四步：通过PPT形式进行成果展示。

四、实训成果

课堂上陈述调查过程，并展示分析结果；课后提交实训报告。

五、实训评价

据所提交的实训报告、课堂讨论分析的质量进行考核。

考核以A、B、C、D、E五档等级制进行评价。

A：独立完成实训报告，实训步骤、结论正确并有较深入的实训心得阐述，字迹端正，课堂讨论分析表现好。

B：实训步骤、结论正确但无实训心得，字迹比较端正，课堂讨论分析表现较好。

C：实训步骤、结论出现错误较多，字迹比较端正，课堂讨论分析表现一般。

D：不能独立完成实训报告，或实训步骤、结论出现重大错误，或字迹潦草，态度不够认真，课堂讨论分析表现较差。

E：不能完成实训作业，态度很不认真。

六、资料来源

佚名.分销策略的制定［EB/OL］.［2015-08-27］. https://www.docin.com/p-110809491.html.

七、延伸阅读

渠道控制权

在渠道系统中，无论是生产者还是中间商，都希望能获得一定的渠道控制权，以此来谋求更大的利益。但生产者和各类中间商都是相对独立的，都有自己的切身利益，因此，控制权的掌握并非易事。一般来说，能否获得渠道的控制权以及所获得的权力大小主要在于企业的基本实力，即规模与垄断的优势。规模大的企业比规模小的企业获得的控制权要大。具有某种垄断优势的企业——产品垄断（如拥有一种市场潜力大的新产品专利）、市场垄断（如唯一与某个国家签订了合同的出口商）、地域垄断（如某个地区只有一家百货公司）等——比没有这些优势的企业更容易获得较大的控制权。企业的渠道构成多半是充分利用外部力量，即利用代理商、经销商等中间商。这些中间商不是企业的直属单位，不是子公司、分公司，而是合作伙伴。企业总是希望中间商能按自己的意图行事，全心全意替自己销售商品。但中间商为了满足自己追逐利润的需求，很少只销售一家的产品，大多形成自己的产品组合。这些产品的厂家都想让经销商把资金、人员、网络等资源投向自己，扩大自己在当地的市场份额，增加自己的产品在当地的推动力。那么，怎样才能使中间商真正成为企业渠道中的一员，不打折扣地执行企业的渠道战略或较好地完成产品的销售目标，就成了渠道管理中最现实、最重要的内容。企业对渠道的控制一般有以下几种做法：

一、利益控制

中间商一般都是独立的企业，都要求有一定的利益作为保障，除了常规的利益外，也期望获得一些额外的、短期的利益。厂家经常在实施某种特定活动时给予商家一定的附加利益，如举行一次新产品推广活动，活动的难度较大，为了激励商家全力以赴，厂家会提供一些价格优惠、返利或物质支持。厂家可以通过这种短期利益强化与经销商的利益关系，使渠道更稳定。但是从另一方面来说，这种方法开支较高，如果运用不当，可能会滋长中间商对短期利益的追求。企业是否采用一定的短期利益（如返利的做法）须根据企业自身的渠道战略来确定，关于是否要取消与经销商的合作，还得具体情况具体分析。

一般来说，只要经销商还在经营其他产品，他的变动费用在短期就无法大幅减少，房租等固定费用还会发生，折旧还会发生。如果损失了与本企业合作的利润，经销商的整体利润降低，而费用在短期内无法相应降低，则经销商可能会面临亏本的风险。这个时候他一定会充分尊重企业的意见。企业一般可以通过这类利益在一定程度上控制经销商。

二、关系控制

中间商的短期利益是赚钱，长期利益是发展，其目标和生产企业不尽相同。生产企业为了提高营销渠道的运作质量和效率，可以考虑在保证厂商双赢的情况下，从合作的角度来理解和运作生产企业和中间商之间的关系。厂家确保商家获得足够利润和自身价值需求（如社会地位的提升、获得精神荣誉等）的实现，同时要求商家向厂家做出巩固和扩大销售、提高顾客满意度的承诺。厂家以协作、双赢、沟通为基点来加强对销售渠道的控制力，为零售商、消费者提供更具价值的全方位服务，并最终确保整体营销战略目标的实现。关系控制由于具有充分的竞争价值和旺盛的生命力，目前越来越受到企业界的重视。

三、品牌控制

品牌对于很多企业来说是最重要的资产，所以可口可乐公司的老板敢说："把我所有的厂房都烧掉，只要给我可口可乐的牌子，我一样会做到今天的规模。"站在渠道管理的角度上，产品品牌通过对消费者的影响，从而完成对整个渠道的影响。作为经销商也要树立自己的品牌，但是经销商的品牌只能是在渠道中发挥作用，对消费者的作用较少。往往经销商的品牌是附加在所代理主要产品的品牌上的，没有产品品牌和厂家的支持，经销商品牌的价值就会大打折扣。对于经销商来讲，一个品牌响亮的产品的作用是利润、销量和形象，最关键的是销售的效率。一般来讲，畅销产品的价格是透明的，竞争是激烈的，不是企业利润的主要来源。但是畅销产品需要经销商投入的市场推广力度较小，所以经销商的销售成本比较少，还会带动其他产品的销售，从其他产品上获得利润的弥补，同时因为销售速度比较快，提高了经销商的资金周转速度。所以，企业只要在消费者层面上建立了良好的品牌形象，就可以对渠道施加影响，通过这个品牌给经销商带来销售成本的降低，从而带来销售效率的提高，进而达到控制销售渠道的目的。

四、服务控制

生产厂家相对于商家至少在技术、信息、管理经验等方面具有优势，特别是高新技术产品及专业性强的产品，一般来说经销商对于销售这类产品的知识和经验比较缺乏，而这类产品的顾客服务要求较高，相应地对经销商的经营素质也提出了要求。制造厂家可派人在专业知识和营销技巧上向经销商提供指导和培训，并帮助其解决在经营过程中遇到的问题。这样做不仅仅是把产品销售给经销商，也不仅仅是货物流动和资金回笼而是帮助经销商提高销售效率、降低销售成本、提高销售利润，是一种双赢的做法。当厂家能够为经销商提供更为广阔的盈利空间，更多的技术支持、专业培训，更先进的管理措施时，营销渠道才会更稳定、更忠诚、更富有销售力。营销渠道作为厂家关键性的外部资源，并不是简单地采取各种"正面的鼓励"及"反面的制裁"就可以实现管理和控制的。对渠道的管理应以满足渠道成员的需求和欲望为起点，把他们作为厂家的"顾客"来对待，在提供产品的同时，提供更多硬性的支持和软性的服务，从而建立长期的共存共荣的分销合作关系。

例如，柯达不仅向彩扩店小业主提供了技术培训，而且通过自己的努力，帮助千百家彩扩店争取“贷款”，只有通过这样的服务和支持才能建立起“命运共同体”式的通路。以自己特有优势的不断传递来控制渠道，是一种真正意义上的控制，从而有利于渠道的稳定和长期发展。

五、市场控制

许多制造厂家只是借助中间商的力量销售产品，希望实现对渠道的完全控制，但实际上难度较大。比较成功的做法是采取“拉”的策略，也就是牢牢抓住渠道的终点，抓住消费者和零售商，先做市场再做渠道，也就是说倒着做市场。企业直接和当地的零售店接触，建立业务关系，通过直接对零售店的促销活动配合促销广告炒热整个市场，使产品成为畅销产品。这时就不是企业四处去寻找经销商了，而是经销商在看得到的利益和前景的推动下，自会主动上门。因此，主动权掌握在企业的手中，企业可以充分选择，让合适的经销商来管理市场，完成渠道建设。控制了市场就控制了渠道。无论哪一种方法，控制零售店是最根本的目的。要让零售店首先认同产品、认同品牌、认同厂家，而不是首先认同经销商，这样厂家就有把握在经销商出现问题时，把零售切换到新的渠道而不影响销量。

第四节　销售管理技能训练

项目一　年度销售计划的制订

一、实训目的

1.掌握销售计划制订的一般流程及主要内容。

2.锻炼学生合局谋划与资源配置的能力。

二、实训描述

1.案例选择。基于实例实做的理念，选定一家当地知名企业为实训对象，以企业基本资料为背景，进行案例设计，让学生有真题真做的感觉。组织学生参观考察企业，获得更多的一手资料。

2.参考案例。钛马迪公司是一家小规模家具企业，以环保的理念和独特的实木弯曲工艺定位于中高端实木家具领域，在全国共有经销商200家，并在京东开设了线上商城，主要为品牌推广，基本没有销售。2019年全年销售收入约1亿元。公司基于前期良好的市场趋势，未来将重点在华东、成渝、华南三大市场发力，目标是在2020年实现销售收入突破1.5亿元，成为国内实木家具领域具有一定知名度的品牌。公司销售团队人员40人，其中本科学历的员工占56%。2019年公司业务费578万元（含广告费、渠道费和促销费）。

结合对实木家具行业以及市场竞争情况的研究，对2020年1.5亿元销售目标进行分解（渠道、区域、业务团队等），制定一个年度销售计划和年度销售计划行动表（含业务经费预算）。

三、实训步骤

1.自由组建小组，每一小组为3～6人，要求不同性格、不同能力的人合理配置。

2.开展行业分析、竞争分析。

3.制订可选销售方案，进行方案比较选择。

4.制订销售计划和执行方案。

5.制定检查计划、控制制度。

四、实训成果

学生以小组形式提交一份“销售计划”“销售计划表（执行方案）”，并制作PPT进行全班交流。每位同学提交一份个人心得。

五、实训评价

本项目评价分为组间互评（30%）、组内互评（20%）和教师评分（50%）三个部分。主要评价依据见表4-3：

表4-3 **评价指标及权重**

考核依据	建议分值	考核/评价细则
系统性	30%	分析、目标、结构设计、政策设计、管理等内容完整
可行性	30%	内容符合产业、企业的实训，具有较好的可行性，具有较好的应用价值
创新性	5%	能提出一些新颖的想法和做法，即使不具有可行性
工作量	15%	汇报体现出团队进行了很多研究、分析和设计工作，能提供相关证据
现场陈述	20%	现场讲解过程有条理、内容清晰，不只是念PPT

项目二　销售过程体验实训

一、实训目的

1.使学生体验销售的过程，增强对销售过程的理解。

2.让学生通过具体的产品销售、业务开展，掌握一定的业务洽谈技能与商品销售技巧。

二、实训描述

以300元资金为本金，让学生在2周内通过采购商品，并在校园内开展各种形式的形展销售，真实体验经商的过程，完成实践销售的管理过程。

三、实训步骤

1.自由组建小组，每一小组为3～6人，要求不同性格、不同能力的人合理配置。

2.市场调研，选择商品。

3.制订销售计划。

4.组织产品销售。

5.撰写实训总结报告。

四、实训成果

学生分小组提交实训报告，每一位同学同时提交一份个人心得。

五、实训评价

1.实训报告（50%）包括：市场调查、销售计划、实施过程与总结等内容，以及实训过程中的文件、视频等相关佐证材料。

2.个人心得（20%）。

3.经营绩效（30%），根据经营的获利情况给予评价。

六、延伸阅读

工作计划表示例见表4-4。

表4-4　工作计划表示例

品牌定位	彰显个性，独一无二，打造昆明最瞩目的婚礼目的地
市场环境分析	地理位置：坐落于……内，毗邻滇池及诸多风景名胜，如……等，众多购物中心、商业步行街环绕，距离市中心仅……车程 产品价格：人民币……桌，占据市场主力消费群体 竞争对手：
市场目标	

2021年度工作计划

项目	内容	备注	预计周期	2021年												2022年	
				1月	2月	3月	4月	5月	6月	7月	8月	9月	10月	11月	12月	1月	2月
完善自身资源体系	整合市场资源： 1.婚庆市场 2.非婚庆市场	1.婚庆市场包括：婚庆服务，婚纱礼服，婚纱摄影，珠宝，喜品，旅游 2.开拓非婚庆市场：公司会议及晚宴等	40天														
	自媒体开发及投放	微信平台开发．	开发阶段50天 试运营阶段30天														
		自媒体投放及发布	具体推广时间根据推广策略而定														
推广及销售策略	战略合作	借助合作关系释放销售信息和相关活动信息以促进销售	全年														
	媒体广告	根据需求（媒体计划）进行媒体广告投放，增加曝光量及客户认知度	全年														
	节庆活动	1.内部活动：七夕、春节、情人节、圣诞节等重要节庆 2.外部活动	全年														
	公关造势	制造事件及话题，在销售淡季聚集人气，扩大品牌知名度	6-8月														
	公益活动	借助公益事业，提升品牌形象及关注度，提升客户认同感	待定							/							
	大客户销售	进入大型企业事业单位（工会）寻求合作机会	淡季														

第五章

客户服务能力培养模块

第一节　客户关系管理技能训练

项目一　客户投诉处理

一、实训目的

1.通过情景分析和角色扮演体会客户以及客服人员面对客户投诉场景时的心理状态。

2.了解客户投诉分析的思路和技巧。

3.了解处理客户投诉的策略并能在角色扮演中灵活运用。

二、实训描述

实训分为两个过程，第一个过程对以小组为单位的同学给出场景资料要求同学讨论分析该场景下的客户投诉分析结果然后给出投诉处理的策略及处理方法，最后写出实训报告。第二个过程则以小组为单位自行设计具体的投诉问题，每组派出3名同学分角色扮演客户、客服人员和客服经理，对自行设计的投诉问题进行课堂现场演练，最后评选出处理客户投诉最成功的一组。

三、实训步骤

（一）分组并给出投诉场景资料，按步骤分析任务

在课前要求学生温习有关客户投诉的知识点，并要求学生5人一组，在实训课开始后介绍要分析的投诉场景，同时按表5-1列出的要点进行讨论。

表5-1　　客户投诉场景资料及分析框架

情景设置	投诉原因	投诉心理与需求	客户性格类型	运用策略及理由
1.有一个顾客购买了一部手机。大概过了7个月，顾客来找说坏了，手机没有显示。拿到维修部门，维修部发现是电池漏液导致电路板腐蚀，只能更换电路板，但是更换电路板需要返回厂家，可是这款产品厂家已经停产了，于是顾客要求索赔，退货				
2.这个企业的工作人员说：“我们给你调换一个手机。你可以选另外一款同等价格的手机。”客户说：“不行，一定要退钱。”				
3.后来发现，电池漏液造成电路板腐蚀不完全是这个顾客的原因，和产品有一定的关系				

续表

情景设置	投诉原因	投诉心理与需求	客户性格类型	运用策略及理由
4.客服经理没有答应，没想到这个顾客特别难缠，天天闲着没事，每天跑到企业闹，影响企业的正常工作				
5.企业没办法了，就跟客户签了一个保密协议。你可以退货，但你不能把处理结果告诉其他顾客				
请你想一想，企业为何要签这个协议				

（二）角色扮演

以小组为单位，每组派出3名同学，分别扮演客户、客户服务人员、客服经理（当客户不满意、不接受客户服务人员的处理方案或发生冲突时才出场），要求每组设计具体的投诉问题，现场演练处理客户投诉的过程及处理结果。最后由现场同学投票评选出处理客户投诉最成功的一组。

四、实训成果

撰写投诉场景分析报告。根据表5-1所示的情景分析框架分析并形成小组报告，再进行课堂汇报和讨论。报告要求包含每一个环节（第一列5个环节）的所有分析内容（第一行的四种分析内容），外加对最后企业要签订该协议的理解。此过程的目的在于使各小组更深入地掌握投诉的分析方法及应对策略。

五、实训评价

实训的成绩分为投诉场景分析报告和角色扮演演练两个部分，得分构成分别为50%，50%。其中对角色扮演演练的评分以实训现场同学投票数量折算为评分等级，依次为A、B、C、D、E，分别对应90～100分，80～90分，70～80分，60～70分，40～60分的档次，其中小组的每位同学再根据个人表现在小组得分档次上进行增减分。

投诉场景分析报告的评分标准如下：

1. 5个环节对客户投诉的事件能解释清楚并判断准确，如有环节不准确则酌情扣分（20分）。

2. 5个环节能通过客户的描述分析出投诉的心理动机与需求并向客户确认，如有环节不准确则酌情扣分（25分）。

3. 根据5个环节情景分析判断客户的性格类型，要有理有据（15分）。

4. 针对5个环节情景给出的处理策略得当，如有环节处理不当则酌情扣分（25分）。

5. 对最后处理结果（企业要签订该协议）的理解，分析有道理即可（15分）。

实训报告要求：1.25倍行距，正文五号宋体，一级标题三号黑体，二级标题四号黑体，三级标题小四号黑体，A4纸，边距上下2.7厘米，左3.0厘米，右2.4厘米，加实验项目名称作为页眉。

此外，对于参与汇报与汇报提问讨论的同学另有5～10分的加分。

六、资料来源

施志君.电子客户关系管理与实训［M］. 北京：化学工业出版社，2015.

七、延伸阅读

客户投诉分析

客户投诉分析通常可以从客户的投诉原因、客户投诉的心理动机或需求、投诉客户的性格这几个方面来着手。

第一，客户投诉的原因分析，任何事情都需要寻“因”问“果”，客户投诉的原因分析就是寻找这个“因”，即客户为什么会投诉。因此在处理客户投诉的时候除了首先安抚客户的情绪，最重要的就是要仔细倾听客户表达其要投诉的事件或原因的描述，依据对倾听到的事件的分析判断再结合后续对客户投诉诉求的确认来制定处理投诉的方案。首先要肯定的一点是客户当初既然选择与商家打交道，买了商家的产品或服务，说明对商家是信任的，相信商家会给他提供满意的产品和服务。但后来的实际情况与他的预期不相符，在心理上产生抱怨和不满的情绪，从而有了投诉行为。因为投诉本身是对他自己选择的否定，投诉本身就是令客户不快的，因此在处理投诉的过程中，客服人员要充分理解客户的这种充满负面情绪的状态，要安抚客户的负面情绪，然后诚心诚意地倾听客户的投诉表达内容从而弄清不符合客户预期的地方。通常来说，客户的投诉多是出自产品或服务的质量原因、价格原因、与期望的服务上的落差、诚信方面的原因，还有客户自身使用不当或者误解等。

第二，当弄清客户投诉的动机之后，接下来客服人员就需要积极与客户进行沟通，了解客户对于投诉行为的动机以及诉求是什么。一般来说，发泄不满的心理动机是都有的，客户可以通过向商家抱怨和投诉把其不满情绪发泄出来，从而可以部分消解不满情绪。因此需要满足客户的这种心理需求，不要打断客户的发泄，而后尽量塑造愉悦的氛围，感染或引导客户走出低落的情绪。其他一些常见的客户投诉动机还有求尊重的动机、求补偿的动机、求认同的动机、求表现的动机、报复的动机等。在与客户沟通他们诉求的时候要敏锐地从客户的描述中把握客户的投诉动机，并且要与客户确认其投诉动机，明确客户的投诉动机后，才能够结合企业的投诉处理政策和流程进行更有效的投诉处理。

第三，在以上与客户接触的过程中，客服人员还可以观察客户的表现，分析客户的性格特点，从而采取更有针对性的更有效的处理方式。常见的依据性格类型的经典的四种类型划分（感性、理性、优柔、率直）将投诉客户性格分为完美型客户、力量型客户、活泼型客户、和平型客户。

项目二　RFM模型应用于客户分级

一、实训目的

1.通过客户资料的RFM分析进行客户分级的实际操作，使学生了解RFM模型的分析思路和应用价值。

2.通过实际数据分析及形成分析报告的过程熟悉运用RFM模型进行客户分级的实际操作方式。掌握客户分级的理念和分级后营销策略的设计思路。

二、实训描述

1.软硬件要求

系统所需软件环境为Microsoft Windows XP或以上版本并安装Microsoft Excel。

2.任务描述

要求学生通过教师给出的实验用客户资料进行RFM分析的Excel公式命令操作，得到客户分级数据结果并进行结果解读。为各级别客户选择相应的营销策略并提出营销措施，最终形成书面报告。

三、实训步骤

1.客户数据排列及赋值

实训课开始后老师会给出实验用数据，是某公司5 000名客户在2013年以前的销售交易数据经转化为R（最近一次时间），F（交易总次数），M（交易总金额）数据后的实验用数据。首先指导学生对客户数据进行处理，处理步骤如下：

（1）将所有客户按照R值由小到大排列，前50%的客户给予2分，后50%的客户给予1分。

（2）将所有客户按照F值由大到小排列，前50%的客户给予2分，后50%的客户给予1分。

（3）将所有客户按照M值由大到小排列，前50%的客户给予2分，后50%的客户给予1分。

以上的排列工作可以在Excel表格中使用RANK公式来分别实现R，F，M的从小到大排列并得到每位顾客在R，F，M上的排序序号。使用VLOOKUP公式将客户在R，F，M上的排名转换成前50%排名给予2分，后50%给予1分的得分赋值。

然后根据R，F，M的得分情况进行整合，得到8种组合，即2-2-2、2-1-1、2-1-2、2-2-1、1-1-2、1-2-1、1-2-2、1-1-1，其中2-2-2为最好的客户（活跃客户），1-1-1为商家要遗弃的客户；2-1-1为可能需要重点突破的客户；1-1-2为商家要重点维护的客户；其余四种组合（即2-2-1、1-2-2、2-1-2、1-2-1）均属于一般客户，一共得到五种级别的客户。

2.计算每个级别类型中的客户数量

指导学生使用COUNTIFS公式统计划分到以上每个类别中的客户数量从而得到客户分级结果。

从所有客户中随机抽取20名客户作为示范范例，其数据处理思路为，第一步，统计每位客户RFM值得分的类型，见表5-2。

表5-2　**20名客户RFM值得分**

客户ID	R值得分	F值得分	M值得分	RFM值得分
1	2	2	2	2-2-2
2	1	1	2	1-1-2
3	1	1	2	1-1-2
4	1	1	1	1-1-1
5	2	2	2	2-2-2
6	1	1	1	1-1-1

续表

客户ID	R值得分	F值得分	M值得分	RFM值得分
7	1	2	1	1-2-1
8	2	1	2	2-1-2
9	2	2	2	2-2-2
10	1	2	1	1-2-1
11	2	1	1	2-1-1
12	2	2	1	2-2-1
13	2	2	2	2-2-2
14	1	1	1	1-1-1
15	1	1	2	1-1-2
16	2	1	1	2-1-1
17	1	2	2	1-2-2
18	1	1	1	1-1-1
19	2	1	1	2-1-1
20	1	1	2	1-1-2

第二步，将以上客户的RFM值得分类型对应到五种客户分级类型相应的RFM值得分类型中，可以得出每位客户的级别，以及活跃客户、重点突破的客户、重点维护的客户、要遗弃的客户和一般客户五种客户级别的客户分级结果，见表5-3。

表5-3 **客户分级结果**

客户类型	活跃客户（2-2-2）	重点突破的客户（2-1-1）	重点维护的客户（1-1-2）	要遗弃的客户（1-1-1）	一般客户（2-2-1、1-2-2、2-1-2、1-2-1）
客户ID	1、5、9、13	11、16、19	2、3、15、20	4、6、14、18	7、8、10、12、17
客户人数	4	3	4	4	5

3.根据客户分级结果制定营销策略

针对五个级别客户数量的客户分级结果数据，指导学生进行结果解读并制定营销策略。针对不同级别类型的客户，应该采取不同的应对策略，见表5-4。

表5-4 **不同级别类型客户的特征及相应营销策略**

客户类型	特征	营销策略
活跃客户	活跃客户是潜在价值和当前价值都很高的客户，是店铺的核心客户，这类客户的特征是与店铺之间的关系持久、稳定	实施战略联盟策略，使商家与客户形成一个战略伙伴合作关系。商家在制定经营战略时，要时刻把最优客户考虑在内，要关注到最优客户的价值利益
		实施客户专案管理策略，成立客户专案小组，处理并管理活跃客户在交易中发生的事情，为这些超级客户及时提供符合其要求的商品或优质的服务
		建立优良客户数据库系统，加强对客户文化的研究
		实施客户信息保密策略，维护客户利益

续表

客户类型	特征	营销策略
重点维护客户	重点维护客户也是店铺利润的一个主要来源，虽然它的当前价值很低，但是潜在价值很高	实施以提高客户份额为中心的客户忠诚度计划。充分利用店铺已有的客户信息数据库进行有效的数据挖掘工作，找出客户的深层次需求，以此来扩大此类客户在店铺客户总数中所占的份额
		实施频繁营销策略，提高客户的当前价值
		实施客户维系策略，降低客户成本，为客户提供更高的让渡价值
重点突破客户	重点突破客户的当前价值很高，但是潜在价值很低，是值得商家深度挖掘的一类客户	实施客户培养计划，促进客户的成长。针对已经区分出的有较高潜在价值的重点突破客户制定营销策略，使客户的潜在价值转化为当前价值，扩大对客户销售的宽度（购买的种类）和深度（购买的数量），使客户产生重复购买
		实施客户亲近策略，深化商家与客户的情感联系。商家通过各种途径保持与客户的密切接触，建立一种亲善的关系
		定期进行客户分析，提高重点突破客户向重点维护客户的转化率。商家需要定期对这些客户的价值进行分析，通过对重点突破客户的培养，双方会慢慢建立起一种持续、稳定的关系，此时客户的潜在价值会慢慢转化为当前价值
一般客户	当前价值和潜在价值都不明显的一类客户	商家可以采取“坚决保留”的做法。要仔细研究客户的当前价值和潜在价值，运用适当的策略去对待这类客户，争取将一般客户转化为重点突破客户、重点维护客户甚至是活跃客户
要遗弃的客户	当前价值和潜在价值都很低的一类客户	此类客户虽然不会给店铺带来价值和利益，但也不会消耗店铺的资源，可以不对其制定任何策略

最终结合表5-4给出具体的每个级别客户的营销策略和措施，形成最终报告，在报告内容中要求有客户分级结果和每个级别客户的营销策略和措施。

四、实训成果

每一位同学提交包含分析结果的实训报告和个人实训心得。

五、实训评价

实训的成绩以实训报告得分来计算，评分标准如下：

1.客户分级结果正确（30分）。

2.策略选择正确，并能解释其与该客户级别RFM模式间的策略选择思路（30分）。

3.营销措施与该客户级别营销策略能对应，并且可行性强（30分）。

4.报告格式规范美观，语言流畅（10分）。

实训报告要求：1.25倍行距，正文五号宋体，一级标题三号黑体，二级标题四号黑体，三级标题小四号黑体，A4纸，边距上下2.7厘米，左3.0厘米，右2.4厘米，加实验项目名称作为页眉。

六、资料来源

［1］徐奕胜，刘雨花，杨慧桢.电子商务客户关系管理［M］. 北京：人民邮电出版社，2018.

［2］ WAYNE L.WINSTON.Excel营销数据分析宝典——大数据时代下易用、超值的数据分析技术［M］. 蒲成，译.北京：清华大学出版社，2015.

［3］佚名.RFM模型［EB/OL］.［2020-05-15］. https://wiki.mbalib.com/wiki/RFM模型.

七、延伸阅读

RFM分析模型解析及应用

根据美国数据库营销研究所Arthur Hughes的研究，客户数据库有三个神奇的要素，这三个要素构成了数据分析最好的指标，即最近一次消费（Recency）、消费频率（Frequency）和消费金额（Monetary）。

最近一次消费：取出来的数据是一个时间点，需要由当前时间点即最近一次消费时间点来作为该度量的参考值，无论是以小时还是天为单位，都要注意单位选择的统一。

消费频率：将用户的消费次数作为计算对象，使用EXCEL表格中的COUNT函数即可得出。

消费金额：将每位客户所有消费的金额相加（SUM，求和函数）求得。

获取三个指标的数据以后，需要计算每个指标数据的均值，分别以AVG（R）、AVG（F）、AVG（M）来表示，最后通过将每位客户的三个指标与均值进行比较，可以将客户细分为八类，见表5-5。

表5-5 RFM客户类型划分

Recency	Frequency	Monetary	客户类型
↑	↑	↑	重要价值客户
↑	↓	↑	重要发展客户
↓	↑	↑	重要保持客户
↓	↓	↑	重要挽留客户
↑	↑	↓	一般价值客户
↑	↓	↓	一般发展客户
↓	↑	↓	一般保持客户
↓	↓	↓	一般挽留客户

注：“↑”表示大于均值，“↓”表示小于均值。

RFM模型较为动态地显示了一个客户的全部轮廓，这为客户提供个性化的沟通和服务提供了依据。同时，如果商家与该客户打交道的时间足够长，也能较为精确地判断该客户的长期价值（甚至是终身价值），通过改善三项指标的状况，从而为更多的营销决策提供支持。RFM非常适用销售多种商品的卖家，而且这些商品单价相对不高，如消费品、化妆品、服装和零食等。它也适合只有少数耐用品的卖家，但该耐用品在使用过程中会消耗其他消耗品，如打印机要消耗墨盒、硒鼓，汽车要定期保养更换机油和滤清器等。这些消耗品的购买频率会比耐用品高出很多，这就便于使用RFM模型进行统计数据分析。具体来说，RFM模型在运营中发挥的作用主要表现在以下方面：

一、降低营销成本

在客户运营中，营销是非常重要的一部分。对于营销而言，成本又至关重要。很多电商企业习惯使用短信作为向客户推送营销活动的主要手段，虽然单条短信成本低，但当客户整体量级较大时批量发送的成本会很高，短信发送整体的ROI可能会小于1。这时就要想办法缩小客户范围，向最容易转化且转化后带来收益更高的客户进行精准投放，这时最近消费过的、消费频次高的及消费金额高的用户就是最好的选择群体。

二、管理用户生命周期

从客户活跃度角度来看，最近有过消费行为的客户后续转化的可能性最大。而客户如果一段时间没有消费，就会变成沉默客户。如果沉默客户的体量在逐渐增加，那么是一个危险的信号。如果不想办法转化这部分沉默客户，那么他们很有可能会变成流失客户转移到别的平台，而未来想要再挽回这部分客户的成本将会变得非常高。所以，对于近期没有消费的客户来说，要想办法找到这部分客户所遇到的问题，或者针对性地去做营销，促使客户再次实现消费行为。

三、促进新客户的再次转化

其实很多电商数据也能证明，想把一个新客户转化为活跃客户，至少需要客户完成3～5次消费。客户的使用习惯、品牌信任度会随着使用服务次数的增加而增加，所以对于辛辛苦苦花费了很高的市场营销费用拉过来的新客户，一定要想方设法地促进他们完成多次消费。方法有很多，如可以专门针对这部分客户提高服务水平，给他们更大的优惠幅度，设置新客户购买奖励等。想办法提高新客户的消费频次，尽可能地留住他们，让他们成为有价值的客户。

四、提高高价值客户的留存

消费金额越高的客户，越是重点客户，越应该特别对待。例如，在很多店铺中都有VIP客户或者把客户分为金牌、银牌等级，让高端客户享受特权的体验。也有些店铺VIP体系不对外开放，但也会针对高价值客户提供一些特殊服务，如客服电话优先接入、退款优先到账等，这些都是想要挽留高价值客户的体现。

当然，并不是说对于普通客户就不需要考虑服务质量，要知道如果把服务水平从标准提升到优质，那么成本会成倍提升，而把更好的服务提供给更有价值的用户是一个有性价比的选择。

项目三　客户满意度研究

一、实训目的

1.通过调查问卷的设计，懂得权重在计算客户满意度指数中的重要性和计算方法，掌握利用加权平均法计算客户满意度指数。

2.掌握客户满意度指数结果的分析解读，通过满意度调查的实施提出改进企业客户服务工作的措施，从而不断提高客户满意度。

二、实训描述

要求同学们以小组为单位，每10人一组选择市场上真实的商场门店，讨论影响商场顾客满意度的因素并设计基于权重计算的满意度调查问卷。小组讨论得出各因素的权重分布，将小组内的每人对问卷各因素的满意度打分平均值作为各因素得分分值，基于以上数据每个小组计算出该组的满意度指数，同时对结果进行解读提出营销建议并形成报告上交。

三、实训步骤

1.讨论商场的客户满意度影响因素及问卷设计

（1）首先进行分组（10人一组）讨论影响顾客对商场经营满意度的因素有哪些？

（2）结合各组讨论的影响因素要求学生对某一商场的客户满意度设计一份调查问卷，以了解客户对该商场在这些影响因素等指标方面需求的满意程度。

（3）各组汇报，看看各组之间考虑的因素是否齐全、合理、有启发？教师点评，再结合客户满意度调查查阅有关文献，并提出修改建议。以上述工作为依据，每一组修改该商场的客户满意度调查表。客户满意度程度按5梯级设计：很满意、满意、一般、不满意、极不满意，分值分别是10，8，6，4，2。

例如：你对该商场的服务态度满意吗？

A.很满意　B.满意　C.一般　D.不满意　E.极不满意

2.计算权重及满意度指数

（1）计算权重

每组学生要给本组设计问卷中的各项需求指标的重要性赋予一定的分值（赋分多少，完全由学生自己确定，可在1~10分确定，每组算出该项指标的重要性平均值），并在此基础上算出各项需求指标的权重。

某项需求指标的权重=（该项需求指标的重要性分值÷所有需求指标的重要性分值之和）×100%

表5-6给出了某超市的客户满意度权重计算示例。

表5-6　**某超市的客户满意度权重计算表**

需求	重要性分值	权重（%）	需求	重要性分值	权重（%）
地理位置	9.4	13.70	员工帮助	8.3	12.10
商品范围	9.2	13.41	停车	7.9	11.52
价格水平	9.1	13.27	员工形象	7.3	10.64
商品质量	8.9	12.97	总计	68.6	100
结账时间	8.5	12.39			

（2）计算满意度指数

每一个学生都要完成本组所设计的客户满意度调查表，并计算出每一个需求指标的满意度分值（即以组为单位，计算出每一个需求指标的平均满意度分值），然后将每个满意度分值乘以相应的权重，从而计算出该项需求指标的满意度指数的加权值，最后把所有需求指标的加权值相加就得出加权值合计数，这个合计数就是客户对该商场的满意度指数。表5-7给出了某超市的客户满意度指数计算的示例。

表5-7　某超市的客户满意度指数计算

需求	满意度分值	权重（%）	加权值
地理位置	9.2	13.70	1.26
商品范围	7.9	13.41	1.06
价格水平	8.8	13.27	1.17
商品质量	9.1	12.97	1.18
结账时间	7.4	12.39	0.92
员工帮助	7.7	12.10	0.93
停车	8.6	11.52	0.99
员工形象	8.5	10.64	0.90
总计	67.2	100	8.41
满意度指数			8.41

3.对满意度指数结果进行解读并提出经营管理建议

要求每组讨论解读自己小组计算出的满意度指数结果并提出经营管理建议。解读结果包括顾客认为该商场的哪些需求比较重要，重要性越高，权重是否就越高？顾客对该超市哪方面的满意度较高？经营管理建议则是如何结合满意度指数解读结果提出哪些方面需要改进和加强管理，从而进一步提高顾客满意度。

四、实训成果

最终每个小组将问卷，指数计算及结果解读建议等内容进行整理并形成实训报告上交。实训报告要求：1.25倍行距，正文五号宋体，一级标题三号黑体，二级标题四号黑体，三级标题小四号黑体，A4纸，边距上下2.7厘米，左3.0厘米，右2.4厘米，加实验项目名称作为页眉。

五、实训评价

实训的成绩以实训报告得分来计算，评分标准如下：

1.问卷设计因素全面，选项设计合理（30分）。

2.满意度指数计算正确（30分）。

3.结果解读正确，建议措施的提出有针对性，可行性强（30分）。

4.报告格式规范美观，语言流畅（10分）。

此外对于参与汇报与提问讨论的同学另有5～10的加分。

六、资料来源

[1] 施志君.电子客户关系管理与实训［M］.北京：化学工业出版社，2015.

[2] 吕红桥.2019年C-CSI中国顾客满意度指数研究成果发布［EB/OL］.［2019-10-

23]. https://baijiahao.baidu.com/s? id=1648178088335189809&wfr=spider&for=pc.

七、延伸阅读

2019年C-CSI中国顾客满意度指数研究成果发布

品牌评级机构Chnbrand 22日发布2019年（第五届）中国顾客满意度指数（C-CSI）品牌排名和分析报告。历经两年连续回落后，本年度C-CSI得分74.0分，呈现上升趋势。其中，耐消品行业得分最高，为74.5分；服务行业得分为74.3分；快消品行业得分最低，为73.5分。

C-CSI的计算是基于消费者对要素满意度（产品、服务及品牌形象）、总体满意度和忠诚度三者的评分，而这三者分别指向具体的产品/服务评价、综合感受，以及再购行为意向。2019年中国顾客满意度调查数据结果显示，C-CSI平均得分74.0分，较去年上升4.4分，与美国和韩国差距正在缩小。拆解指标发现，上升更多来自要素满意度的提升，尤其是产品和服务的满意度。

2019年的C-CSI研究共覆盖了三大行业的214个细分品类。其中，快消品行业包含91个细分品类，耐消品行业包含47个细分品类，服务行业包含76个细分品类。本年度耐消品行业满意度表现最佳，服务行业次之。

从C-CSI品类第一名的品牌归属地来看，2019年中国品牌持续发力，在214个品类第一名中，71%由中国品牌获得，相比去年增长3.9%。其中，广东占据41席，位列满意度品牌第一；北京占据38席，位列第二；上海和山东以11席和10席分列第三、第四。而在中国品牌中，老字号品牌的激活再造效果显著。云南白药（牙膏）、同仁堂（感冒药）等老字号品牌，一方面积极开展价值激活、品牌赋能与年轻化升级行动；一方面不断优化、深耕品牌体验，在满意度上表现出较好的成长力，并赶超国际品牌，摘得2019年C-CSI顾客最满意品牌的桂冠。

2019年C-CSI研究成果还显示，在所有代际人群中，95后满意度得分最低，为71.4分；其次为70前，为71.8分。95后正处于人生阶段的向上攀升期，“自我扩张需求”高速膨胀，需要通过更好的品牌、产品及服务体验，不断完善自我、表达自我、成就自我，构建理想生活。当企业所提供的产品与服务体验无法满足消费群体高速增长的扩张需求时，就会为品牌带来消极的感知与评价。如何抓住这个人群的核心需求，引导并满足期望，是提升品牌满意的关键所在。

报告还指出，接下来，聪明的品牌要能够深刻洞察消费者的“自我扩张需求”，识别用户在不同人生阶段的核心痛点，并围绕生活方式场景，积极开展体验旅程的设计与管理，以优质的产品、服务体验，帮助消费者塑造更好的自我，共建理想生活，拉近品牌关系，为品牌建立强有力的竞争壁垒。

项目四　会员体系设计及会员积分管理

一、实训目的

1.要求学生从自选商家的会员体系设计和积分管理规则的设计中，理解会员体系对客户忠诚的增强作用如何实现。

2.通过实训使学生熟悉会员体系设计的要点和流程，并能初步进行会员体系设计的实践工作。

3.通过实训使学生熟悉会员积分管理规则的设计要点，并能初步进行会员积分管理的实践工作。

二、实训描述

要求同学们以小组为单位，每5~8人一组选择市场上的真实商家（可以是零售业或者服务性行业的门店），并收集该店现有会员制度和积分管理制度的有关资料，在现有资料的基础上结合所学理论知识进行分析点评，然后在此基础上为该店设计新的会员制度和积分管理制度，或者在原制度的基础上提出改进方案，从而形成新的会员制度和积分管理制度。

三、实训步骤

1.选择真实商家，收集该企业会员体系及积分政策的资料

分好小组后，以小组为单位（每组5~8人）选择市场上的真实商家（可以是零售业、电商零售或者服务性行业的门店等这些有会员体系的行业）。收集该商家的现有会员制度和积分管理制度的资料，诸如网站上关于会员体系的说明材料，去店家门店收集入会条件和积分制度等宣传单或会员管理政策的宣传招贴，询问店家的客服人员以了解店家的会员政策等。

2.整理分析商家的会员体系及积分政策资料并提出问题

要学生整理收集的资料，从以下角度进行分析并总结问题，最后形成书面分析报告并进行课堂汇报和讨论。分析的角度包括会员等级方案及问题分析（会员是否有入会条件限制，会员层级划分的相应条件及人数比例设计，会员成长模式的设计）、会员权益设置问题分析（权益类型及其在不同等级会员中的设计体现）、会员政策的传播方案及问题分析（会员政策传递的接触点、传播方式）、会员积分管理方案及问题分析（会员积分生成渠道及作用，积分兑换政策及效果）。此过程的目的在于使各小组准确认识会员体系和积分计划的构成内容，并能在分析过程中了解如何实现会员体系和积分计划对客户忠诚的促进作用。

3.改进现有会员体系积分政策或新建现有会员体系积分政策

在第二个步骤的基础上，提出现有会员体系积分政策需要改进的点，以确定是可以在原有体系政策上改进还是需要重新建立会员体系和积分政策。无论是改进还是新建，最终都要形成一套完整的有关会员体系建立和积分政策设置的报告，内容包括会员等级方案（会员的入会条件限制，会员层级划分的相应条件及人数比例设计，会员成长模式的设计）、会员权益设置（权益类型及其在不同等级会员中的设计体现）、会员政策的传播方案（会员政策传递的接触点，传播方式）、会员积分管理方案（会员积分生成渠道，积分兑换政策）。内容模块与分析模块一样，只是不需要分析，只要陈述设计内容。报告最后要说明新的会员体系积分政策与原有会员体系积分政策相比，在哪些地方做出了改进。如果是在原有体系上的改进，那么需要说明新会员政策的实施如何与旧会员体系兼容。

四、实训成果

最终每个小组将问卷、指数计算及结果解读建议等内容整理形成实训报告并上交。实训报告要求：1.25倍行距，正文五号宋体，一级标题三号黑体，二级标题四号黑体，三级标题小四号黑体，A4纸，边距上下2.7厘米，左3.0厘米，右2.4厘米，加实验项目名称作为页眉。

五、实训评价

实训的成绩分为原有会员体系积分政策分析报告和新会员积分政策计划设计方案两个部分，得分构成分别为40%，40%。其余20%得分主要是看分析报告和新方案设计之间的逻辑一致性。这两个部分的内容模块一致，因此评分标准统一如下：

1.内容模块及模块内相应项目齐全（30分）。

2.分析报告各项目内的相应资料丰富/新方案设计中每个项目的政策描述具体且有实施细节（30分）。

3.分析报告的分析思路清晰，问题总结明确、逻辑清晰；新方案的整体设计逻辑清晰，目的明确、有效，对于更新之处的描述清楚，方案整体可行性强（30分）。

4.报告格式规范，语言表达流畅（10分）。

实训报告要求：1.25倍行距，正文五号宋体，一级标题三号黑体，二级标题四号黑体，三级标题小四号黑体，A4纸，边距上下2.7厘米，左3.0厘米，右2.4厘米，加实验项目名称作为页眉。

此外对于参与汇报与汇报提问讨论的同学另有5～10分的加分。

六、资料来源

徐奕胜，刘雨花，杨慧桢.电子商务客户关系管理［M］. 北京：人民邮电出版社，2018.

七、延伸阅读

电子商务零售业的会员体系的作用

在日常生活中，当我们在大卖场或大型超市购物时，基本上都会看到一个办理会员卡的柜台，成为卖场或超市的会员后，会定期收到卖场或超市寄来的商品宣传册，在购物时可以凭会员卡享受部分商品的会员价，或者参与到一些积分累计、换购、抽奖的活动中。有些会员体系比较完善的卖场或超市，甚至还会有满额晋升、生日送好礼等不同种类的会员福利政策，这些措施在很大程度上提升了客户对卖场或超市的忠诚度。

电子商务与传统零售行业一样，其本质都是零售、交易，都是通过寻找和锁定目标客户，为目标客户提供好的商品或服务，从而促成交易。为了提升电子商务用户的活跃度，进而提高交易转化率，会员体系在整个CRM中占据着重要地位。

商家通过建立会员体系，可以更加有效地掌握会员客户的资料，从而了解客户的兴趣爱好和消费习惯，挖掘客户的意向需求。同时，商家可以进行客户分层，为不同客户提供优质的个性化服务。在开始设计会员体系之前，商家应该考虑清楚以下问题。

- 这套会员体系能为客户带来什么价值，这个价值是否是客户迫切需要的？
- 设计的会员体系通过什么渠道触达客户，让客户尽可能多地成为会员用户？
- 在满足客户基于会员体系享受折扣等特权服务的基础之上，这套体系能给自己的店铺创造多大的价值，带来多大的销售量增长？

考虑清楚以上三个问题后，再来思考是否真的要创建一套会员体系及如何设计执行层面的问题（而不是一上来就头脑发热地建立一套会员成长体系），建成之后要提高多少交易额，活跃多少体量的用户。会员体系的设计首先应该基于客户目标，提出一套解决方案，满足客户核心需求，创造客户价值。

概括来说，创建会员体系具有以下三大作用：

1.收集会员资料。了解会员兴趣爱好和消费习惯，挖掘会员潜在的购物需求，同时在运营层面对会员客户进行分层，从而针对不同层级会员进行精细化运营管理。

2.提升客户留存。以积分、成长值、经验值等方式刺激和引导客户完成设计会员体系之初期望客户完成的相关动作，以促其积分、成长值的获取和增长，同时提高会员级别，以提升客户活跃度。

3.促成会员交易增长。会员成长值可以兑换积分、领取优惠券，以及享受各级别会员服务。商家可以为会员客户提供与普通客户差异化的商品或服务，从而促成会员的交易增长，同时提升会员的荣誉感与被尊重感。因此，商家在设计会员体系之初，需要分别从商品和客户两个方面达成两大目标。从商品的方面来说，通过完善会员体系，提升客户活跃度，提升客单价或店铺总销量，核心为“交易额”，这是在设计会员体系时对于“产品价值或核心业务目标”层面的思考。从客户方面来说，客户通过获取积分、成长值等，提升会员级别，以折扣价格购买商品及享受其他普通客户无法享受的服务，其核心为“折扣和好商品、好服务”，这是设计会员体系时在“客户价值”层面的考虑。

项目五　CRM软件操作

一、实训目的

1.通过软件操作对CRM系统的大概功能有一个清楚认识。

2.学生通过CRM系统的使用能更深刻地理解客户关系管理中的以客户为中心，并关注客户长期关系的核心理念。

二、实训描述

1.软硬件要求

wiseCRM企能客户关系管理系统。系统所需软件环境为Microsoft Windows XP或以上版本并安装Microsoft Excel。

2.实训任务描述

CRM系统支持用户从市场活动、营销策划，到挖掘机会、跟踪客户、达成交易，到支持服务，最后直至企业管理层的决策支持；可以说涵盖了用户市场、销售、服务和决策部门的所有业务流程。目前市场上开发的CRM系统很多，但是从总体上来说主要的功能是相同的。本项目要求学生分别从销售人员、销售经理和服务工程师的角度在wiseCRM软件中进行客户关怀、客户信息管理、日程安排、客户投诉处理的实际操作。

三、实训步骤

1.分角色熟悉系统流主要流程

图5-1、图5-2、图5-3和图5-4分别是不同工作岗位人员的工作流程示意图。

（1）销售人员工作流程

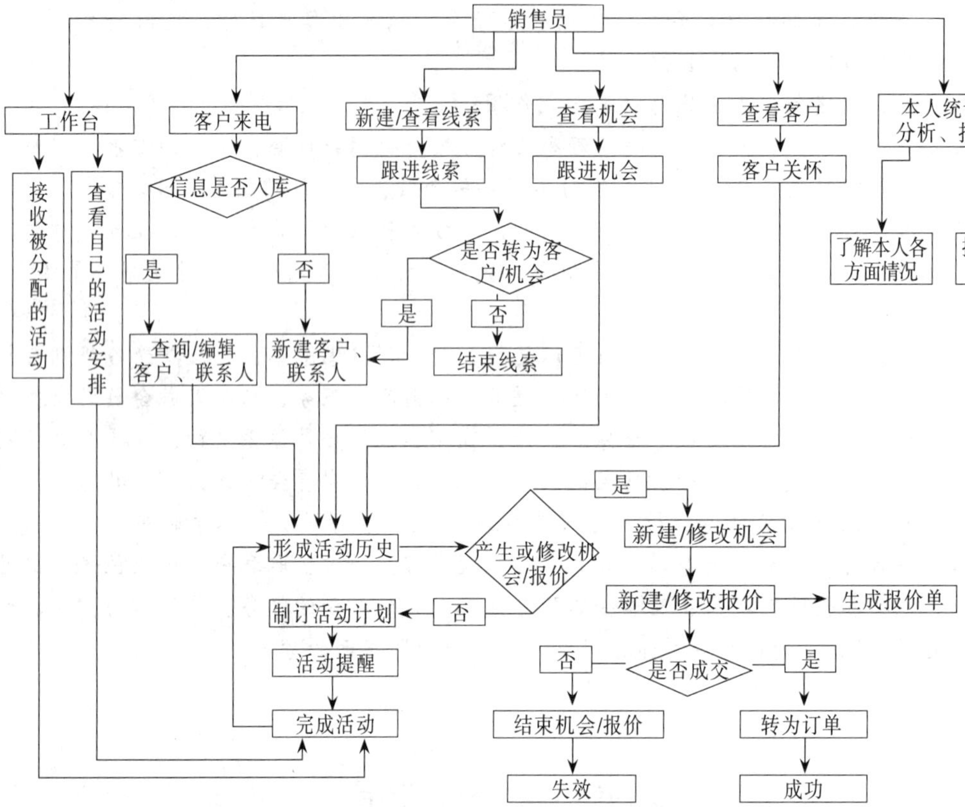

图5-1　销售人员工作流程图

（2）销售经理工作流程

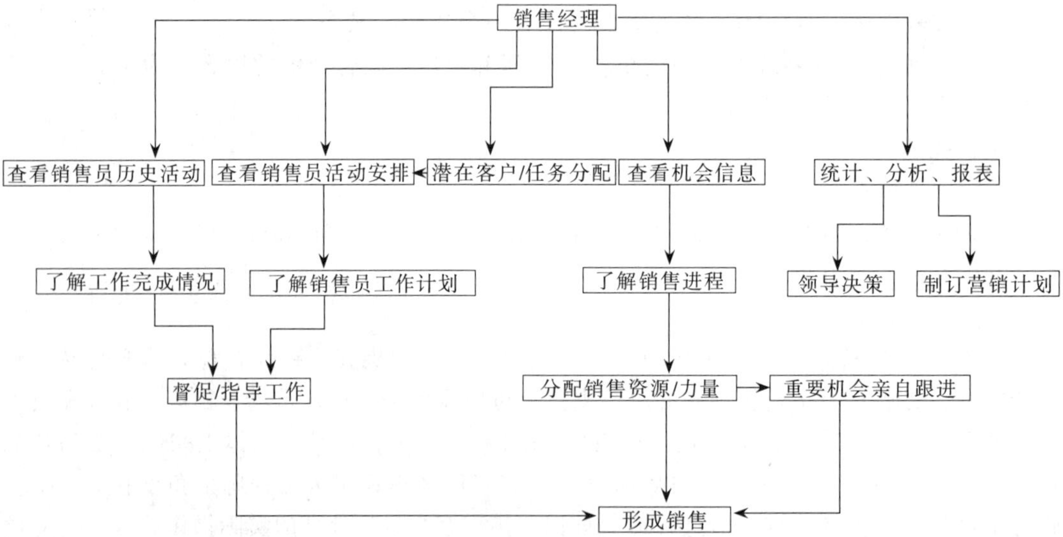

图5-2　销售经理工作流程图

（3）服务工程师工作流程

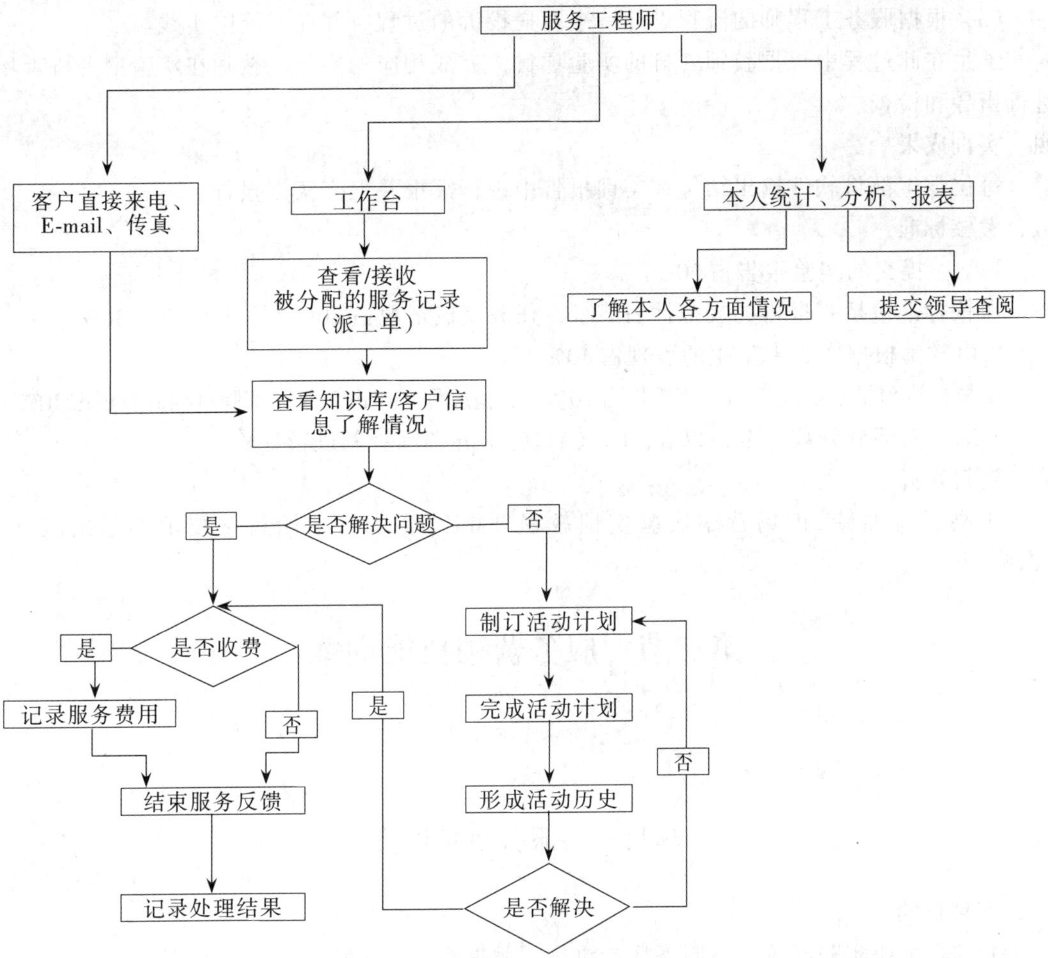

图5-3　服务工程师工作流程图

（4）服务经理工作流程

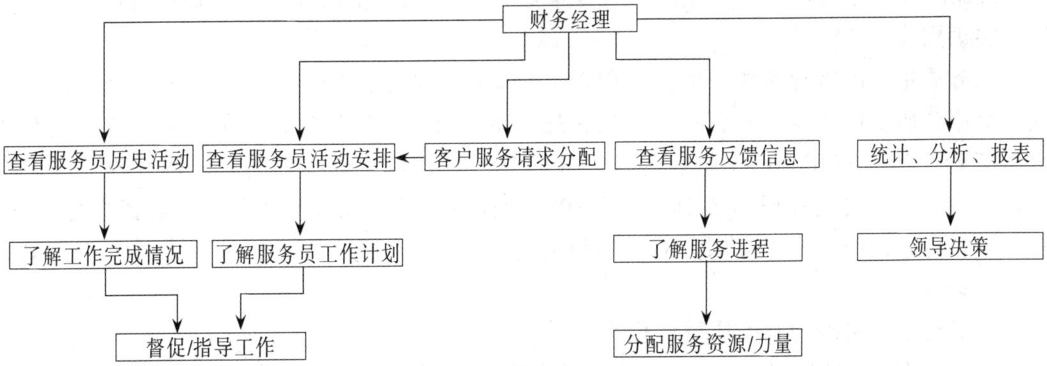

图5-4　服务经理工作流程图

2.在软件中完成实验任务操作

实验任务包括：客户关怀、客户投诉、日程安排。

（1）根据销售人员的流程，设计一个日程安排。

（2）根据销售经理的流程设计一个客户关怀的过程，并在系统中实践。

（3）根据服务工程师的流程设计一个客户投诉的过程，并在系统中实践。

学生在此过程中根据教师安排的实验项目，完成相应的操作，教师在实验室上机现场进行指导和检查。

四、实训成果

每位学生都将软件输出结果在实训报告中进行汇报并上交实训报告。

五、考核标准

1.学生提交的实验报告占60%。

考核标准包括：报告的规范性占10%，任务完成情况占20%，个人体会占30%。

2.由教师根据实验中学生的表现占40%。

考核标准包括：实验参与的积极性占10%，实验过程纪律占10%，实验过程的表现占20%。

3.综合两部分分数，考核以A、B、C、D、E五档等级制进行评价。

六、资料来源

王亮，陈兆荣.市场营销实验实训教程［M］.合肥：中国科学技术大学出版社，2016.

第二节　服务营销技能训练

项目一　服务质量评价

一、实训目的

1.结合企业实践深入理解服务质量维度，掌握衡量服务质量的操作技能。

2.运用顾客期望与顾客感知的相关理论知识对现实问题进行分析。

3.加深对服务质量差距模型的理解，掌握SERVQUAL量表在服务企业中的应用。

二、实训描述

服务质量是顾客评价服务的主要因素。有关服务质量的研究一直是服务营销的重点领域。对服务质量的测定是对营销人员的挑战。本项目的实训教学，以某一服务企业或者品牌为背景，利用SERVQUAL量表为其设计问卷，对顾客进行调查问卷，调查顾客对该服务企业或服务品牌的期望与感知。使用SPSS软件或者其他软件对所收集的数据进行分析，并得出结论，同时给出提高服务质量的相关建议。

三、实训步骤

1.组建分工明确的服务质量评价小组

提前安排学生以6人一组，尽量将不同性格、不同背景和不同能力的人进行合理配置，选取组长并明确每个人的分工。每个组选择一个嘉兴现有的银行进行服务质量评价。

2.服务企业或者品牌服务质量评价指标的建立

本次实训在SERVQUAL模型的基础上，结合服务企业或者品牌服务的特点，从顾客角度出发，通过对顾客的感知与期望研究，根据顾客所见、所闻、所感，找到影响服务质量的主要因素，对于那些服务企业或者品牌内部的业务处理过程，顾客是无法看到、听到或感受到的，也不是顾客所关心的，所以不在测量范围之内。同时根据银行临柜服务的特征，对以上SERVQUAL五维度进行了修正，总结适合服务企业或者品牌服务质量的评价指标。

3.服务企业或者品牌服务质量预调研

在正式调研之前，实训设置了一个测试阶段，主要注意以下六点：看题量设置是否合理；看有没有令顾客理解困难的问题；看有没有该问而没有问的问题；看有没有不该问而问了的问题；看留给开放式问题的空间是否够充足，如果顾客的答案较长则应增加空间。

4.服务企业或者品牌服务质量评价

调研的询问地点选择，发放问卷，并回收统计数据，给出关于服务企业或者品牌服务质量的各维度数据。对数据进行分析、评价，并提出相应的改进提升意见。

四、实训成果

1.各小组代表陈述服务质量评价结果。

2.各小组代表陈述结果。陈述时间为10分钟，陈述要求：

（1）报告服务企业或者品牌服务质量现状；

（2）给出提升服务企业或者品牌服务质量的对策；

（3）教师对每一组做的报告进行简单点评，点评时间控制在3分钟。

3.各小组提交修改后的实训报告。实训报告要求：1.25倍行距，正文五号宋体，一级标题三号黑体，二级标题四号黑体，三级标题小四号黑体，A4纸，边距上下2.7厘米，左3.0厘米，右2.4厘米，加实验项目名称作为页眉。

五、实训评价

根据课堂讨论分析的质量和研究报告进行考核。

考核以A、B、C、D、E五档等级制进行评价。

A：独立完成实训报告，实训步骤、结论正确并有较深入的实训心得阐述，字迹端正。

B：实训步骤、结论正确但无实训心得，字迹比较端正。

C：实训步骤、结论出现错误较多，字迹比较端正。

D：不能独立完成实训报告，或实训步骤、结论出现重大错误，或字迹潦草，态度不够认真。

E：不能完成实训作业，态度很不认真。

此外对于参与汇报与汇报提问讨论的同学另有5～10分的加分。

六、资料来源

［1］李克芳，聂元昆.服务营销学［M］.北京：机械工业出版社，2015.

［2］佚名.SERVQUAL模型［EB/OL］.［2020-03-26］. https://baike.baidu.com/item/SERVQUAL%E6%A8%A1%E5%9E%8B/10154857? fr=aladdin.

七、延伸阅读

SERVQUAL模型

SERVQUAL为英文“Service Quality”（服务质量）的缩写。SERVQUAL模型是衡量服

务质量的工具，它的五个尺度为有形性、可靠性、响应速度、信任和移情作用。

SERVQUAL理论是20世纪80年代末由美国市场营销学家A.Parasuraman、Zeithaml和Berry依据全面质量管理（Total Quality Management，TQM）理论在服务行业中提出的一种新的服务质量评价体系，其理论核心是“服务质量差距模型”，即：服务质量取决于用户所感知的服务水平与用户所期望的服务水平之间的差别程度（因此又称“期望－感知”模型），用户的期望是开展优质服务的先决条件，提供优质服务的关键就是要超过用户的期望值。其模型为：Servqual分数=实际感受分数–期望分数。SERVQUAL将服务质量分为五个层面：有形设施、可靠性、响应性、保障性、情感投入，每一层面又被细分为若干个问题，通过调查问卷的方式，让用户对每个问题的期望值、实际感受值及最低可接受值进行评分，并由其确立相关的22个具体因素来说明它。然后通过问卷调查、顾客打分和综合计算得出服务质量的分数。

近10年来，该模型已被管理者和学者广泛接受并采用。该模型以差别理论为基础，即顾客对服务质量的期望，与顾客从服务组织实际得到的服务之间的差别。模型分别用五个尺度评价顾客所接受的不同服务的服务质量。研究表明，SERVQUAL适合于测量信息系统服务质量，SERVQUAL也是一个评价服务质量和用来决定提高服务质量行动的有效工具。

项目二　服务营销组合要素中的人

一、实训目的

1.理解服务营销组合中的“人”的要素的内涵。

2.思考服务人员对企业的重要性。

3.加深理解利润、收入增长、顾客忠诚度、顾客满意度、顾客获得的产品以及服务的价值、员工的能力、满意度、忠诚度、劳动生产率之间的关系。

二、实训描述

在服务营销的7Ps组合中，“人”的要素是比较特殊的一项。对于服务企业来说，人的要素包括两个方面，即服务人员和顾客。与产品营销相比，服务营销最重要的变化是不存在事先产出的产品，不存在既定的基准展开营销。员工和服务软硬件设施只有在与顾客同时互动的过程中才能发挥作用，创造价值。要求分为两个讨论辩论组，以“对于服务企业来说，员工重要还是顾客重要”为论点进行辩论。

三、实训步骤

1.赛前：确定正反辩题及辩手

提前告知学生辩题，即正方（服务企业中的顾客比员工重要），反方（服务企业中的员工比顾客重要）。采用教师指定和学生自荐相结合的方式，确定正反方各四位辩手。辩论赛由教师主持，并设1名计时员。

2.正式辩论赛流程

教师宣布辩题并介绍正反方队员及所持立场后，分观点陈述、自由辩论、学生提问、总结陈词四个部分开始正式辩论。

（1）观点陈述

由正反方一辩分别进行开篇陈词，时间为90秒。立论陈词要求逻辑清晰，言简意赅，能够正确地阐述己方的立场。开篇陈词后进入攻辩阶段。

①攻辩由正方二辩开始，正反方交替进行。

②正反方二、三辩参加攻辩。正反方一辩作攻辩小结。正反方二、三辩各有且必须有一次作为攻方；辩方由攻方任意指定，不受次数限制。攻辩双方必须单独完成本轮攻辩，不得中途更替。

③攻辩双方必须正面回答对方问题，提问和回答都要简洁明确。重复提问和回避问题均要被扣分。每一轮攻辩，攻辩角色不得互换，辩方不得反问，攻方也不得回答问题。

④正反方选手完成第一轮攻辩阶段，攻辩双方任意一方落座视为完成本方攻辩，对方选手在限时内任意发挥（陈词或继续发问）。

⑤每一轮攻辩阶段为90秒，攻方每次提问不得超过10秒，每轮必须提出三个以上的问题。辩方每次回答不得超过20秒。用时满时，以钟声终止发言，若攻辩双方尚未完成提问或回答，不作扣分处理。

⑥四轮攻辩阶段完毕，先由正方一辩再由反方一辩为本队作攻辩小结，限时90秒。正反双方的攻辩小结要针对攻辩阶段的态势及涉及内容，严禁脱离比赛实际状况的背稿。

（2）自由辩论

这一阶段，正反方辩手自动轮流发言。发言辩手落座为发言结束即为另一方发言开始的计时标志，另一方辩手必须紧接着发言；若有间隙，累积时照常进行。同一方辩手的发言次序不限。如果一方时间已经用完，另一方可以继续发言，也可向主席示意放弃发言。自由辩论提倡积极交锋，对重要问题回避交锋两次以上的一方扣分，对于对方已经明确回答的问题仍然纠缠不放的，适当扣分。

自由辩论阶段正反方各有5分钟时间，分开计时，由正方首先发言。

（3）学生提问

学生提问阶段正反方的表现算入比赛成绩。观众提出的问题先经裁判判定有效后，被提问方才能回答。正反方各回答两个观众提出的问题，双方除四辩外任意辩手作答。一个问题的回答时间为60秒，如一位辩手的回答用时未满，其他辩手可以补充。

（4）总结陈词

辩论双方应针对辩论会整体态势进行总结陈词；脱离实际，背诵事先准备的稿件，适当扣分。

3.赛后教师点评并公布比赛结果

辩论赛结束后，由教师对双方辩论作相应评论，并根据正反方的表现判定胜负。

四、实训成果

各小组提交实训报告一份，学生提交一篇关于服务人员重要还是顾客重要的心得报告。格式要求：1.25倍行距，正文五号宋体，一级标题三号黑体，二级标题四号黑体，三级标题小四号黑体，A4纸，边距上下2.7厘米，左3.0厘米，右2.4厘米，加页眉。

五、实训评价

根据课堂讨论分析的质量和研究报告进行考核。

考核以A、B、C、D、E五档等级制进行评价。

A：独立完成实训报告，实训步骤、结论正确并有较深入的实训心得阐述，字迹端正。

B：实训步骤、结论正确但无实训心得，字迹比较端正。

C：实训步骤、结论出现错误较多，字迹比较端正。

D：不能独立完成实训报告，或实训步骤、结论出现重大错误，或字迹潦草，态度不够认真。

E：不能完成实训作业，态度很不认真。

此外对于参与汇报与汇报提问讨论的同学另有5～10分的加分。

六、资料来源

佚名.海底捞让员工死心塌地卖命的五大法宝［EB/OL］.［2017-08-10］. https://www.sohu.com/a/163883074_206575.

七、延伸阅读

海底捞是如何留住员工的？

一、海底捞如何把员工一视同仁的

海底捞的员工绝大部分都是来自农村，背井离乡，远离家人，并且他们渴望过上和城里人一样的生活，这一点，与绝大多数从事服务行业的人员都是一样的。在具体做法上，有的企业关爱形成了制度，有的企业关爱融入了企业文化，比如新员工入职关爱、高标准的宿舍和员工餐、各种各样的后勤和福利保障，就是用制度的形式固化下来，是必须照做的；而上级对下属的关爱、工作上的指导帮助和支持，以及员工的培训、内部的晋升、一线员工的授权等都是通过企业文化传承下来的。

二、海底捞如何让员工赚到钱

海底捞的餐厅开在一二线城市，但大多数服务人员都来自三四线城市及农村。而海底捞给员工的工资确是按照一二线城市的标准来的，并且比餐饮同行稍高一些，即海底捞是在用一线城市的中等工资，吸引三四线城市的农民打工者。

根据马斯洛的需求层次理论，在第一层需求没有满足以前，第二层次、第三层次需求的意义是非常有限的。可以说，比一般餐饮同行高的工资，是海底捞招工最直接的号召力之一。其次，海底捞建立起来完善的内部员工晋升机制，员工层层提拔，随着职级的提升，员工的收入也定然随之水涨船高，更为重要的是，这满足了员工更高层级的需求。

三、海底捞激发员工主动性

海底捞的一位管理者说过，海底捞的文化跟麻将很像。比如，打麻将的时候，没有人愿意迟到，并且打麻将的人，也从来不挑环境，坐在哪都能打，更重要的，真正常打麻将的人，没有抱怨别人的，牌不好，怪自己点背。

积极主动，任劳任怨，这是所有工作的理想状态，而这在麻将桌上是常态。那么，海底捞这种麻将文化背后是什么呢？是激发员工的主动性，甚至上升到激发员工的自我管理。

更为重要的是，在保证员工能挣钱的基础上，海底捞做了另外一个事情：公平。服务人员大多在农村长大，家境不好，读书不多，见识不广，背井离乡，在大城市容易受人歧视，心理自卑。但海底捞鼓励员工和食客交流，提供个性化的服务，并且运用互联网技术，让食客对服务人员的服务进行评价打赏，鼓励员工和食客之间的互动交流，让海底捞的员工感到自己受到了食客的尊重和肯定，这会激发出员工提供更好服务的动力和热情，而员工提供更好的服务，又使得海底捞的服务口碑声名远播。

也就是说，海底捞通过设计的这套服务逻辑和机制，把消费者、员工、管理者三方面的利益都考虑到了，从而实现了共赢。

四、海底捞如何对员工绩效用户导向的考核

海底捞非常重视客户的满意度，以及客人的口碑，并且海底捞是少有的把客户满意当作核心战略的，并且把客户的满意度纳入员工的考核体系，不仅当作核心战略，而且当作行动战略来考核。

海底捞对每个店长的考核，只有两项指标：一是顾客的满意度；二是员工的工作积极性。员工的工作积极性高，客人的满意度也肯定不会低，但如何衡量顾客的满意度确实是服务行业面临的大问题。

项目三　服务营销中有形展示的运用

一、实训目的

1.了解有形展示的概念、类型。

2.熟悉有形展示的构成要素。

3.掌握有形展示在服务企业中的应用。

二、实训描述

通过本项目的实训教学，组织学生对服务企业的有形展示进行观察研究，了解企业开展服务营销、运用有形展示的实际内容和效果，了解有形展示效应、关键因素及其管理和执行方法，培养其市场推广与行销的执行能力、制定销售管理与营销策略计划的能力、组织能力。

三、实训步骤

1.现场教学观摩

安排学生对嘉兴现有饼屋进行现场教学观摩，包括美丽家、克里斯汀、柏莉思和元祖。要求学生注意在这些饼屋内的顾客所拥有的边缘展示和不能为顾客所拥有的核心展示。要求学生注意各饼屋的物质环境展示、信息沟通展示和价格展示。

2.提交某个饼屋的有形展示报告

要求学生清楚描述饼屋的有形展示，分类描述物质环境、信息沟通及价格展示，并思考饼屋的有形展示带来的效应以及有形展示管理的方法。

3.教师点评

学生提交报告后，教师选取报告优异者并给予点评。

四、实训成果

要求学生选择其所有参观饼屋中的一个饼屋进行有形展示报告。实训报告要求：1.25倍行距，正文五号宋体，一级标题三号黑体，二级标题四号黑体，三级标题小四号黑体，

A4纸，边距上下2.7厘米，左3.0厘米，右2.4厘米，加实验项目名称作为页眉。

五、实训评价

根据实训作业或调研报告、课堂讨论分析的质量进行考核。

考核以A、B、C、D、E五档等级制进行评价。

A：独立完成实训报告，实训步骤、结论正确并有较深入的实训心得阐述，字迹端正。

B：实训步骤、结论正确但无实训心得，字迹比较端正。

C：实训步骤、结论出现错误较多，字迹比较端正。

D：不能独立完成实训报告，或实训步骤、结论出现重大错误，或字迹潦草，态度不够认真。

E：不能完成实训作业，态度很不认真。

此外对于参与汇报与汇报提问讨论的同学另有5～10分的加分。

六、资料来源

小曲曲爱旅游.上海这家星巴克环境很赞　氛围很特别　价格不便宜却成网红景点［EB/OL］.［2019-01-27］. https://baijiahao.baidu.com/s? id=1623796923379574573&wfr=spider&for=pc.

七、延伸阅读

上海这家星巴克成为网红打卡景点

加班码字、商务洽谈或者朋友间小憩，这是在大部分人印象中到星巴克喝咖啡的标准姿势。可位于上海南京西路的上海星巴克烘焙工坊，完全颠覆了这个印象。这里音乐、人声不绝于耳，气氛欢乐。人来人往，甚至不少外地游人慕名而来，俨然一个网红打卡景点。

上海星巴克烘焙工坊面积2 700多平方米，是星巴克全球最高等级门店。和普通星巴克门店不同的是这里有一大片区域用作咖啡豆烘焙，让这家店的氛围很“工厂”。这片区域也是进店之后首先看到的地方。

在咖啡烘焙区经过多种工序，青色的新鲜咖啡豆被烘焙成咖啡色的成品豆，这些豆子依靠气流作用通过遍布工坊天花板的铜管运送到了吧台的储豆罐中。这里烘焙的成品咖啡豆也被分装成包，运往全国各地的星巴克门店出售，演绎着“从一颗咖啡生豆到一杯香醇咖啡”的故事。

除了很“工厂”外，上海星巴克烘焙工坊也有许多“很中国”的元素。首推那个高达8米、重达4吨的铜罐。罐身印有1 000多个印章，都是不同字体的中国风字眼，比如“时光、天地、品鉴、未来、精神”等。整个店里时常弥漫着的是曾经的上海滩金嗓子——周璇的歌声，这些“很中国”的元素，跟咖啡交织在一起，形成多元文化的氛围。

与一般星巴克门店不同的是，这里上下两层，有多个吧台，在这里不仅能喝到咖啡烘焙师制作的七大煮制方式咖啡，而且还有巧克力和咖啡豆萃取的精酿啤酒，以及葡萄酒和气泡酒。从现场标价来看，这里比普通门店的咖啡价格都要高出一些。上海星巴克烘焙工坊还有面包烘焙，包括手工比萨、点心和面包等可在店里享用的食品，种类也比普通门店多得多。

你们是否能猜到，这样一杯牛奶和一块蛋糕是多少钱呢？除了咖啡、面包等，上海星巴克烘焙工坊也有不少茶具、咖啡杯、笔记本、帽子等创意周边产品，当然价格也稍贵。以杯子为例，普通马克杯价格150～200元，是普通星巴克门店杯子价格的1.5倍。虽然价格并不便宜，但是开在寸土寸金的上海南京西路的星巴克烘焙工坊，依然吸引了众多的游人和咖啡爱好者。

项目四　服务流程设计

一、实训目的

1.了解服务流程的概念及对服务企业的重要性。

2.掌握服务蓝图的意义、功能和构成。

3.能够熟练绘制服务蓝图。

二、实训描述

服务过程是指一个产品或服务交付给顾客的程序、任务、日程、结构、活动和日常工作。服务产生和交付给顾客的过程是服务营销组合中的一个主要因素，因为顾客通常把服务交付系统感知成服务本身的一个部分。服务业公司的顾客所获得的利益或满足，不仅来自服务本身，而且来自服务的递送过程。通过本项目的实训教学，组织学生进行观察研究，从而了解企业服务过程的内容和效果，了解服务流程，进而能够对服务过程进行管理与控制。

三、实训步骤

1.现场教学观摩

安排学生对学校内及周围的餐饮店进行考察。要求学生注意这些餐饮店的服务过程设计，同时要求学生注意考虑以下几个问题：

（1）该店的服务过程中有哪些必要的步骤？

（2）哪些步骤可以合并或者取消？

（3）每一步骤的服务量是多少？能否应付高峰期的客户需求量？

（4）客户何时参与服务流程？何时退出？

（5）不必要的顾客接触是否可以减少或者消除？

（6）能否采用自动化和标准化基础提高服务效率？

（7）有哪些环节可以剥离出来，不受客户影响？

2.分析某餐饮店的服务蓝图，并提出优化方案

要求学生选择其考察的一个餐饮店的服务蓝图，同时要求其清楚描述该服务蓝图，并思考改进服务流程管理的方法。

3.教师点评

学生提交报告后，教师选取报告优异者给予点评。

四、实训成果

每位学生提交服务蓝图报告和优化方案。实训报告要求：1.25倍行距，正文五号宋体，一级标题三号黑体，二级标题四号黑体，三级标题小四号黑体，A4纸，边距上下2.7

厘米，左3.0厘米，右2.4厘米，加实验项目名称作为页眉。

五、实训评价

根据实训作业或调研报告、课堂讨论分析的质量进行考核。

考核以A、B、C、D、E五档等级制进行评价。

A：独立完成实训报告，实训步骤、结论正确并有较深入的实训心得阐述，字迹端正。

B：实训步骤、结论正确但无实训心得，字迹比较端正。

C：实训步骤、结论出现错误较多，字迹比较端正。

D：不能独立完成实训报告，或实训步骤、结论出现重大错误，或字迹潦草，态度不够认真。

E：不能完成实训作业，态度很不认真。

此外对于参与汇报与汇报提问讨论的同学另有5~10分的加分。

六、资料来源

王伟伟，王文煜.服务设计视角下的HY售后服务流程设计［J］. 西部皮革，2019.

七、延伸阅读

服务设计视角下的HY售后服务流程设计

企业服务竞争是市场经济中的一种崭新的竞争形势，有别于技术竞争、管理竞争、产品质量竞争、价格竞争、广告竞争、促销竞争等，它是企业为满足顾客需要、提高顾客对产品的满意程度而进行的市场竞争。在产品可替代性较强的今天，企业服务变得至关重要。众多案例表明，企业服务是一家企业砥砺前行的制胜法宝。因此，对于售后服务流程的优化设计显得尤为重要。

一、HY售后服务流程

HY是一家为教育从业者提供优质教育服务的创新型科技公司，面向国内本科及职业院校，服务项目有信息安全、大数据、网络工程、软件工程及人工智能等专业建设服务、师资建设服务、实训基地建设服务及校企共建服务。HY在为顾客提供产品的同时，还为顾客提供产品技术支持、产品升级、产品改进等一系列售后服务。售后服务，是指生产企业、经销商把产品（或服务）销售给消费者之后，为消费者提供的一系列服务，包括产品介绍、送货、安装、调试、维修、技术培训、上门服务等。如今，随着HY业务的发展，当前售后服务流程不仅严重消耗公司人力、物力，而且无法做到上下级之间、同事之间的信息同步。不仅如此，在当前的售后服务流程中售后工程师与顾客之间的联系缺失，致使顾客对售后服务较为不满，从而严重降低了产品所提供的体验感。

二、服务设计对售后服务流程的影响

服务设计作为一门跨领域学科，通过对服务提供者与服务接受者之间的有形触点与无形触点进行系统的、有组织的挖掘来创造价值，是一种全新的思考方式。

售后服务流程是一个多部门、多人员协同进行的流程，不仅需要各成员之间分工明确，而且需要各成员之间有效地同步信息。这样，才能确保售后服务流程的顺利进行，从而按时、准确地为顾客提供应有的服务。

三、HY售后服务流程设计思路

规范的服务流程是企业开展售后服务的制度保证。明确企业服务流程和责任制度，可以确保企业售后服务管理和人员信息同步、便捷。通过规范服务流程，梳理企业与客户之间的关联方式，可以帮助企业增强客户黏性，从而提升客户对企业的忠诚度。通过售后服务流程优化设计，严格把控团队内部售后服务标准化操作流程，从而提升团队的服务质量与效率。企业服务效率是指企业服务资源投入与企业服务效果产出的比率以及企业服务资源分配的有效性。企业服务效率是连接企业服务资源和企业服务效果的重要环节，企业服务效率的提高可以使企业在服务效果不变的前提下节省服务资源，从而使企业降低资源消耗，将更多的精力放在企业的长远和可持续发展上。

售后服务流程优化的核心是合理分配公司人力、物力资源，高效地服务于顾客，不仅使公司资源得到合理运用，而且能够提升顾客的满意度，同时实现公司与顾客双方的效益最大化。根据对公司售后工程师、重点顾客的走访调研，流程设计者对现有售后服务流程中存在的问题进行收集整理，得出现有服务流程中存在问题较多的点分别为客户反馈方式较为复杂、售后服务任务信息不同步、任务派发困难等。本次售后服务流程设计主要针对规范售后服务流程、建立售后服务岗位责任制、将服务信息同步给所有相关责任人等，从服务设计的角度出发，严格把控售后服务流程，帮助企业减少人力资源浪费，从而提升售后服务质量、提高用户满意度。

第六章

数字营销能力培养模块

第一节　营销数据分析技能训练

项目一　销售数据分析实训

一、实验目的

1.熟悉销售数据分析的主要内容、指标。

2.熟悉分析工具和分析过程。

3.学会撰写月度、季度、年度分析报告。

二、实验描述

以超市的数据为例，对销售的季节性变动、区域特征、产品利润等多个指标进行分析，通过趋势图、柱状图等工具全面反映经营状况，并最终形成分析报告。

实验数据为某超市的经营数据，可以通过扫描图6-1的二维码或以下链接获得：https：//pan.baidu.com/s/1VICH6NGKvIJwl4QVaBg0Ow（提取码：9dv8）。

图6-1　实验数据路径扫描码

三、实验步骤

1.数据准备

创建记录单，并根据销售清单输入数据，主要字段包括：日期、类别、商品型号、市场定价、促销方式、成交单价、数量、销售额、销售员。

2.数据分析

主要分析思路：通常从产品、区域、客户三条主线来分析销售数据（如图6-2所示）。

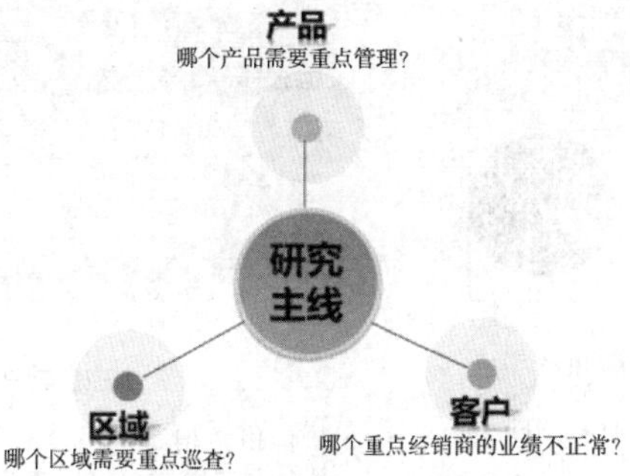

图 6-2　数据分析的三条主线

主要分析步骤如图 6-3 所示。

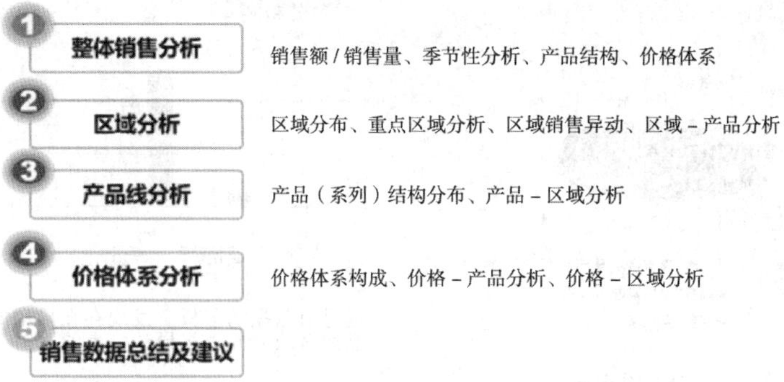

图 6-3　数据分析步骤

各分析内容示例如图 6-4 所示。

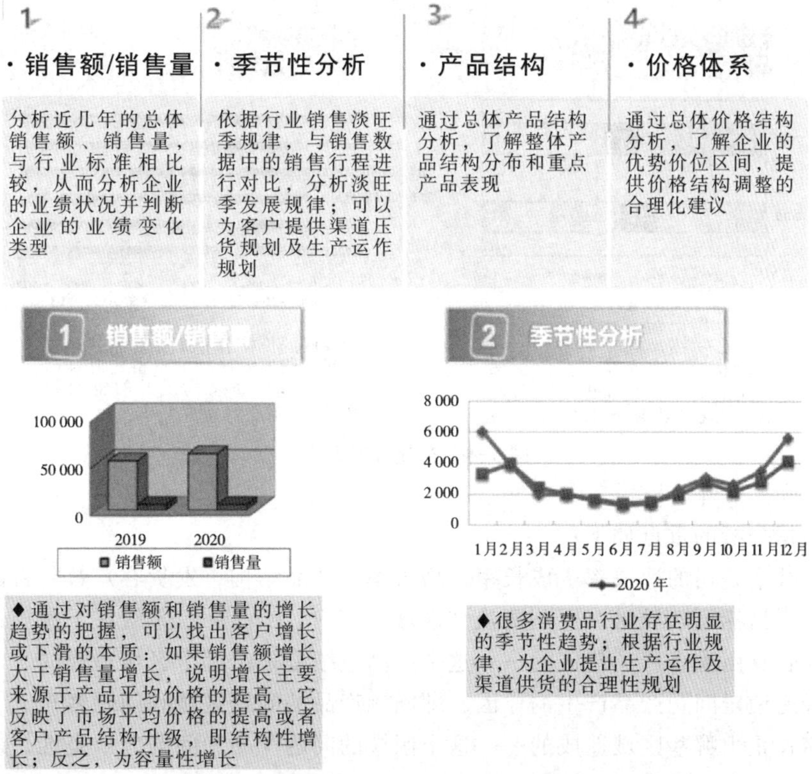

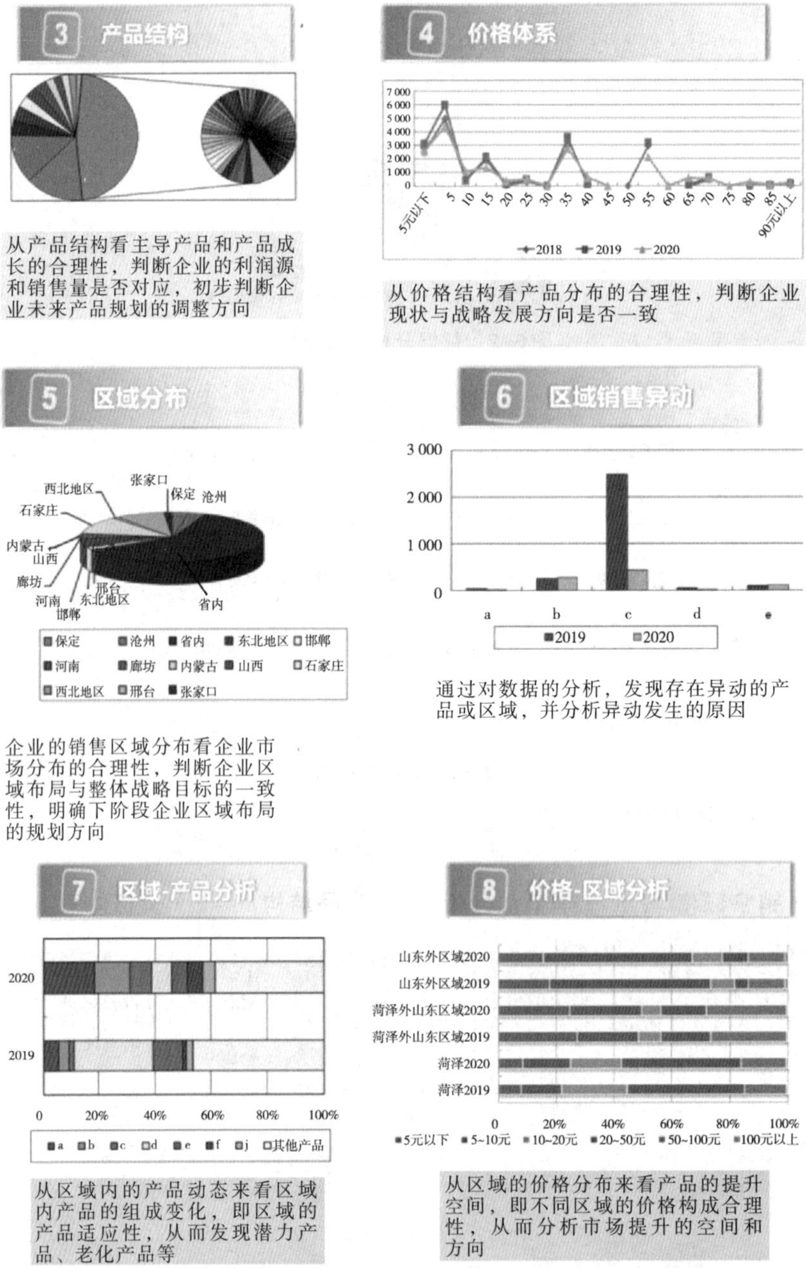

图6-4 各分析内容示例

3.形成分析报告

销售数据分析的重点如下：

首先看整个公司的达成率、成长率、增长率、产品结构，发货客户数是否健康，如果发现任何一个指标出现异常，立刻要从“区域、客户、产品”三条线往下深挖：

业绩滞长是由哪个产品造成的——这个产品业绩差是由哪个区域造成的、由哪些客户造成的，最终锁定问题产品产生的原因，即问题产品的问题区域和问题客户。

业绩滞长是由哪些区域造成的——这个区域的问题产品和问题客户是谁，最终锁定问题区域产生的原因，即问题区域的问题客户和问题产品。

哪些经销商业绩问题最严重——这个问题经销商业绩差是由哪个问题产品造成的，只有层层抽丝剥茧找到最终原因，管理才会有的放矢。

将各步骤分析重点归纳为图6-5。

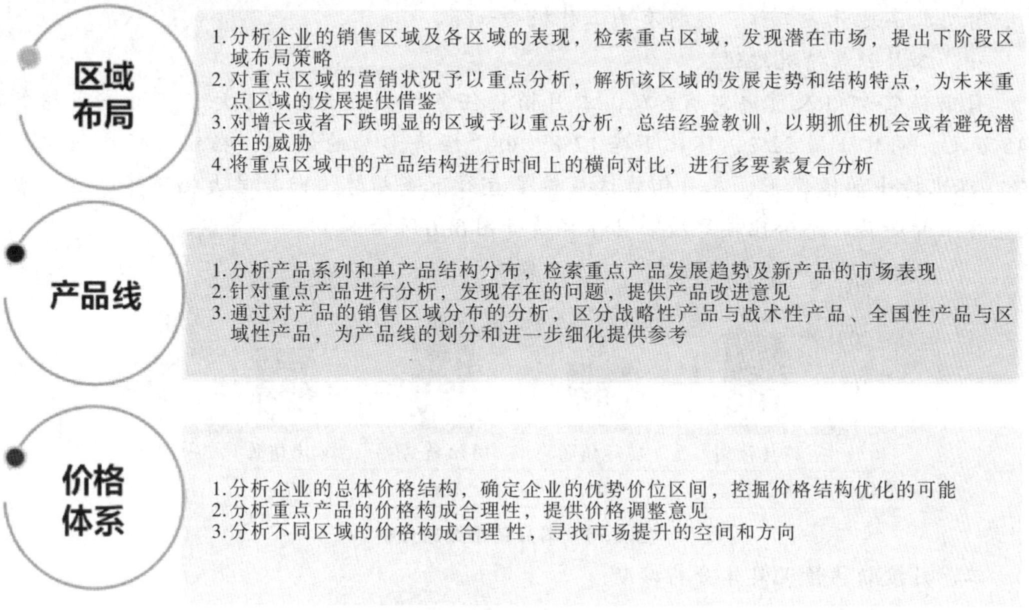

图6-5　各步骤分析重点

四、实验成果

最终提交一份完整的销售分析报告和个人心得。

五、实验评价

根据实训作业质量、小组表现进行考核。实训作业与课堂表现建议比例5∶5。

考核以A、B、C、D、E五档等级制进行评价。

A：独立完成实训作业，数据扎实，内容针对性强且能体现大量的工作量，课堂表现优秀。

B：独立完成实训作业，数据较扎实，内容针对性较强且能体现较多的工作量，课堂表现良好。

C：独立完成实训作业，数据收集充分，分析正确，内容有一定针对性且能体现一定工作量，课堂表现一般。

D：实训报告完成度不足，数据收集与分析基本满足要求，能体现一定工作量，课堂表现基本满足要求。

E：不能完成实训作业，数据收集不足，内容有严重错误，课堂表现差。

六、资料来源

［1］佚名．销售数据分析模型［EB/OL］．［2018-07-10］．https：//wenku.baidu.com/view/7fbbbb6ab5daa58da0116c175f0e7cd18425188f.html.

［2］佚名．月度销售分析报告［EB/OL］．［2019-10-17］．https：//wenku.baidu.com/view/2fdc7b9e03768e9951e79b89680203d8cf2f6aef.html.

七、延伸阅读

月度销售报告

（特别说明：以下内容均属模拟演练）

过去的一个月，销售部门的全体员工，奋发进取，团结协作，在公司的领导和支持下，努力扎实地开展工作，现将有关工作报告如下：

一、本月销售情况综述

目前销售部门人员编制有6人，本月销售任务计划数为210万元，实际完成销售额145万元，同比下降22%，环比下降17%。由于经济形势的好转，在销售任务同比增长5%，环比持平的情况下，本月销售达成率呈直线下降趋势，回款呈大幅下降趋势，费用呈整体上升趋势，形势比较严峻。具体详情如图6-6所示：

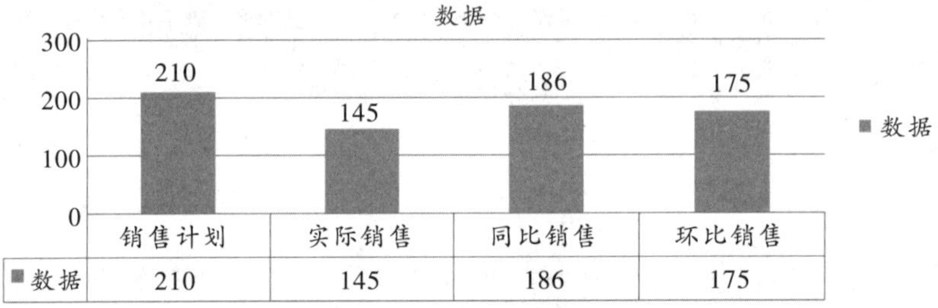

图6-6 本月销售数据分析

二、月度销售情况具体分析诊断

1.任务分解及完成情况：具体详情如图6-7所示。

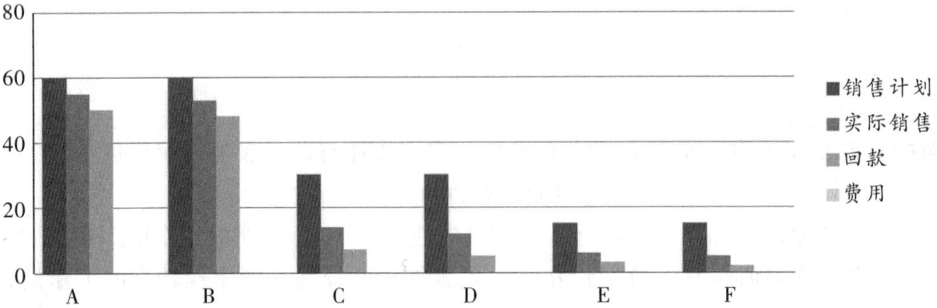

图6-7 销售任务分解完成情况分析

本月销售计划210万元，实际完成145万元，回款115万元，总费用0.83万元。其中A、B作为销售团队新成长起来的骨干，本月任务占计划的57%，实际完成量占全部销售额的74.5%，回款98万元，占回款额的85.2%。C、D、E、F 4人作为销售团队的新晋成员，本月任务占计划的43%，实际完成量占全部销售额的25.5%，回款17万元，占回款额的14.8%。通过数据和图表分析，骨干成员与新晋成员之间的业绩存在较大的差距。

2.去年同期销售数据分析（同比）：具体详情如图6-8所示。

去年同期，销售计划200万元，实际完成186万元，回款163万元，费用0.615万元。G、H、I、J 4位作为销售团队的老队员，所负任务170万元，占全部销售计划的85%；实际完成164万元，占实际销售总额的88.2%；回款145万元，占总回款额的89.0%；费用0.405万元。A、B作为团队新成员所负任务30万元，占销售计划的15%，实际完成22万元，占实际销售总额的11.8%；回款18万元，占总回款额的11.0%；费用0.21万元。A、

B 2位销售完成情况与计划基本保持一致。在销售团队中，6位成员年龄都在28岁以上，尤其G、H、I、A、B 5位都具备大专以上学历，工作经验都在5年以上。因此团队成员相互鼓励、支持、帮助使当月销售业绩较好完成。

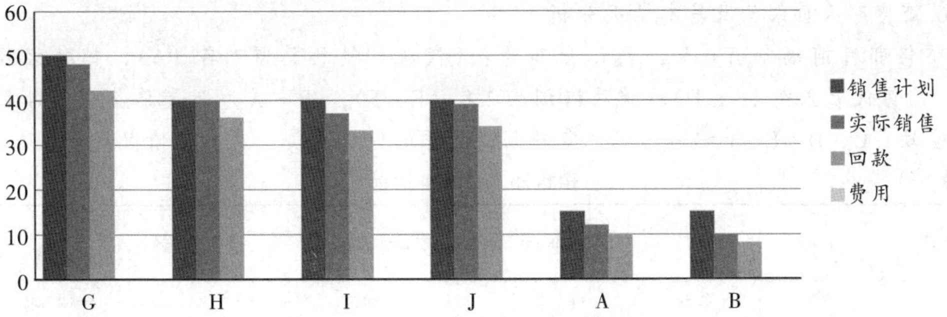

图6-8 去年同期销售数据分析

3.上月销售数据分析（环比）：具体详情如图6-9所示。

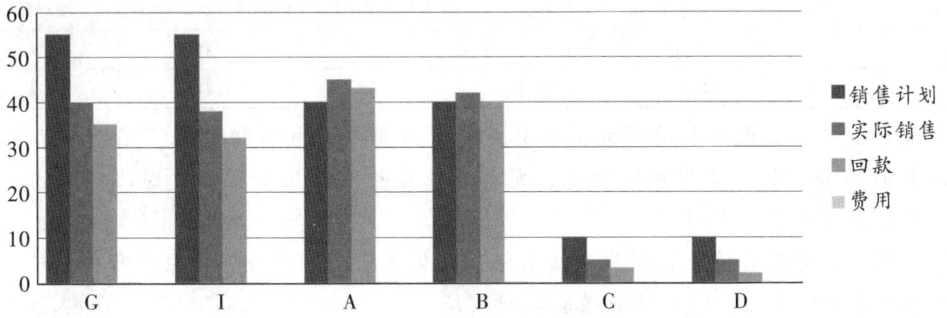

图6-9 上月销售数据分析

上月，销售计划210万元，实际完成175万元，回款155万元，费用0.72万元。A、B、G、I 4位作为销售团队的老队员，所负任务190万元，占全部销售计划的90.5%；实际完成164万元，占实际销售总额的93.7%；回款150万元，占总回款额的96.8%；费用0.45万元；其中G、I由于个人原因完成情况均不理想，A、B两位超额完成任务。C、D作为团队新成员所负任务20万元，占全部销售计划的9.5%；实际完成10万元，占实际销售总额的5.7%；回款5万元，占总回款额的3.2%；费用0.27万元。月底G、I两位员工因连续3个月业绩不达标而解除劳动关系。

4.产品分析

公司销售产品为钢材，钢材作为现代产业中不可或缺的商品，掌握它本身需要一定的知识储备和经验，尤其作为钢材销售，需要销售人员掌握钢材的品种知识，包括应用的领域、场合；关注钢材期货指数和各地钢材现货价格，对未来价格走势有清晰的判断；要掌握汽车制造、建筑工程、机械制造，压力容器等大宗采购商的行业知识；了解掌握竞争对手和替代商品的知识。因此做好钢材销售员，需要一定的行业经历或知识背景，较强的学习能力，综合分析、判断能力。

5.客户分析

公司客户多为建筑工程和机械制造公司，在这些客户中有大中型国企，也有小规模的私营业主，客户群体参差不齐，因此销售人员面对不同的客户必须采用不同的沟通技巧、谈判策略、交易手段和回款方式；除此之外，销售人员必须有整合发掘客户资源的能力，不断开辟新业务，只有这样才能不断提升自己的业绩，进而实现公司的销售目标，树立良好的行业品牌形象，所以在钢材销售中销售人员的销售技巧和能力很重要。

6.销售部人员架构及基本情况分析

销售部目前编制有6人，具体分布为：（代理）销售总监1名（A），销售经理1名（B），销售代表2名（C、D），销售培训生2名（E、F），其中A为新晋总监替代G上月离职的空缺，C、D、E、F都为因职位空缺而新招募的销售人员。其具体情况见表6-1：

表6-1 **销售部人员基本情况**

姓名	年龄	学历	入职时间	工作年限	行业经验	有无行业知识、销售技能培训
A	32	本科	13个月	9	3	有
B	30	大专	12个月	6	1	有
C	26	高中	2个月	8	0	无
D	24	中专	2个月	4	0	无
E	22	职高	1个月	2	0	无
F	23	技校	1个月	3	0	无

从表6-1中可以看出来团队成员尤其是新晋成员年龄相对较年轻，所受教育程度一般，入职时间都较短，工作年限偏低，尤其行业销售经验几乎空白。因此销售团队的知识、经验和技能存在一定问题。

综上所述：导致目前销售团队业绩不佳，销售业绩呈下滑趋势的原因有：

1.年龄结构偏年轻，行业从业经验相对较缺乏。

2.入职时间较短，缺乏对行业知识和产品知识，入职后未能有效加以培训开发。

3.新晋成员无行业从业经验，尤其是在对公司所属产品的销售技巧和目标客户的销售能力上不具备一定的实力。

因此，销售团队成员的入职时间短和产品知识的缺乏，销售技巧和能力的弱势，是导致本月销售任务无法达成，各项指标下降的重要原因，需要企业在今后的工作中花大力气整顿。

三、解决方案及建议

为了保证销售任务的达成，使销售部门成为强有力的执行团队，立足当下，着眼长远，本人建议从以下几个方面入手，扎实做好销售团队的管理工作：

1.做好人力规划方案，对选人、用人、育人、留人、退人等策略订立好相应的机制、流程和制度。保证选人有标准，用人有策略，育人有指引，留人有方法，退人有手段，即：对销售团队的人员管理必须做好充分的规划方案，在具体的选择什么样标准的人员，任用什么样的成员，培育什么样的人才，留住什么样的骨干，辞退什么样的人员方面都要做好制度安排，以保证销售团队的成员始终是最优秀、合理的配置，使之成为一支“招之即来，来之能战，战之能胜”队伍。坚决杜绝对销售队伍规划管理的糊涂账！

2.严把招聘甄选关，研究开发适合本行业，本公司销售人员的胜任素质模型，通过科学合理的方法选择最合适、最有潜质的销售人员充实团队。销售人员工作成功有五大要素：包括对行业和产品知识的了解和掌握程度、对销售成交业务的领悟程度、个人熟练及精细的销售技巧、完整的价值观和自我激励状态、最佳营销某一岗位某一职业阶段的潜能调整能力。因此在今后的销售人员招聘工作中，要严把胜任关，保证有潜质和实力的销售人员向公司合理流动。

3.抓好培训开发工作，为优秀的人才建立全流程的培训开发业务，支持其快速成长为企业需要的角色。销售人员是很难招上成手的，因此作为管理者，建立完善的培训开发体系，把有潜质的销售人员锻炼出来才是最重要的任务。这是我们销售团队管理中的薄弱环节，因此销售管理者应与公司人力资源部门合作开发一套适合公司销售人员成长的培训开发体系，以保证进来的人员能快速成长。

4.建立完善的绩效考核体系，保证能者上，庸者下，落后者被淘汰的机制。销售团队本来就是低稳定性的团队，为了使能者上，庸者下，落后者被淘汰，必须通过有效的绩效考核制度来甄别团队成员的业绩。因此，在销售团队中必须树立“人人头上有责任，个个身上有担子”的思维，通过公平合理的竞争引导团队目标达成和个人成长。

5.制定合理的薪酬制度，最大限度激发销售团队的主观能动性。只有良好的薪酬制度才能最大限度地激发销售人员的潜能，因此在设计销售团队薪酬体系时，要充分考虑激励因素，对能者奖，对庸者罚。

6.引导团队建设，重点抓好关键人员的辅导工作。现代企业的营销已不能靠单打独斗的个人英雄主义，更要强调发挥团队的精神，建立群体营销意识，及时满足顾客需求，提升销售工作效率。因此公司销售管理人员必须从实际出发打造属于公司的核心销售团队，尤其重点关注骨干成员的成长，使整个团队充满生机和战斗力，即使个别成员落后，在其他成员的努力扶持帮助下也能使团队达成良好的目标。

过去一月，我们经过了展望计划、起步艰辛和结果惨淡的历程，我们也体会到了这一过程带来的快乐和酸楚。今天，新的一月，我们站在一个新的起点，面对未来更严峻的挑战和更期待的机遇，依靠公司领导的信任和指导，依靠优质的产品，先进的营销理念，良好的服务意识，团结的协作氛围，优秀的员工队伍，我们整装待发。也许，未来的路是充满曲折的，甚至比过去所要承受的压力更大，但我们坚信，这条路注定是充满机遇、充满挑战、充满希望的。

我们深信，在公司的正确领导下，只要销售部门全体员工坚定信念，奋发进取，团结协作，扎实学习，以小目标实现大目标，以大目标实现长远目标，一步一个脚印，一定能出色完成任务！

项目二　营销工程

任务一：Probit模型预测消费者行为

一、实验目标

1.培养学生严谨的“科学分析”态度。

2.掌握并利用Probit模型预测消费者“行为”的方法。

3.正确解读各题项对“行为”发生概率的影响结果。

二、实验描述

由于“意愿”不等于“行为”，对于调查消费者购买“意愿”进而对“行为”进行预测的问卷，除了第二章的回归分析之外，还可以运用Probit模型将“行为”转变为行为发生的概率进行分析。

根据教学大纲安排，此时同学应该已完成暑期的短学期调研任务，调研收回的问卷数据即为本训练的样本数据。

完成任务所需准备的事项：将调研数据进行归类编码，并制作成Excel表格形式；实训过程所需计算机及相关软件。

完成任务的时间和地点安排见表6-2。

表6-2 **完成任务的时间和地点安排**

过程	主要工作	所需时间	地点
第一阶段	任务布置和知识讲解	30分钟	机房
第二阶段	数据转换	30分钟	机房
第三阶段	数据运算与分析	90分钟	机房
第四阶段	任务总结	30分钟	机房

三、实验步骤

1.布置任务与讲解知识

教师首先向学生介绍为什么要运用Probit模型，通过理论分析和实际案例运用进行讲解。学生清楚Probit模型是对发生概率的估计，以及自变量和被解释变量的数据结构要求后，即可进入实际操作阶段。

2.实际操作

教师分步骤演示整个实验任务（见表6-3），学生在教师指导下完成一组实验过程，然后自行完成若干组实验过程，对各组实验成果进行对比分析，并填写实验报告。

表6-3 **实训任务演示步骤**

过程	内容	使用软件	是否记录
步骤一	变量转换	EXCEL	否
步骤二	数据录入	EViews或SPSS	否
步骤三	参数估计	EViews或SPSS	是
步骤四	结果检验	EViews或SPSS	是

四、实验成果

任务结果以最终的实验报告为依据。实验报告须包括以下内容：模型的设置、数据的描述性统计、参数的估计结果和检验结果、实训成果的解读与总结报告。

五、实验评价

考核以实验报告的完成内容为依据，见表6-4。

表6-4　**任务考核评分表**

项目评分表									
序号	学员学号	学员姓名	模型设置（10）	描述性统计（20）	参数的估计和检验（30）	结果解读（30）	总结报告（10）	总分	备注
1									
2									
3									
1.模型设置：模型设置的完整性与正确性；理由陈述的详尽性；实践报告的内容与态度。 2.数据分析：原理应用得当；方法适当；实践报告记录详尽。 3.总结报告：原理正确；具有独到的心得体会。 每位学生的最终得分=模型设置得分+数据分析得分+报告内容									

六、资料来源

［1］费鸿萍．营销工程与应用——基于中国市场与企业运作的视角［M］．上海：华东理工大学出版社，2012．

［2］简明．市场研究定量分析［M］．北京：中国人民大学出版社，2015．

七、延伸阅读

Probit模型

设不可观测的效用指标I_i是具有相同均值和方差的正态变量且取决于解释变量X_i，即：

$$I_i = \beta_1 + \beta_2 X_i$$

设指标的临界水平为I_i^*，当I_i超过I_i^*时，认为事件发生，给定正态性假定，$I_i^* \leq I_i$的概率可由标准化正态CDF算出：

$$P_i = P(Y=1|X) = P(I_i^* \leq I_i) = P(Z_i \leq \beta_1 + \beta_2 X_i) = F(\beta_1 + \beta_2 X_i)$$

其中，$P(Y=1|X)$表示给定解释变量X值时一个事件发生的概率；$Z \sim N(0, \sigma^2)$，即Z是标准正态变量，F是标准正态CDF：

$$F(I_i) = \frac{1}{\sqrt{2\pi}}\int_{-\infty}^{I_i} e^{-Z^2/2} dz$$

$$= \frac{1}{\sqrt{2\pi}}\int_{-\infty}^{\beta_1+\beta_2 X_i} e^{-Z^2/2} dz$$

为了获得关于效用指标I_i以及β_1和β_2的信息，可对上述方程取反函数，得到：

$$I_i = F^{-1}(I_i)$$
$$= F^{-1}(P_i)$$
$$= \beta_1 + \beta_2 X_i$$

任务二：时间序列模型

一、实训目标

1.了解时间序列分析的基本方法。

2.了解时间序列分析基本方法的思路与过程，掌握如何对时间序列进行分析。

3.理解各类时间序列分析的基本方法。

二、实验描述

在对时间序列进行实证分析时，时常会发现各序列之间由于存在相近的时间趋势，从而会产生与序列相关这一典型的问题，导致实证的结果是有偏差的。因此，针对时间序列，需使用相应的模型设置和估计方法。

样本数据从国家统计年鉴或地方统计年鉴中获取，要求两组（或以上）时间跨度超过15年的连续数据。数据来源包括统计年鉴数字版、国家（地方）统计局网站以及国泰安、知网数据库。

完成任务所需准备的事项：将时间序列进行归类编码，并制作成EXCEL表格形式；实训过程所需计算机及相关软件。

完成任务的时间和地点安排见表6-5。

表6-5 **完成任务的时间和地点安排**

过程	主要工作	所需时间	地点
第一阶段	任务布置和知识讲解	30分钟	机房
第二阶段	数据转换	30分钟	机房
第三阶段	数据运算与分析	90分钟	机房
第四阶段	任务总结	30分钟	机房

三、实验步骤

1.布置任务与讲解知识

教师首先向学生介绍时间序列的数据结构特征、“伪回归”现象的发生和危害，以及平稳时间序列和不平稳时间序列的运用差别。学生清楚时间序列中“趋势”的力量、检验方法以及协整检验的步骤后，即可进入实际操作阶段。

2.实际操作

教师分步骤演示整个实验任务（见表6-6），学生在教师指导下完成一组实验过程，然后自行完成若干组实验过程，对各组实训成果进行对比分析，并填写实验报告。

表6-6 **实验任务演示步骤**

过程	内容	使用软件	是否记录
步骤一	变量转换	Excel	否
步骤二	数据录入	EViews或SPSS	否
步骤三	变量检验	EViews或SPSS	是
步骤四	模型估计	EViews或SPSS	是
步骤五	结果检验	EViews或SPSS	是

四、实验成果

任务结果以最终的实验报告为依据。实验报告必须包括以下内容：模型的设置、数据的描述性统计、变量检验、模型参数的估计结果和检验结果、实训成果的解读与总结报告。

五、实验评价

考核以实验报告的完成内容为依据，见表6-7。

表6-7　**任务考核评分表**

项目评分表											
序号	学员学号	学员姓名	模型设置（10）	描述性统计（10）	平稳性检验（10）	协整检验和估计（20）	误差修正（20）	结果解读（20）	总结报告（10）	总分	备注
1											
2											
3											

1.模型设置：模型设置的完整性与正确性；理由陈述的详尽性；实践报告内容与态度。

2.数据分析：原理应用得当；方法适当；实践报告记录详尽。

3.总结报告：原理正确；具有独到的心得体会。

每位学生的最终得分=模型设置得分+数据分析得分+报告内容

六、资料来源

[1] 费鸿萍. 营销工程与应用——基于中国市场与企业运作的视角［M］. 上海：华东理工大学出版社，2012.

[2] 简明. 市场研究定量分析［M］. 北京：中国人民大学出版社，2015.

七、延伸阅读

时间序列分析方法

一、序列相关的检验

1.D.W.统计量检验

$$u_t = \rho u_{t-1} + \varepsilon_t$$

原假设：$\rho = 0$，备选假设：$\rho \neq 0$。

2.相关图

（1）自相关系数：

$$r_k = \frac{\sum_{t=k+1}^{T}(u_t - \bar{u})(u_{t-k} - \bar{u})}{\sum_{t=1}^{T}(u_t - \bar{u})^2}$$

（2）偏自相关系数：

$$\phi_{k,k} = \begin{cases} r_1 & ,k = 1 \\ \dfrac{r_k - \sum_{j=1}^{k-1}\phi_{k-1,j}r_{k-j}}{1 - \sum_{j=1}^{k-1}\phi_{k-1,j}r_{k-j}} & ,k > 1 \end{cases}$$

3.Q统计量检验

$$Q_{LB} = T(T+2)\sum_{j=1}^{P}\frac{r_j^2}{T-j}$$

4.LM检验

首先，估计回归方程，并求出残差$\hat{u}_t$：

$\hat{u}_t = y_t - \hat{\beta}_0 - \hat{\beta}_1 x_{1t} - \hat{\beta}_2 x_{2t} - \cdots - \hat{\beta}_k x_{kt},\quad t = 1, 2, \cdots, T$

然后，基于如下辅助回归构造检验统计量：

$\hat{u}_t = x'_t\gamma + \alpha_1\hat{u}_{t-1} + \cdots + \alpha_p\hat{u}_{t-p} + v_t$

二、平稳时间序列模型

1.自回归模型AR（p）

$u_t = c + \phi_1 u_{t-1} + \cdots + \phi_p u_{t-p},\quad t = 1, 2, \cdots, T$

2.移动平均模型MA（q）

$u_t = \mu + \varepsilon_t + \theta_1\varepsilon_{t-1} + \cdots + \theta_q\varepsilon_{t-q},\quad t = 1, 2, \cdots, T$

3.ARMA（p，q）模型

$u_t = c + \phi_1 u_{t-1} + \cdots + \phi_p u_{t-p} + \varepsilon_t + \theta_1\varepsilon_{t-1} + \cdots + \theta_q\varepsilon_{t-q},\quad t = 1, 2, \cdots, T$

三、非平稳时间序列模型

1.单位根检验

单位根检验包括DF检验、ADF检验、DFGLS检验、PP检验、KPSS检验、ERS检验和NP检验。

2.协整关系检验

协整关系检验包括Johansen检验、CRDW检验、EG检验和AEG检验。

3.协整模型和误差修正模型

第一步，求模型：

$y_t = k_0 + k_1 x_t + u_t,\quad t = 1, 2, \cdots, T$

用OLS估计，得到$\hat{k}_0$，$\hat{k}_1$及残差序列$\hat{u}$，并且确定AGE检验是否平稳。

$\hat{u}_t = y_t - \hat{k}_0 - \hat{k}_1 x_t,\quad t = 1, 2, \cdots, T$

第二步，若$\hat{u}$是平稳的，先用$\hat{u}_{t-1}$替换上式中的$y_t - \hat{k}_0 - \hat{k}_1 x$，即：

$\Delta y_t = \beta_0 + \alpha\hat{u}_{t-1} + \beta_2\Delta x_t + \varepsilon_t$

再用OLS估计其参数，观察α的取值，若为负，则协整模型是收敛的，协整关系稳定；若为正，则协整模型是发散的，协整关系不稳定。

第二节　数字营销策划技能训练

项目一　数字营销用户研究

一、实训目标

1.理解用户研究的基本原理与应用。

2.掌握用户画像基本工具的使用。

3.能够对特定的用户数据进行用户画像。

二、实训描述

本实训要求学生组成营销策划团队，以具体产品为对象，进行用户研究，形成用户画像与用户研究报告。

（1）完成任务所需的准备事项。

（2）产品对象。

（3）用户画像工具。

（4）各小组用户研究数据的收集。

（5）用户研究报告的撰写。

完成任务的时间与地点安排见表6-8。

表6-8　**任务规划**

步骤	主要工作	所需时间	地点
1	实训小组组建	1学时	课堂或实验室
2	用户数据收集	5学时	实验室或实体店铺
3	用户画像生成与研究报告撰写	2学时	实验室

三、任务步骤

1.策划团队组建

每4～6名学生组成一个策划团队，即一个销售分公司，分别担任队长、主策划、数字营销操盘手、数字设计、数字程序等角色。

2.数字营销对象选择

按实训要求由各团队完成如下任务：

各团队确定某一具体产品为数字营销对象（如地方特产、新产品等）。

各团队根据教师要求完成团队分工概念模型与产品选择报告，并制作PPT或演示图进行简要汇报。

指导教师对各团队介绍与产品选择进行点评。

团队组建见表6-9。

表6-9　**团队组建**

1.团队名称： 2.产品选择： 3.分工概述：	团队角色	姓名	学号
	队长		
	主策划		
	操盘手		
	设计		
	程序		
	统计		

3.用户数据收集

（1）线上用户特征数据收集：通过在线产品的购买用户身份、评价、直播弹幕等来源收集用户特征信息，并提取相应关键词文本。

（2）线下用户特征数据收集：在产品实体店铺或其他同类产品应用场景下利用观察法、用户访谈及问卷调查等方法收集用户特征数据。

4.用户画像制作

应用词云工具制作用户画像。小组成员利用收集的用户数据经文本分析与关键词提取后在词云工具（如微词云）中输入并得出用户画像，如图6-10所示。

图6-10 床品用户画像

5.用户研究报告撰写

小组成员根据用户画像与用户数据分析撰写用户研究报告。报告框架参考如下：

（1）产品用户基本描述

产品是什么，面向什么用户，用户需求与产品效用的结合点初步分析。

（2）用户研究的基本方法

什么是用户画像方法，其基本流程是什么，有何作用。

（3）用户画像

描述团队进行的数据收集与分析过程，展示用户画像研究结果。

（4）用户痛点描述

经过用户研究，你觉得产品的用户痛点或销售的问题是什么，主要表现是什么。

（5）用户痛点归因

痛点产生的原因有哪些，其中最主要的原因是什么。

四、实训成果

组长将上述用户研究报告等内容记录在Word文档中，形成实训报告。每一位同学提交一份实训心得。

五、实训评价

根据实训作业质量、小组表现进行考核。实训作业与课堂表现建议比例5∶5。

考核以A、B、C、D、E五档等级制进行评价。

A：独立完成实训作业，数据扎实，内容针对性强且能体现大量的工作量，课堂表现优秀。

B：独立完成实训作业，数据较扎实，内容针对性较强且能体现较多的工作量，课堂表现良好。

C：独立完成实训作业，数据收集充分，分析正确，内容有一定针对性且能体现一定工作量，课堂表现一般。

D：实训报告完成度不足，数据收集与分析基本满足要求，能体现一定工作量，课堂表现基本满足要求。

E：不能完成实训作业，数据收集混乱，内容有严重错误，课堂表现差。

项目二　数字营销作品与推广

一、实训目标

1.掌握基本数字营销工具的运用。

2.掌握将产品服务信息转变为数字营销作品的方法。

3.掌握数字营销作品推广的流程与策略。

二、实训描述

本实训要求学生组成营销策划团队，以具体产品为对象，进行数字营销创作，形成数字营销作品并使用数字渠道进行一定的推广。

完成任务所需的准备事项：产品对象及相关材料、数字营销创作软件。

完成任务的时间与地点安排见表6-10。

表6-10　**任务规划**

步骤	主要工作	所需时间	地点
1	实训小组组建	1学时	课堂或实验室
2	数字营销作品创意	5学时	实验室或实体店铺
3	数字营销作品的推广	2学时	实验室

三、实训步骤

1.数字营销作品创意

按实训要求由各团队完成如下任务：

各团队根据实训一的内容进行团队创意，采用头脑风暴、六顶帽子思考等方法提出创意。

各团队制作PPT或演示图描述创意并进行简要汇报。

指导教师对各团队的介绍与产品选择进行点评。

团队汇报内容包括：

（1）用户痛点或产品特点回顾。

（2）创意来源、核心内容所要解决的问题等。

（3）创意表达、内容设计与形式表达等。

2.数字营销作品

（1）各团队根据创意进行数字营销内容与形式设计。

（2）各团队应用数字营销工具完成作品。可按不同形式采用相应工具制作成品或原型，如图文采用公众号、搜狐快站等制作，音视频采用手机摄录软件，游戏采用编程猫等。

（3）团队作品展示，指导教师点评与各组互评。

3.数字营销作品推广

（1）各团队自主学习数字营销作品推广渠道分类，至少列出六种以上数字营销渠道，并分析这些渠道的适用性。

（2）各团队针对拟采用的数字营销渠道进行推广策略分析。

（3）各团队制订推广计划。

（4）指导教师设定推广要求（如渠道、吸引关注度等），各团队在特定推广渠道如公众号等进行推广活动并达到推广要求。

4.数字营销报告撰写

小组根据作品创意、作品表达与推广计划撰写数字营销报告。报告框架参考如下：

（1）创意点。

针对痛点及其产生的原因，有何解决思路，打算用何种方式呈现。

（2）创意作品。

在此处插入创意作品及解释，音频或视频作品要列示音频对白内容或视频截图（主要场景）。

音频和视频作品建议上传百度云后在此放百度云链接与密码。

（3）创意延伸。

若作品还有用其他内容、形式展现的设想，可以写在此处。

（4）数字营销推广。

①引流。作品要呈现给哪些人看，通过什么方式展现，展现后如何吸引流量进入选定实训产品的线上商店。

②种草。如何通过作品或后续作品向用户推荐产品。

③转化。需要什么样的体验活动或销售活动相配合将用户转化为购买者。

④资源要求。

推广规划表见表6-11。

表6-11 **推广规划表**

项目	内容	资源要求	执行时间
推文发布	在官方公众号发布作品	公众号平台	
转发抽奖	推文转发抽奖	抽奖机制，平台	
体验活动	深度体验游	组织团队，车辆，资金，体验店	
……			

四、实训成果

组长将上述用户研究报告等内容记录在Word文档中，形成实训报告。每一位同学提交一份实验心得。

五、实训评价

根据实训作业质量、小组表现进行考核。实训作业与课堂表现建议比例5：5。

考核以A、B、C、D、E五档等级制进行评价。

A：独立完成实训作业，作品内容新颖，形式丰富、工作量大，推广表现优秀。

B：独立完成实训作业，作品内容较新颖，形式较丰富且工作量较大，推广表现良好。

C：独立完成实训作业，作品内容、形式满足要求但工作量一般，推广表现一般。

D：实训报告完成度不足，作品内容、形式基本满足要求，推广表现基本满足要求。

E：不能完成实训作业，作品内容有严重错误，形式单一，推广表现差。

第三节　数字营销运营技能训练

项目一　数字营销及商业模式认知

一、实训目标

1.掌握利用互联网收集数字营销相关资料的方法与过程。

2.了解商业模式，掌握判断商业模式的基本方法。

3.分析商业模式，掌握应用思维导图与商业模式画布分析方法。

二、实训描述

本实训要求学生以信息搜索与文献阅读为手段，了解并掌握有关数字营销的研究应用现状，学会使用模式分析工具分析有关数字营销的商业模式。

完成任务所需的准备事项：思维导图工具、商业模式画布工具。

完成任务的时间与地点安排见表6-12。

表6-12　任务规划

步骤	主要工作	所需时间	地点
1	数字营销知识学习	1学时	实验室
2	应用思维导图分析商业模式	1学时	实验室
3	应用商业模式画布分析与创新商业模式	2学时	实验室

三、任务步骤

1.数字营销知识学习

（1）学习收集数字营销资讯、行业分析报告及其他研究材料等

具体要求：利用搜索引擎寻找并浏览在数字营销中较典型的研究网站，了解这些平台提供的功能和服务，通过数字营销行业研究网站或其他平台了解当前数字营销发展和研究热点。

操作要点：

进入百度或其他搜索引擎，以“数字营销”“行业分析”等关键词进行搜索。

通过搜索结果进入中国产业调研网、梅花网等行业分析网站，查找相关研究报告。

收集当年数字营销行业的总体数据，并选择某些特定行业收集相关数据，下载3～5份相关研究报告进行浏览与学习。

（2）了解数字营销模式

具体要求：了解数字营销模式类别，在网络上搜索并选出社会化、搜索引擎优化、许可营销等案例各1～2个，总结它们所采用的商业模式的基本特点，并指出其差异。

2.应用思维导图分析商业模式

（1）在网上搜索有关思维导图的概念，查看思维导图案例，了解思维导图描绘思路，观察思维导图的主要构成。

（2）搜索不同数字营销商业模式的思维导图，观察这些商业模式的主要构成，了解这些商业模式的主要流程、营销策略等。

（3）尝试发散性思考，应用思维导图对现有模式进行一定创新（如采用新的数字化内容、媒体等）。

3.应用商业模式画布分析与创新商业模式

（1）搜索商业模式画布的概念与案例，了解商业模式画布的主要构成，并尝试比较商业模式画布与思维导图的差异。

（2）根据搜索到的不同模式的思维导图，应用商业模式画布进行描绘，同时分析画布中各模块之间的联系，尝试采用模块重构或业务流程重组方法创新一种模式。

4.实验思考

根据前三项操作，在实训作业中完成如下思考题：

（1）你所找到的数字营销研究网站有哪些（至少3个），它们在研究内容上是否一致？其中，分析数字营销数据并得出行业分析报告的主要网站有哪些，分析数字营销工具的研究网站有哪些？

（2）请说说你认为的商业模式概念是什么，你所分析的不同数字营销模式的案例各有什么基本特点，相互之间又有哪些差异，目前最新的数字营销模式有哪些（至少3种），分别以哪些案例为代表。

（3）请叙述什么是思维导图，其主要的应用价值体现在哪里，有哪些工具可以用来描绘思维导图。

（4）请使用思维导图对1～2种数字营销商业模式进行描绘，尝试以思维导图为工具进行思考，并描绘一种创新的商业模式。

（5）请叙述商业模式画布的概念、构成、作用。比较分析商业模式画布与思维导图的差异，说说两者中哪一种更适于应用营销思维来进行模式创新，尝试将创新的商业模式思维导图用商业模式画布描绘出来。

四、实训成果

组长将上述用户研究报告等内容记录在Word文档中，形成实训报告。每一位同学提交一份实训心得。

五、实训评价

根据实训作业质量进行考核，实训作业与课堂表现建议比例5：5。

考核以A、B、C、D、E五档等级制进行评价。

A：独立完成实训作业，能正确完成实训步骤，实验思考深入且能联系实战场景，工作量大，课堂表现优秀。

B：独立完成实训作业，能正确完成实训步骤，实验思考较深入，工作量较大，课堂表现良好。

C：独立完成实训作业，能基本正确完成实训步骤，实验思考有一定思考，工作量体现较好，课堂表现一般。

D：实训报告完成度基本满足要求，能基本完成实训步骤，实验思考能体现工作量，课堂表现基本满足要求。

E：不能完成实训作业，无法正确完成实训步骤，无实验思考，未体现工作量，课堂表现差。

项目二　自媒体工具应用

任务一：微信的应用

一、实训目标

1.了解网络自媒体及其工具，了解自媒体的设计与信息发布流程。

2.利用自媒体及第三方工具进行信息发布操作。

3.掌握推广自媒体的策略与方法，学会应用方法并进行自媒体的推广。

二、实训描述

本实训要求学生以具体产品为对象，利用微信公众号及其他第三方工具形成可供公众号发布的推文，并进行发布。

完成任务所需的准备事项：产品对象、申请公众号的相关材料、公众号第三方工具。

任务规划见表6-13。

表6-13　**任务规划**

步骤	主要工作	所需时间	地点
1	微信公众号注册与功能学习	1学时	实验室
2	在微信公众号制作简单的推文	1学时	实验室
3	学习利用第三方工具制作与发布推文	2学时	实验室

三、实训步骤

1.微信公众号注册与功能学习

（1）通过搜索引擎或问答社区以关键词“自媒体”或“如何创建自媒体”进行搜索，比较不同搜索或问答结果对自媒体的定义和创建自媒体工具的介绍。

（2）以微信公众号为自媒体应用对象了解自媒体构建与信息发布的过程。注册操作：进入微信公众平台（mp.weixin.qq.com），点击立即注册后选择订阅号，输入邮箱地址并激活（若邮箱已被注册请另行注册一个邮箱并激活），输入密码后点击注册，登记个人注册信息，使用手机激活后，进行账号名称设置。为方便管理，请使用“项目名+学号”作为公众号名称，最后进入微信公众号管理平台并浏览系统消息，了解后台系统基本模块的构成与功能。

2.微信公众号制作简单推文

（1）信息发布操作：查看微信图文信息的编辑与发布流程，尝试对特定产品进行数字包装并至少发布一条相关图文信息。

（2）关注微信文化类公众号“罗辑思维”或特色类公众号“嘉兴吃客”“昆明吃货团”，了解公众号的历史信息内容，并比较该类公众号的信息发布特点，尝试把握其运营方法和收入模式。

3.第三方工具制作与发布推文

（1）学习使用第三方平台（此处使用MAKA）建立海报。在网上搜索MAKA，用手机号注册登录后进入海报制作界面。然后选择一个免费模板，将主题改为“索菲莉尔+学号”，并在模板界面上显示。插入邀请关注公众号的口号，并附上公众号二维码，进行适当编辑后预览并发布在公众号内。

（2）学习使用第三方平台（此处使用快站）建立个人站点（店铺）。在网上搜索搜狐快站，用微信号或手机号注册登录后进入后台界面。然后通过输入个人认证的方法完成认证，新建一个站点，然后选择店铺。仿照某产品的网上店铺上架商品，并定价，其他条件自主设定。店铺发布后可以和微信小店比较一下。

（3）熟悉掌握推广自媒体的基本策略与方法。第一，朋友圈推广。使用发朋友圈的方式邀请好友或粉丝关注公众号。第二，微信互推。通过与同学、朋友之间的合作互相利用各自的粉丝群体来关注自己的公众号。第三，微博推广。建立自己的微博推送公众号或向大号发送信息争取公众号被展露。第四，利用群推广公众号。通过加入各种群（微信、QQ）来推广自己的公众号，例如通过群名片展露，群发消息等方式。第五，EDM营销。通过电子邮件群发来推广微信公众号。第六，其他网上渠道推广，如发布网络广告，进行交互式推送等。第七，线下推广方式。譬如在公众场合或其他场合张贴公众号二维码等。

4.实验思考

根据前3项操作，在实训作业中完成如下思考题：

（1）请叙述自媒体的内涵是什么，现有的自媒体平台有哪些，你个人认为哪个平台比较好，为什么？

（2）请简述或描绘微信公众号的信息发布流程，结合你所注册的公众号中的信息发布截图来说明图文信息操作有何要点，你认为发布图文信息还可以应用哪些图文工具。

（3）根据你所关注的知名公众号，尝试结合其推送信息截图阐述公众号所推行的内容营销模式，并尝试分析内容营销的收入渠道有哪些，不同公众号在内容营销上各有哪些侧重点。

（4）请叙述什么是自媒体的第三方工具，现有的自媒体第三方工具平台有哪些（列举3种以上），你使用过其中哪些？

（5）请阐述一下微信公众号推广的策略主要有哪些，你认为哪些策略对你的现阶段推广比较有效，试阐述如何规划一个公众号的推广。

（6）你通过第三方工具完成了什么样的海报（附截图），经过你的海报推送，一星期后公众号的粉丝数达到了多少并附截图（要求必须满足100人以上）。

四、实训成果

组长将上述用户研究报告等内容记录在Word文档中，形成实训报告。每一位同学提交一份实训心得。

五、实训评价

根据实训作业质量进行考核，实训作业与课堂表现建议比例5∶5。

考核以A、B、C、D、E五档等级制进行评价。

A：独立完成实训作业，能正确完成实训步骤，实验思考深入且能联系实战场景，工作量大，课堂表现优秀。

B：独立完成实训作业，能正确完成实训步骤，实验思考较深入，工作量较大，课堂表现良好。

C：独立完成实训作业，能基本正确完成实训步骤，实验思考有一定思考，工作量体现较好，课堂表现一般。

D：实训报告完成度基本满足要求，能基本完成实训步骤，实验思考能体现工作量，课堂表现基本满足要求。

E：不能完成实训作业，无法正确完成实训步骤，无实验思考，未体现工作量，课堂表现差。

任务二：微博的应用

一、实训目标

1.了解微博的设计与信息发布流程。

2.利用微博及第三方工具进行信息发布操作。

3.掌握推广自媒体的策略与方法。

二、实训描述

本实训要求学生以具体产品为对象，利用微博及其他第三方工具形成可供公众号发布的推文，并进行发布。

完成任务所需的准备事项：产品对象（以日用品为佳）、申请账号的相关材料、微博第三方工具。

参考案例：以“关爱父母”为主题，为索菲莉尔智能床（案例详见第二章的整合营销策划）策划一系列微博宣传。

任务规划见表6-14：

表6-14　**任务规划**

步骤	主要工作	所需时间	地点
1	微博注册与功能学习	1学时	实验室
2	在微博制作简单的推文	1学时	实验室

三、实训步骤

1.微博注册与功能学习

以微博自媒体应用对象了解自媒体的构建与信息发布的过程。注册操作：进入微博

（https：//weibo.com/），建立一个体现团队风格或产品特性的微博账号，最后进入微博平台并浏览系统消息，了解系统基本模块的构成与功能。

2.小组头脑风暴

（1）要对微博进行产品选择，风格选定等策划。

（2）对微博的推广方式进行讨论，并选择主流推广方式。

（3）对微博大V及优化的KOL号进行分析，分析信息发布特点，尝试把握其运营方法，收入模式。

3.微博制作与推广

（1）信息发布操作：查看微信图文信息的编辑与发布流程，尝试对特定产品进行包装并发布信息。

（2）利用粉丝头条、抽奖中心、活动中心、粉丝通、微任务、热门话题/热门微博、广告、外部推广渠道进行吸粉。

四、实训成果

小组将上述用户研究报告等内容记录在Word文档中，形成实训报告。每一位同学提交一份实训心得。内容需要有微博注册、策划、运营（微博、粉丝情况）等。

五、实训评价

根据实训作业质量进行考核，实训作业与课堂表现建议比例5：5。

考核以A、B、C、D、E五档等级制进行评价。

A：独立完成实训作业，能正确完成实训步骤，实验思考深入且能联系实战场景，工作量大，课堂表现优秀。

B：独立完成实训作业，能正确完成实训步骤，实验思考较深入，工作量较大，课堂表现良好。

C：独立完成实训作业，能基本正确完成实训步骤，实验思考有一定思考，工作量体现较好，课堂表现一般。

D：实训报告完成度基本满足要求，能基本完成实训步骤，实验思考能体现工作量，课堂表现基本满足要求。

E：不能完成实训作业，无法正确完成实训步骤，无实验思考，未体现工作量，课堂表现差。

六、资料来源

资讯城主十一先生. 流量增长的100种方法（上、中、下）[EB/OL]. [2020-07-26]. https：//www.sohu.com.

七、延伸阅读

微博推广最实用的100种方法

1.增加粉丝黏度最好的方法就是连载，让内容连载往往能够达到很好的效果。

2.一定要互动，没有互动的微博是没有灵魂的。多去好友的微博发评论，提高关注度。

3.多多利用热点做文章，热点往往能够带来很多流量。

4.一定要研究关键字，有利于百度抓取。

5.一定要在活跃的时候发表微博，这样关注度比较高。

6.建立关系网。

7.微博一定要有自己的定位，这样才能圈定受众群体，持续传播符合受众的内容。

8.一定要关注不同行业的微博。

9.原创往往能够打动人心。

10.一定要符合受众群体的欣赏水平。

11.爆料第一手的新闻。如果你的微博是第一个爆料的新闻源头，将会有许多谈到这件事的微博指向你，流量当然也就上去了（如果不能，请参考百度搜索风云榜、淘宝热点等你关注的行业热门新闻，然后及时报道并整理出后续网民可能要搜的热点）。

12.写一篇有争议的文章。如果能成功写出一篇有争议的文章，人们在争论的时候自然会链接到你的文章，不管他们是同意你的观点，还是在大多数情况下不同意你的观点，其结果当然是流量能大大增加。

13.写一个"Top 10"的列表。上网的人都喜欢"十大××"的列表，形式简洁易懂，又能包含有效的信息（比如十大××资源等）。

14.写一个"Top 100"的列表。如果"Top 10"的列表能带来很大的流量，那么"Top 100"肯定更加有用。

15.一般博友都喜欢教程。

16.发布一篇采访。如果被访者有个博客或网站，那么效果会更好，对方会链接到访谈文章，他的访问者也就点击过来了（如果你能访谈雷军、扎克伯格之类的绝对引流；如果不能，采访其他一些知名人士也可，或者干脆就是你所在圈子的知名人士）。

17.利用节日或是定期性盛会作为话题。写一些和节日或是定期举行的盛会相关的内容，流量也会大增（比如中秋节、国庆节等节日和活动）。

18.创建一个测试。人们都喜欢做测试（这里指那种游戏性质的测试），如果能想出一个有趣的测试，访问者不仅自己乐意做，而且会分享给他们的朋友，这样流量也会增加（比如前两年很多人喜欢做心理测试题、星座测试等）。

19.写一个排行榜（比如，发布一个"中国最牛的10个网络营销专家"，把××排进去，这样的排行榜正好利用人们的好奇心理带来大量流量）。

20.写一个微博排行榜。与前一个策略相似，写一个微博排行榜，比如"微博收入排行榜""自媒体影响力排行榜"。被提到的博友肯定愿意分享一个链接指向这篇文章（如果你能和他们取得联系并告诉他们这个排行榜，效果更佳，流量更大）。

21.贴一张搞笑的图片。结束忙碌的一天，人们也许都只想好好找点乐子轻松轻松。贴一张搞笑的图片就能满足大家愿望了，同时还能增加流量。

22.创建一个信息图表。如果你有创意也喜欢做调查，可以尝试创建一个信息图表，这也是吸引别人链接和流量的好办法。

23.发布一本电子书。这是获取流量最有效的方法之一。写一本能吸引人的电子书，放到微博上。书中的信息越有用，就有更多的人分享评论，流量也就更多。

24.如果你能提供模板那就太好了。

25.如果你是技术控，不妨多分享相关经验。

26.制作一份备忘单。备忘单在网上很流行，如果你能制作一个，那么肯定会发现访问者大幅增加。如果想参考范例，那么可以看看这篇列举了超过30个微博开发备忘单的文章。

27.提供微博设计的资源。比如提供图标集，字体，纹理，Photoshop画笔等类似的资源。

28.发起一个RT（转发）的比赛。发起一个活动，人们需要转发比赛的页面来获得随机抽奖的机会，奖项可以是现金，产品，或是赞助商提供的服务。根据奖品大小，一段时间后就能看到病毒式转发的次数多少。

29.发起一个留言大赛。除转发之外的另一种抽奖形式是通过人们在比赛文章后面的留言评论来获得机会。

30.进行一个评论写作比赛。如果想要提升微博排名，那么可以试着举办一次写作大赛，参赛者需要写一篇和大赛主题相关的文章来获得评比的机会。这样获得的外部链接不仅带来PR权重，而且有新的访问者。不过需要注意的是奖品需要有足够的吸引力来让参赛者愿意写与主题相关的文章。

31.举办一次投票比赛。你需要做的仅仅是在比赛中用投票表决的方法选出获胜者。比如你有一个关于健身的网站，你可以邀请读者提交他们认为最好的健身小技巧，然后由读者投票表决出胜者得奖。这样做能让参与者链接到投票的页面，然后邀请他们的朋友访问并进行投票。

32.流量竞赛。如果流量就是你想要的，那么为什么不把比赛标准直接与之挂钩呢?比赛中要求参赛者直接引导流量到微博，可以是比赛页面（以达到病毒传播的效果）或是资源页面（比如提供电子书的页面）；在设定好时间期限（比如2周，1个月或是其他）之后，只要查看微博的流量分析，看哪个网站带来了最多的访问者，那么就能决定谁获奖了。

33.视频初体验。你也许听说过，视频已经是现今互联网的一大基础应用了，但如果还没有尝试用它来做宣传，那么可以动手开始了。可以先简单体验一下，就在摄像头前录制下一段讲话（当然所谈内容要吸引访问者，不是泛泛而谈）。

34.录制屏幕演示。当操作电脑时，把屏幕录制下来制作成吸引人的视频，是非常有效的方法。例如，可以用这个方法来教别人如何进行电脑的某个操作或者怎样在网上完成某个任务。可以使用这个免费软件CamStudio来录制屏幕演示。

35.提交视频到各大网站。准备好视频之后，就可以在尽可能多的网站上提交传播了，如YouTube、优酷、土豆、新浪、酷6等（前提是不要侵权）。

36.互粉有的时候往往比较好用，尤其是在刚开始时。

37.发布采访音频。我们已经知道采访专家是个获取流量的好办法。除了文字采访，你还可以发布采访音频。

38.找人顶你的文章。这就像滚雪球一样，顶的人越来越多，就能让更多人看到，同时可能就有其他人喜欢，从而带来大量流量。

39.争取上推荐首页。

40.通过软文引流。

41.让访问者用Delicious分享文章。

42.添加社会化分享书签到微博上。

43.微博个性化设计。

44.在尽可能多的社交网络上创建个人资料页。在社交网络上创建个人资料页时，通常可以添加自己的网址，这不仅是构建外部链接的机会，而且能带来流量（一是看到资料页而来的访问者，二是页面上的链接带给微博的权重）。

45.使用人人、豆瓣、知乎等社交网络。想在社交网络上获得流量，必须要在人人、豆瓣、知乎上露个脸才行，最起码也要创建一个账户，并且和尽可能多的人建立起关系。这样才可能在这些平台添加有链接的文章时获得流量。

46.创建微博粉丝页面。另一个充分利用微博的方法就是创建粉丝页面。粉丝页面专门针对你的网站，访问者可以成为粉丝，发表评论等。

47.相关链接的巧妙运用。

48.发布的内容可以是最近博客更新的链接，也可以是网上所有相关的内容。

49.多分享文章，这样可以增加从各大社交媒体引来的流量。

50.多引入互动性话题。

51.多关注受众群体的喜好。

52.网页之间互相链接。

53.突出最受欢迎的内容。

54.在不同浏览器中测试网站。

55.加速网站。

56.提供缓存页面服务。

57.寻找一个优秀的主机托管方案。

58.创造原创内容。

59.构建反向链接。

60.实施关键词研究。

61.优化网页标题。

62.创建一个HTML网站地图。

63.使用图片。

64.翻译网站内容。

65.创建一个适合移动设备的网站版本。

66.为网站创建一个iPhone应用。

67.为网站创建一个Android应用。

68.加入网上论坛，在签名中放一个网站链接。

69.在帖子中链接到你的文章。

70.加入Craigslist论坛。

71.考虑在网站上添加论坛。

72.在Squidoo上创建“lenses”。

73.在HubPages上创建“hub”。

74.在雅虎问答上回答问题。

75.回答LinkedIn上的问题。

76.提交网站到网页目录。

77.提交博客到博客目录。

78.提交内容到文章目录。

79.交换链接。

80.利用广告交换。

81.分发新闻稿。

82.把网站链接添加到电子邮件的签名当中。

83.Google AdWords。

84.Facebook广告。

85.StumbleUpon公司的广告。

86.Reddit的赞助商链接。

87.直接购买横幅广告（banner ads）。

88.从第三方广告平台购买横幅广告。

89.购买付费评论。

90.告诉你的朋友和家人你的网站。

91.把你的网站告诉你的同事。

92.把网址添加到名片上。

93.把网址印在T恤上。

94.制作印有网址的贴纸并在周围到处贴上。

95.在当地报纸上打广告。

96.想一个有创意的愚人节恶作剧。

97.把你用过的任何电脑的主页都设置为你的网站。

98.将电脑商店导航到你的网站。

99.把你的网站放在出售名单上。

100.假装受到黑客攻击。

任务三：抖音的应用

一、实训目标

1.了解短视频的设计和发布流程。

2.了解短视频的制作工具。

3.掌握短视频营销的特点、推广的策略与方法。

二、实训描述

本实训要求学生以具体产品为对象，利用微博及其他第三方工具形成可供公众号发布的推文，并进行发布。

完成任务所需的准备事项：产品对象（以日用品为佳）、申请账号的相关材料、短视频制作的相关工具。

参考案例：为索菲莉尔智能床（详细案例见第二章的整合营销策划）制作一个或多个短视频，目的是让消费者认识该品牌智能床的优点。

任务规划见表6-15。

表6-15　**任务规划**

步骤	主要工作	所需时间	地点
1	短视频工具的练习	2学时	实验室
2	短视频推广策略，编写视频脚本	1学时	实验室
3	短视频的制作及通过抖音、快手进行发布	3学时	课后

三、实训步骤

1.抖音号注册与功能学习

以微信公众号为自媒体应用对象了解自媒体构建与信息发布的过程。注册操作：下载抖音APP并进行注册，建立一个具有创意的抖音号名称，最后进入抖音，以了解系统的基本模块构成与功能。

2.小组头脑风暴

要对短视频进行系统策划，产品选择，风格选定。

要对短视频的内容、创意进行讨论。

要对短视频的推广方式进行讨论，选择主要的推广方式。

3.短视频制作与推广

设计短视频的内容创意，形成脚本。

短视频的拍摄、制作和发布。

多渠道推广短视频。

四、实训成果

小组将上述用户研究报告等内容记录在Word文档中，形成实训报告。每一位同学提交一份实训心得。内容需要有微博注册、策划、运营（微博、粉丝情况）等。

五、实训评价

根据实训作业质量进行考核，实训作业与课堂表现建议比例5：5。

考核以A、B、C、D、E五档等级制进行评价。

A：独立完成实训作业，能正确完成实训步骤，实验思考深入且能联系实战场景，工作量大，课堂表现优秀。

B：独立完成实训作业，能正确完成实训步骤，实验思考较深入，工作量较大，课堂表现良好。

C：独立完成实训作业，能基本正确完成实训步骤，实验有一定思考，工作量体现较好，课堂表现一般。

D：实训报告完成度基本满足要求，能基本完成实训步骤，实验思考能体现工作量，课堂表现基本满足要求。

E：不能完成实训作业，无法正确完成实训步骤，无实验思考，未体现工作量，课堂表现差。

六、资料来源

佚名．短视频拍摄技巧有哪些［EB/OL］．［2018-10-24］．https：//jingyan.baidu.com/article/fd8044fa0a35175031137a3f.html.

七、延伸阅读

短视频的拍摄技巧

短视频拍摄技巧一：构图

一幅作品的构图，凝聚着作者的匠心与安排的技巧，体现着作者表现主题的意图与具体方法，因此，它是作者艺术水平的具体反映。在构图中很重要的就“screen depth”。

制造“screen depth”有四个办法：

（1）方法一，就是不要把拍摄的对象放在墙面前。不只灯光师会非常认可，而且你也会马上得到更好的角度和深度。

（2）方法二，就是拍摄的时候对着墙角。这是一个常见的简单小技巧，对着房间的对角线拍摄会增加空间的深度。把你的相机移到墙壁的对角线，或者至少能看见墙壁的角落，让你的画面看着立马高大起来。

（3）方法三，把外景带进来。如果你拍摄的地方有窗户，那么增加室内的照明让大家能看见室外。甚至你可以用绿屏拍摄去假装一个室外。很多时候新手往往喜欢“block the window”（把窗户挡起来）或者“blow out the window”（把窗户打开），但是如果你能把窗户外的景色带进画面，往往会发现这些不起眼的外景会强烈暗示着环境，画面的深度戏剧化地增加。

（4）方法四，如果你在室外拍摄，尝试取一些带有地标性的建筑物让观众知道你在哪里。如果你在原野上，你可以把房子或者拖拉机放在背景里。如果你在城市里，让观众看见演员背后三条街道的风貌。这些在背景里的东西不需要在焦上，可以被虚化，但这些元素一定要在。

短视频拍摄技巧二：创造景深

（1）相机要有一个大的传感器。

（2）大光圈。这一点无论怎么强调都不为过。使用快镜头大光圈是非常必要的。光圈越大，景深就越浅。数值越小意味着光圈越大。

（3）长焦距。镜头焦距越长，景深越浅。

短视频拍摄技巧三：声音

好的短片，声音多半是精致的。院线电影和一般的小视频比，画面是可以模仿的，可是声音永远是无法超越的！信噪比高的录音设备收出来的声音干净无比。这么说吧，电影里我们常常可以听到香烟燃烧的声音，而我们在生活中都听不到。这就是电影声音制作的有趣之处。一切混音在真实的基础上加以戏剧化。而普通的视频，多半做不到声音干净，混音犀利。

短视频拍摄技巧四：调色

我听过一句话叫“无调色，不出片”，可见调色对一部短视频、电影来说是非常重要的。好的调色不仅可以提升影片的视觉效果，而且可以形成一种风格。整体思路是从整体到局部，要想调出不错的色，首先你要知道一些基本的色彩知识，比如说色温、色相、互补色、相邻色等，然后你还要熟悉一个调色工具。

很多人使用达芬奇来给自己的片子调色，还有人用一些插件，比如looks、film等，这个主要看个人习惯。对于我来说，最常用的就是Prcc2015内置的插件。一般来说拿到一条视频首先要进行一级调色，就是颜色校正，色温白平衡什么的，然后是二级调色，进行风格化处理，添加蒙版、套用lut。lut是指色彩查找表，来源于胶片电影时代，类似于一种调色预设。

短视频拍摄技巧五：黑条

最后补充一点，就是黑条！

电影多半是2.35：1或者是2.55：1的画幅比例。加一个黑条，会瞬间充满电影感。当然，这不是在看电影，而是在看短视频！是写实，运用的是写意。

色彩决定观众的情绪

有很多人可能觉得自己的作品没有故事感的一个很重要的原因就是不会运用色彩，其实色彩会传达人的一些情绪，我们来看看不同的颜色会给别人传达怎样的情绪。

你要学会运用色彩

1.想表现压抑、苦闷以及恐怖的情绪可以用冷色调。

2.暖色调特别适合表现神秘的气氛。

3.饱和与对比强烈的色彩让人心情愉悦。

4.黑白在表现怀旧时特别适合。

5.红色会让人感觉亲切。

6.蓝色会让人感觉冷静。

（1）冷色调营造肃杀感。

在很多电影中，我们经常能看到色彩偏冷的画面，一般在悬疑片或者恐怖片中常见，这是因为冷色调能够感觉比较冷静。这样的环境配合欠曝一点的曝光组合就能够很好地烘托气氛。

（2）暖色调让气氛神秘。

暖色调经常出现在黑夜画面中，暖色由于人造光或者自然光的影响，让画面显得更有反差。在拍摄的时候，我们让有指向性的光线打亮部分环境，让反差明显，营造气氛。

（3）饱和的色调让场景更奇幻。

在很多电影中，我们经常能够看到各种色彩非常饱和的画面，尤其是在一些很奇幻的电影中，这些电影往往与童年的梦境、童话联系在一起，像糖果一般鲜艳。因此在拍摄这样的画面时，前期的置景肯定会占据很重要的作用，但是在摄影上我们还是需要注意色彩上的运用。

（4）黑白让人怀旧。

大部分人都知道黑白电影要先于彩色电影，那是不是说黑白电影就完全受到技术条件的制约而成为黑白呢？实际上并不是这样。当使用黑白进行拍摄时，人物的造型、服装等都会成为光影的重要元素。因为黑白会把色彩去掉，让人只注意画面的光影，因此避免较平的光线，侧光、逆光等都会成为黑白摄影电影感的一个很重要手段。

（5）红色让人温暖。

红色经常会伴随着环境来表现，比如日落，红色的街灯等。红色会给人一种温暖、和蔼、暧昧的感觉，这种色彩在文艺片中经常出现，一般在拍摄女性的时候使用较多。而在拍摄的时候，我们可以借助橙色或红色滤镜的使用，让整个环境都温暖起来。

（6）蓝色给人旁观的感受。

由于蓝色冷静、干净，让人更容易以一种旁观的角度去观看电影。因此，在拍摄这种偏蓝色的画面时，我们要注意这种“蓝”的程度，稍微浅一些的蓝会给人更舒服、更愉悦的感觉，我们可以稍稍做一些白平衡的偏移，也可以在后期降低一点饱和度。

项目三　搜索引擎营销实训

一、实训目的

1.认识和了解常见的搜索引擎和类别。

2.掌握网站运营前、运营中、运营后搜索引擎优化的基本技能。

3.能够应用百度推广搜索引擎营销。

4.通过对搜索引擎网址登录的认识，理解搜索引擎对网络营销的作用，了解如何有效地支持网络营销。

5.学习和对比各个搜索引擎的收录情况。

二、实训描述

1.搜索引擎优化

（1）网站运营前的优化工作。

（2）网站运营过程中的搜索引擎提交工作。

（3）网站运营后的优化工作。

（4）搜索在引擎优化过程中的一些问题。

2.百度推广搜索引擎营销

（1）注册并登录百度搜索推广账户。

（2）百度推广界面的认识。

（3）百度推广账户的基本操作。

（4）百度推广创意的制作。

（5）百度推广关键词的基本操作。

（6）百度推广账户的控制。

3.对比搜索引擎收录情况

（1）对比不同搜索引擎论坛博客信息的收录结果。

（2）对比不同搜索引擎关键词收入量。

（3）对比不同搜索条件限制的搜索结果。

三、实训步骤

1.搜索引擎优化

搜索引擎优化（SEO），就是针对各种搜索引擎检索的特点，让网站更适合搜索引擎检索，从而获得搜索引擎收录并且在排名中靠前的行为。一个对搜索引擎友好的网站，应该方便搜索引擎检索信息，并且返回的检索信息让用户看起来很有吸引力，这样才能达到搜索引擎营销的目的。

（1）网站运营前的优化工作。

网站的搜索引擎优化工作并非在网站运营后才考虑到，而是在网站运营前就要策划好的，这期间不仅包括域名、空间的选择，而且包括网站本身的架构。

①域名的优化。

第一，坚持使用老域名。

域名历史越长，越利于优化。可以想象，在搜索引擎的spider接触网站的时候首先接触的就是网站的域名，与此同时，它也把域名历史的信息反馈给搜索引擎作为搜索引擎排序的一项标准。“域名历史越长，越利于优化”的这种思路有点类似于人们对百年老店、百年品牌的看法，一个店面、品牌之所以能够经营百年，也恰恰说明了用户对其产品或服务质量、诚信度的肯定。同样，搜索引擎也用类似的标准去衡量一个网站，如果一个网站域名能够长期使用，那么也能说明该网站的质量和信誉，搜索引擎自然也会把一个网站域名的历史作为网站优化的衡量标准之一。其历史越长，权重越高。因此，对于企业而言不要轻易放弃域名，要坚持使用老域名。

第二，在域名中适当地融合关键字。

在域名中包含关键字一直是被业内认可的，例如，在bing.com中搜索MP3，看一下结果便会发现这个规律。Spider在接触域名的时候其实已经把这个域名的名称和这个网站的主题信息列为相关因素了。因此，企业在选用域名的时候要考虑关键字（如图6-11所示）。

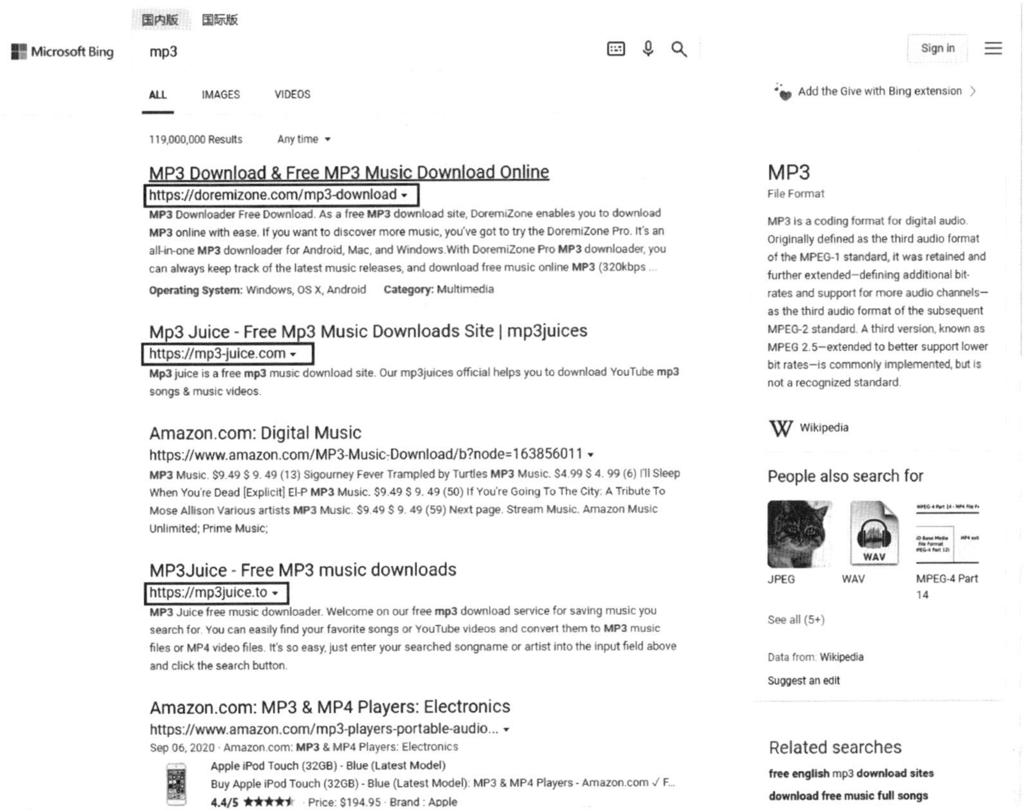

图6-11　关键字搜索示例

第三，Gov，edu域名的在优化中的权重高于com，net等。

②空间的优化：选择稳定快捷的服务器。

空间性能的优劣直接影响着客户能否快捷打开企业网站，因此spider在打开网站、抓取网站内容的同时也就把这个网站的稳定性、快捷性因素反馈了给搜索引擎，作为该网站今后排序的一项因素考虑在内。试想，没有哪个搜索引擎愿意把不稳定、打开速度慢的网页放在搜索结果的前列影响客户体验度。

因此企业在建站前选择空间的时候最好选择服务态度好、性能稳定的服务器提供商。为测试服务器的速度，企业可以让不同地方的朋友登录一下这个服务器上的相关网站进行测试，也可以通过各种服务器测试软件来实现。

③网站的架构：轻型网站构建、灵活设置搜索引擎关注代码。

网站的架构是影响搜索引擎一项很重要的因素，具体包含网页中关键字的布局和密度，网页的编码模式、网页类别，因此企业在网站架构时应做到：

第一，构建轻负载量的网页。

一个网页的负载量越大，就意味着打开速度越慢，从而影响客户体验。同样spider在抓取网页的时候也会考核该因素。因此企业在建站的时候要考虑尽量用轻装的div+css代替table模式，尽量用静态网页而不是动态网页（由于动态网页便于维护，静态网页便于优化，因此基于两方面需要企业可以选择构建动态生静态的网站），同时在建站和日后维护的时候，在尽可能保证美观、实用的情况下减少网页中flash、视频、图片等加载量大的内容出现。

第二，构建能够灵活控制title，keywords，decription，head内容的网页。

Html语言中的title，keywords，decription，H1等都是网页编码中的一些重要标识。客户在抓取、打开一个网页的时候也尤为重视这些部分的内容，因此应该把客户搜索关键字置于这些地方对搜索引擎来说比较友好，利于排名。一般而言，做搜索引擎优化工作要尽可能地让客户搜索关键字出现在这些搜索引擎关注的地方。因此企业在构建网站的时候要尽可能地让网络公司构建好网站后台，把网页的这些内容设置成可以灵活控制的。例如，某网站的后台前期就规划了较好的搜索引擎优化的结构，内容发布时的标题、摘要、关键字对应的就是网页的title，keywords，decription，这样企业网站维护人员可以很容易把产品或服务的关键字放到这里，从而容易引起搜索引擎关注。

第三，URL的灵活设置，有效融合关键字利于搜索引擎排名。

如上述域名优化道理一样，在URL网址中包含英文关键字也是利于英文搜索引擎优化的，因此如果企业网站在构建的时候能够考虑到这些因素，那么就可以为以后优化打下良好的基础。如图6-12所示，静态页面名称部分就表明了该站点后台设置了URL手写功能而不是自动生成的。

（2）网站运营过程的搜索引擎提交工作

①提交搜索引擎。

一个新网站建设运营后，搜索引擎是不知道它的存在的，也不会去抓取和收录它，因此要网站主动向搜索引擎提交，告之网站的存在，以加快搜索引擎的收录过程。只有网站被收录了，才有可能在搜索引擎上取得较好的排名。

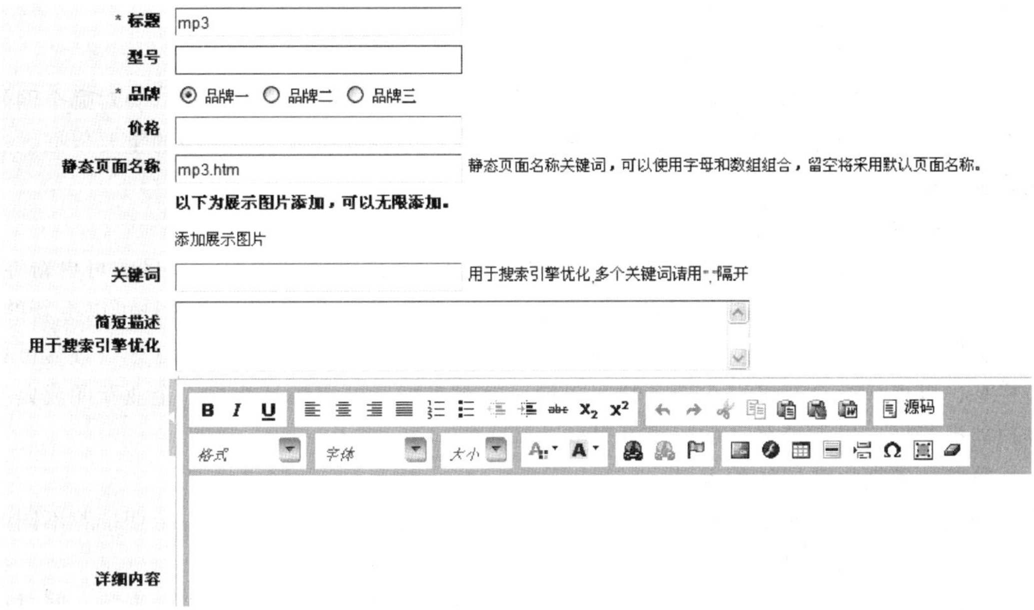

图6-12　URL手写功能设置

②各搜索引擎提交入口。

百度网站登录入口：http：//www.baidu.com/search/url_submit.html。

Bing网站登录入口：http：//cn.bing.com/webmaster/SubmitSitePage.aspx。

Coodir网站目录登录入口：http：//www.coodir.com/accounts/addsite.asp。

搜狗网站收录提交入口：http：//www.sogou.com/feedback/urlfeedback.php。

③百度提交示例（如图6-13所示）。

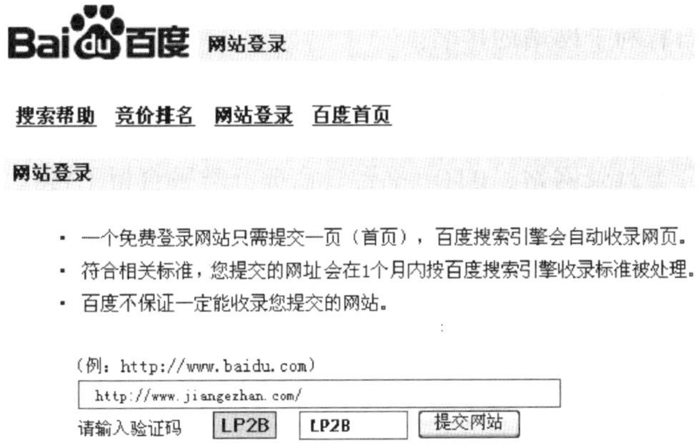

图6-13　百度搜索提交入口示例

④增设网站地图，强化搜索引擎抓取和收录。

为了方便搜索引擎抓取和收录，还可以在网站中专门建设sitemap.xml，向各大搜索引擎提交，以强化搜索引擎收录和排名。网络上有关sitemap.xml的介绍有很多，在此不做赘述。

（3）网站运营后的优化工作。

在搜索引擎优化领域历来有一个不成文的说法：内容为王，链接为皇。这也说明了网站运营维护工作的核心：做内容和做链接。

①不断更新网站，做高质量的内容。

对于用户而言，哪个网站能持续不断地为其提供高质量的内容，客户就会对哪个网站的专注度高些，同样以客户为中心的搜索引擎无疑也把该条规则列为排序的重要依据。这就要求企业：

第一，设置网站可更新栏目。

首先网站应该设置可更新的栏目，建站的前期要考虑到网站内容、栏目的可更新性，并进行合理搭配。比如哪些栏目是可以更新的，首页、栏目页有哪些内容是可以更新的，前期就要规划好；可以将产品展示、新闻动态、客户常见问答、合作伙伴这些设置为可更新栏目，以保证网页有可以更新的栏目；同时首页也可以设置精品栏目、企业新闻或典型客户的推荐区，以保持首页的可更新性。

第二，定期更新网站内容。

网站可以定期发布企业新闻、新款产品、成功案例、合作伙伴，同时定期推荐不同的产品、新闻到网站首页等。

网站要注意定期发布内容的原创度，质量度越高越容易引起搜索引擎的青睐，同时适当地融合关键字（密度在2%～8%），是非常有利于企业网站排名的。

②做好网站的链接工作。

链接工作是搜索引擎优化的一项关键性工作，因为搜索引擎除了按网站内容质量的优劣来进行排序外，还有一项重要的准则就是投票原则。

用户在互联网上采集信息游走的路线是通过网站的链接来实现的，这样用户很容易观察出哪个网站的导入链接多，哪个网站的导入链接少，甚至没有链接，如果一个网站的导入链接多，相对而言，就意味着这个站点有较好的“人缘”，搜索引擎就会给这个网站一个较高的权重，从而有利于网站的排名。

第一，添加链接的方法。

友情链接交换，可以通过在一些平台或者QQ群交流交换链接。

通过登录各大分类目录网站、BTOB平台、商务分类平台留下链接。

在免费的博客、论坛中适当留下链接。

买链接，由于一个网站运营初期友情链接不好交换，因此可以到一些网络平台去购买链接。

网站内部添加链接，内部链接是网站内部网页与网页之间的链接，内部链接对于提高网站中的主要网页的权重有相当重要的意义。

第二，添加链接要注意的问题。

添加高质量链接，在企业网站添加链接的过程中与其添加大量质量不高的链接不如添加几个有质量的链接。一般业界人士认为PR值高、原创度高、更新快、收录量大网站的链接为高质量链接。对一个网站而言，一堆低质量的链接可能还不如一个高质量的链接。

以关键字作为锚文字，锚文字就是做链接的文字。由于涉及相关性的问题，一般搜索引擎在通过一个锚文字打开一个链接的时候，搜索引擎已经将锚文字和打开网站做了一定的默认关联。

高质量链接是强化网站快速收录的有效手段。因为高质量网站搜索引擎对它的关注度比较高，用户会经常去抓取信息，因此由这种网站导入链接会加快网站被收录的速度。

（4）搜索引擎优化过程中的一些问题。

①关键字的选取和应用问题。

在搜索引擎营销中，无论是搜索引擎推广还是搜索引擎优化，都是基于用户关键字搜索开展的营销活动，所以关键字的选取和应用都是搜索引擎营销工作的基石，有效的关键字选择和应用可以提高搜索引擎的营销效率。否则，搜索引擎营销工作将流于形式，入不敷出。

②关键字的选取流程。

第一，选择客户常用的关键字。

因为关键字营销的对象是客户，而不同区域、产品用于不同用途的客户可能对关键字有不同的叫法。因此站在客户的角度去考虑关键字是做好关键字选择的第一步。比如作为一个农贸商，它可能选用关键字“番茄”，而客户则更多用的是“西红柿”。又如，鼠标在中国台湾地区则称“滑标”。失之毫厘，谬以千里，错误的关键字选择不仅耗费财力、人力，更重要的是可能让企业贻误战机。

第二，结合客户习惯，用网络工具去筛选关键字。

传统客户的关键字虽然有一定指导意义，但同时还要借助网络关键字工具去筛选，毕竟通过网络关键字工具更能准确把握网络客户的搜索习惯。相应的网络关键字是网络数据分析的结果，因此与客户关键字结合可以起到优势互补的作用。一般常用的网络工具有：百度指数、百度推广后台关键字推荐工具、百度相关搜索、GOOGLE关键字工具等。

第三，避热就冷，选择有针对性的关键字、长尾关键字。

行业通行准则在做网络营销关键字选取的时候一般会采取避热就冷，选择有针对性的关键字和长尾关键字，而非热门通用关键字。初涉网络营销的企业在选择关键字的时候多数会选择行业、产品通用关键字，这些词一般都是主关键字、热门关键字，搜索量很大，但同时这些关键字的竞争也比较激烈，而且更为重要的是这些关键字针对性不强，搜索客户中的潜在客户过少。与其选择热门关键字，不如避热就冷多选择有针对性的关键字、长尾关键字不但可以减少竞争，而且可以发掘准确的客户需求。当然由于在有针对性的关键字、长尾关键字中多数包含热门关键字，因此一般当大量长尾关键字做好的时候，也在无形中提升了主关键字、热门关键字的排名。

③关键字选择工具的应用。

站在客户的立场选好主关键字和核心关键字的情况下，接着可以使用一些网络关键字工具进行筛选，其使用过程如下：

第一，百度相关搜索。

在百度搜索框输入核心关键字“衣服”，下面就会有相关关键字列表提示出现，如图6-14所示。

同时在搜索结果的最下面也有相关搜索结果出现（如图6-15所示），这和上面提示下拉列表的关键字基本一致，能够出现在这些地方的基本都是一些搜索量比较大的关键字，都是一些核心关键字扩展出来的长尾关键字，企业也可以有针对性选择更为精准的关键字，不但竞争力度小，而且针对性会更强。

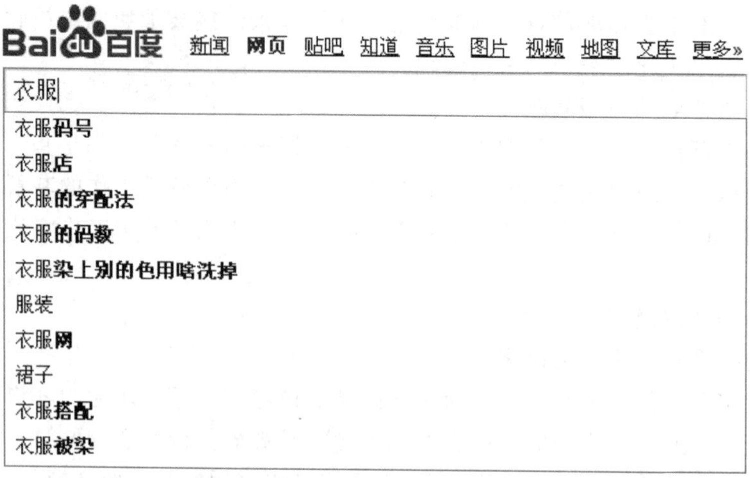

图6-14　百度关键字列表示例

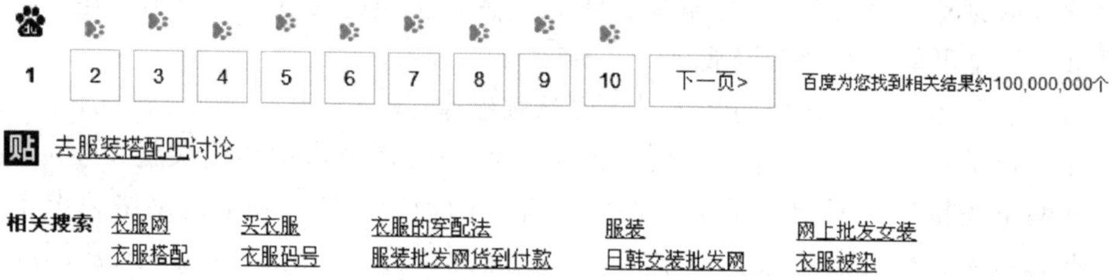

图6-15　搜索结果示例

第二，使用百度指数。

百度指数是百度工具之一，用来分析某些关键字在百度上的搜索热度，可以用它来判断一个关键字对客户是否有价值，它只是一个比率指标并不代表有具体的搜索量。如果某一关键字有百度指数，那么说明该关键字在百度上有一定的搜索量，同样，该指数越高说明搜索量越大。如果根本就没有显示指数，那么说明该关键字搜索量过小。打开 http://index.baidu.com/，比如在里面搜“衣服”，可以看到“衣服”关键字整体搜索指数 6268（如图 6-16 所示），应该来说是热门关键字了，同样我们在下面可以看到相关关键字及对应关键字的用户群体和受众年龄段教育程度，便于对活动房市场的准确把握。

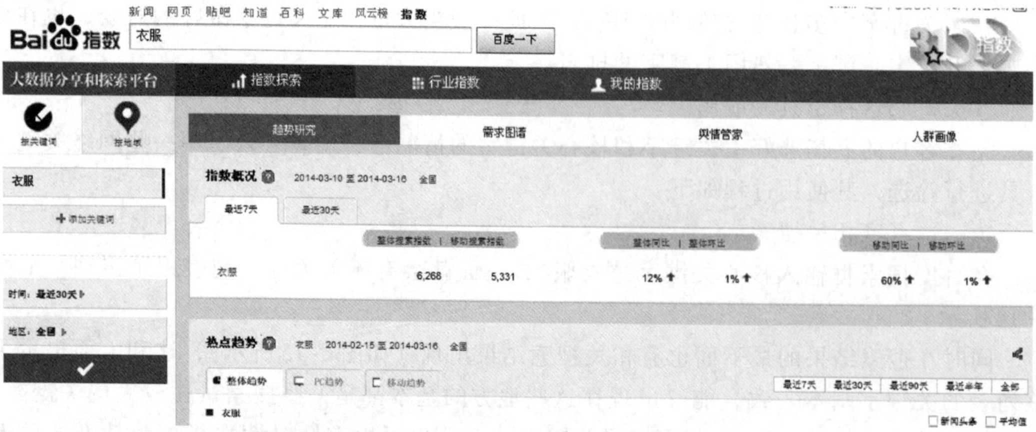

图6-16　百度关键字整体搜索指数示例

第三，其他关键字工具。

除以上关键字工具外，还可以使用百度搜索风云榜：http：//top.baidu.com；搜狗指数：http：//zhishu.sogou.com；阿里指数：https：//index.1688.com等来分析关键词。

可以根据企业优化的搜索引擎不同，选择不同的关键字分析工具，在利用这些关键字工具筛选出更多的关键字后，则可以根据企业客户的真实需求选择更为精准的关键字和长尾关键字。

④搜索引擎优化黑帽做法。

在搜索引擎领域一般分为两种：白帽做法和黑帽做法。白帽做法主要按严格、正规的搜索引擎优化做法优化网站或网页。而黑帽做法主要是指用非正规的方法进行搜索引擎优化。由于黑帽做法有违搜索引擎工作的本质，多以欺骗搜索引擎、诱导客户为主，因此一般这种做法是不值得提倡的，而且一旦被搜索引擎发现，就会被搜索引擎视为作弊行为，遭到搜索引擎惩罚，进而遭到降低排名、排名消失、减少收录甚至被屏蔽的危险。目前被搜索引擎确定为作弊做法的主要有：

第一，关键字堆砌。为了增加关键词的出现频次，故意在网页代码中，如在META，Title，注释，图片ALT以及URL地址等地方重复书写某个关键词的行为。

第二，虚假关键词。通过在META中设置与网站内容无关的关键词，如在Title中设置热门关键词，以达到误导用户进入网站的目的。同样的情况也包括链接关键词与实际内容不符的情况。

第三，隐形文本/链接。为了增加关键词的出现频次，故意在网页中放一段与背景颜色相同的、包含密集关键字的文本。访客看不到，搜索引擎却能找到。类似方法还包括超小号文字、文字隐藏层等手段。隐形链接是在隐形文本的基础上在其他页面添加指向目标优化页的行为。

第四，重定向（Re-Direct）。使用刷新标记（Meta Refresh）、CGI程序、Java、Javascript或其他技术，当用户进入该页时，迅速自动跳转到另一个网页。重定向使搜索引擎与用户访问到不同的网页。

第五，偷换网页，又称“诱饵行为（Bait-&-Switch）”，是在一个网页成功注册并获得较好排名后，用另一个内容无关的网页来替换它的行为。

第六，复制站点或内容。通过复制整个网站或部分网页内容并分配以不同域名和服务器，以此欺骗搜索引擎对同一站点或同一页面进行多次索引的行为。“镜像站点”（Mirror Sites）是此中典型。

第七，桥页/门页（Bridge/Doorway/Portal/Entry）。针对某一关键词专门制作一个优化的页面，链接指向或重定向到目标页面。有时候为动态页面建立静态入口，或为不同的关键词建立不同内页也会用到类似方法，但与桥页不同的是，前者是网站根据实际内容所需而建立的，是访问者所需要的，而桥页本身无实际内容，只针对搜索引擎作了一堆充斥了关键词的链接而已。

第八，隐形页面（Cloaked Page）。这是指在同一个网址下对不同的访问者选择性返回不同的页面内：搜索引擎得到了高度优化的网页内容，而用户则看到不同的内容。

需要声明的是，在有些情况下，使用作弊的搜索引擎优化手段，在短期内是有利于搜索引擎排名的，但从根本上而言，违背了客户优化的终极目标，从长期看是不利于搜索引擎优化的。

⑤搜索引擎优化的其他问题。

搜索引擎是一个系统性工程，而且是一个长期持续的过程，其中涉及细节问题相当多，不止上述这些问题，还涉及网页域名改变、服务器改变、框架网页的改变等对应的SEO对策。

2.百度推广搜索引擎营销

百度搜索推广是一种按效果付费的网络推广方式，是百度推广的一部分。每天网民在百度进行数亿次的搜索，其中一部分搜索词明确地表达了某种商业意图，即希望购买某一产品，寻找提供某一服务的提供商，或希望了解与该产品/服务相关的信息（如图6-17所示）。同时，提供这些产品/服务的企业也在寻找潜在客户。通过百度搜索推广的关键词定位技术，可以将高价值的企业推广结果精准地展现给有商业意图的搜索网民，同时满足网民的搜索需求和企业的推广需求。

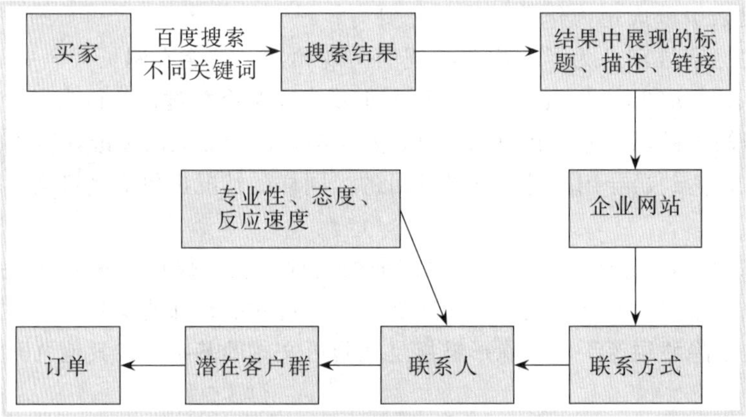

图6-17 百度搜索推广流程

百度搜索推广具有覆盖面广、针对性强、按效果付费、管理灵活等优势。您可以将推广结果免费地展现给大量网民，但只需为有意向的潜在客户的访问支付推广费用。相对于其他推广方式，您可以更灵活地控制推广投入，快速调整推广方案，通过持续优化不断地提升投资回报率。

（1）注册百度搜索推广账户

先注册百度搜索推广账户，并支付必要的预付款项（界面如图6-18所示）。在收到款项并确认您的账户内已添加关键词后，百度将在两个工作日内处理您的申请，并对您的推广资质进行初步审核，处理完毕后即可为您开通账户。

如您所在地区已存在百度分公司或地区代理商，您也可以直接联系他们为您办理百度搜索推广的账户开通与服务申请事宜（如图6-19所示）。

（2）登录百度推广账户

登录网址http：//e.baidu.com/，点击右上角客户登录进入输入页面（如图6-20所示）。

（3）查看百度推广账户界面

输入用户名、密码和验证码点击登录，登录后看到如图6-21所示的界面。

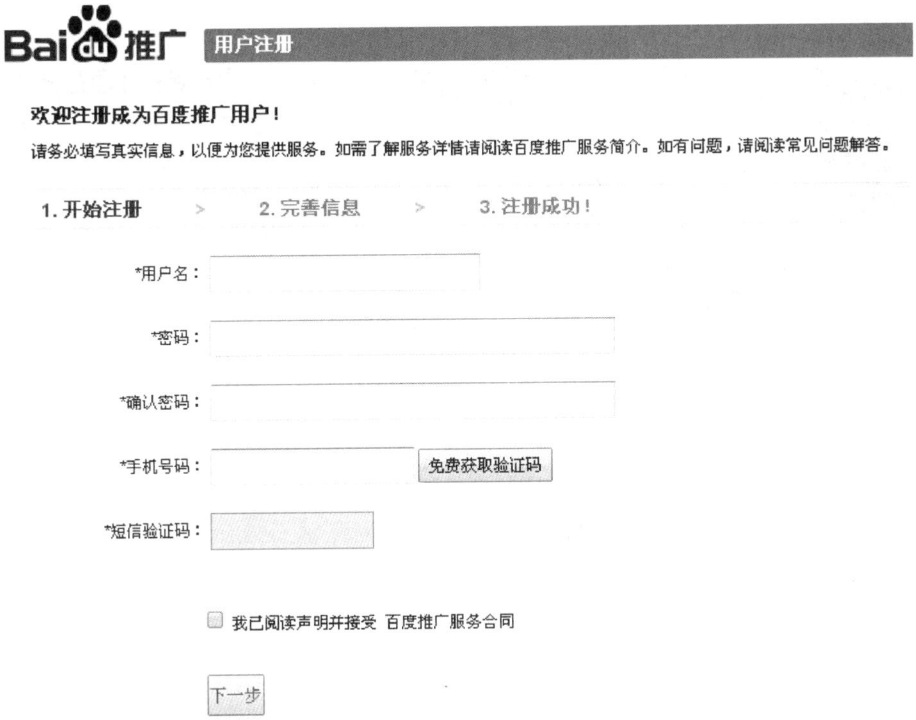

图6-18　百度搜索推广注册账户界面

图6-19　百度推广机构信息查询界面

图6-20 百度推广账户登录界面

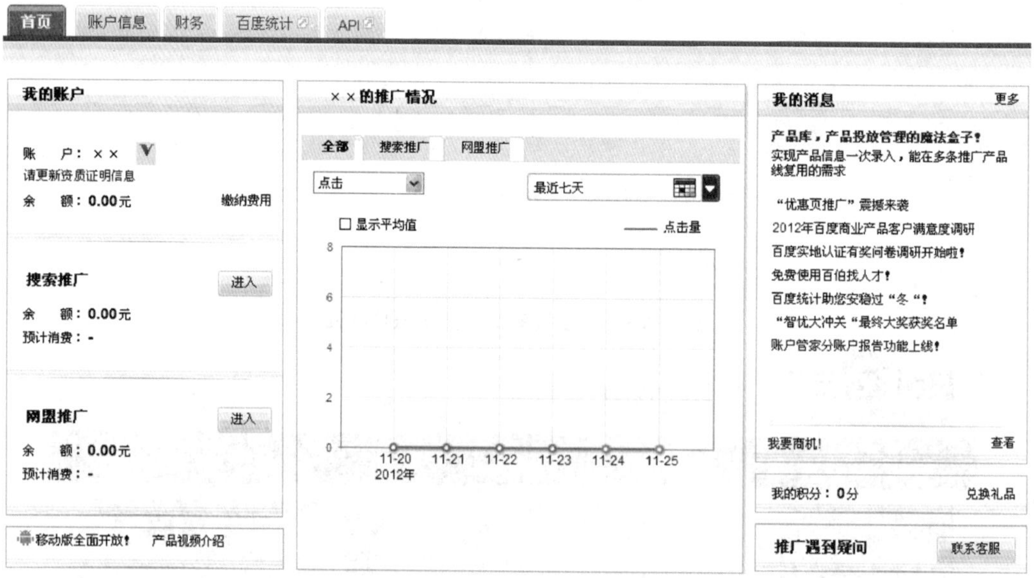

图6-21 百度推广账户界面

①界面详解。

在账户旁边有一个灰色的V，它是一个公司真实性验证的系统标志，在加V后会被点亮。在网页搜索中出现公司的名称后品牌会在搜索页左端显示出来，如搜索“凡客”后可看到如图6-22所示的画面。

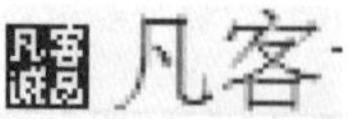

图6-22 公司名称LOGP显示

②某公司在百度推广上的情况。

如图6-21所示，“全部”“搜索推广”“网盟推广”三个标签项目可点击查看相关针对性的图标以了解情况，有点击和消费两项可选择性观看。

时间设定能选择近一年的点击与消费记录，并以图表的形式观看。点开可看到6个选项供选择（如图6-23所示），自定义时段可以随意选择两个时间进行观看对比，如时间跨度较大可选择“显示平均值”进行观看。

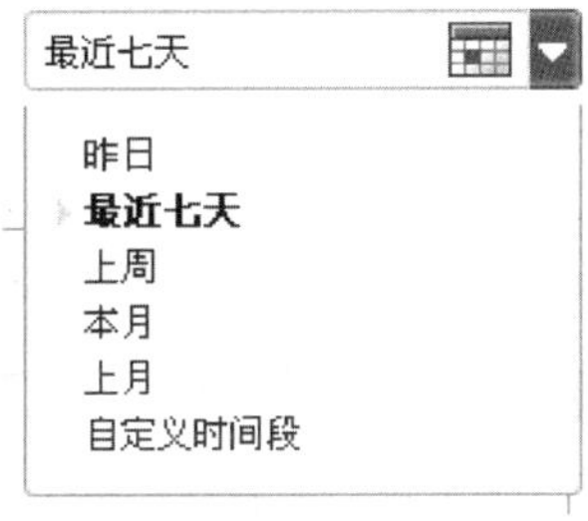

图 6-23　时间设定界面

（4）推广概况界面

点击搜索推广旁的“进入”，进入推广概况界面（如图 6-24 所示）。

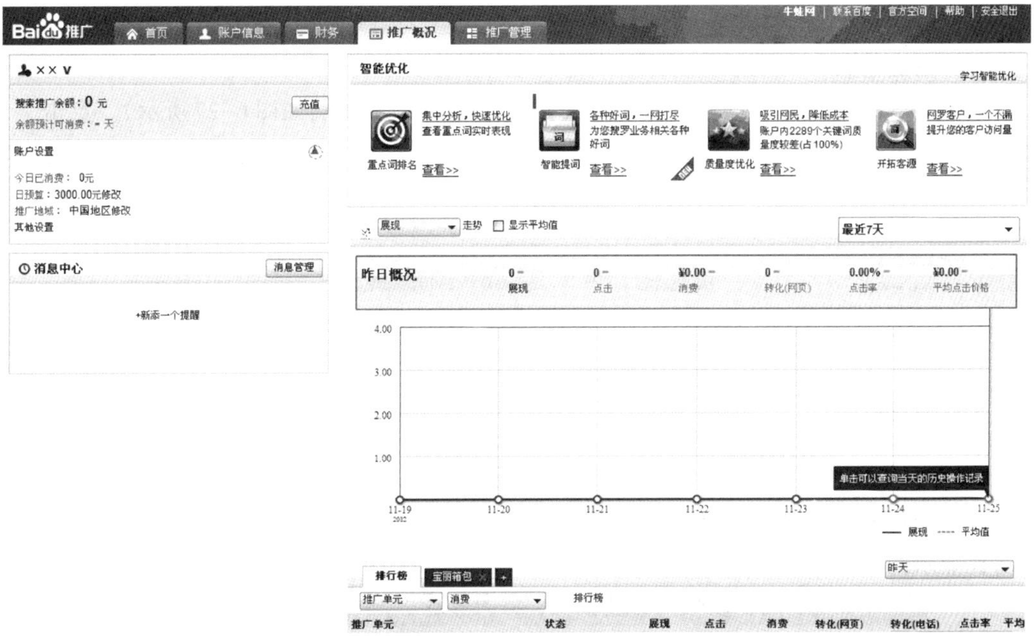

图 6-24　推广概况界面

①日预算和推广地域都可以修改，点击“其他设置”可进入一个设置界面，如图 6-25 所示。

图 6-25　其他设置界面

在此处可设置创意激活时间有“立即”“24 小时内确认”“72 小时确认”内三种。

②账户 IP 设置则可以避免公司人员在搜索相关词条验证时，相关广告的展现导致的自行消费，点击账户 IP 有提示操作方法。

（5）推广管理

点击“推广管理”栏目，进入推广管理界面（如图6-26所示）。

图6-26 推广管理界面

账户树下只有一个账户，此账户名叫××网，账户名不能重名；用户名下面有多个计划（可以有100个计划），如产品精确词；计划之下分为多个单元（可以有100个单元），如LED灯；在单元之下就是各种关键词了。

（6）添加创意

点击“产品精确词”这个计划项就可进入“创意”界面（如图6-27所示）。点击“新建创意”即可添加创意。

图6-27 创意界面

①添加创意，左侧显示为产品精确词计划使用led亮化照明单元内，右侧的创意预览起对比显示的作用（如图6-28所示）。

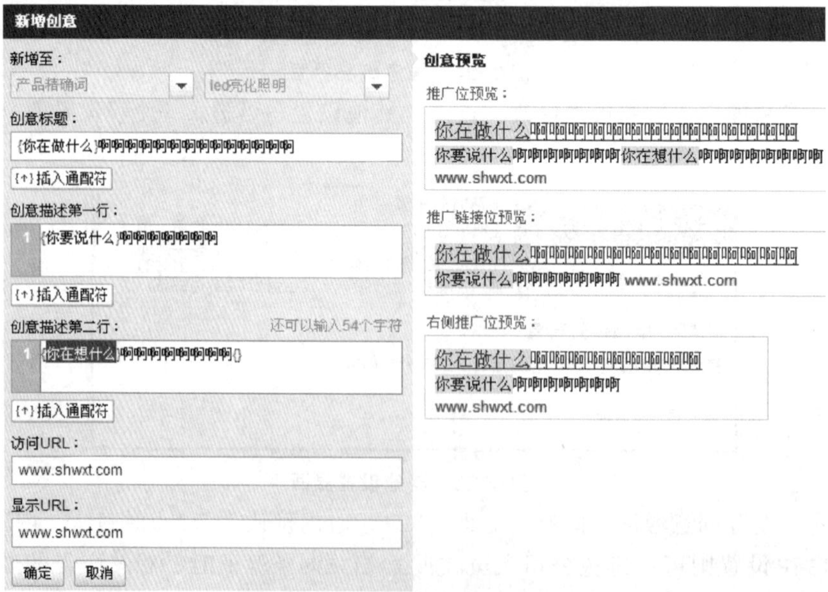

图6-28 添加创意显示界面

②在“推广计划”展现页可以调节展现时间以便于资金的合理利用，展现方式有优选和轮替两种，在先期都应以轮替为主，这样才能达到最好效果（如图6-29所示）。

图6-29 推广计划展现页

附加创意，即为推广蹊径，点击“附加创意”进入新增子链界面（如图6-30所示）。

图6-30 新增子链界面

注：蹊径只有当你的网站关键词在关键词搜索量排名达到第一的时候才会显现在百度搜索页上，如图6-31所示搜索下面的5项即为蹊径在百度搜索上的展现形式。

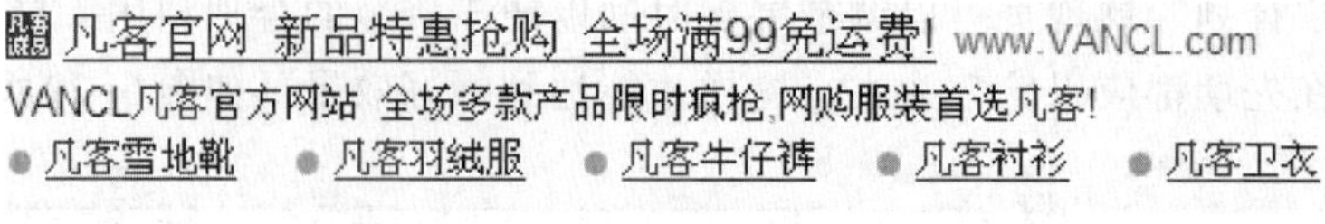

图6-31　蹊径展现形式

备注：当填写子链接的时候，应使用英文输入法。

（7）添加关键词

①点击“关键词”进入关键词添加页面，进行关键词的添加（如图6-32所示）。

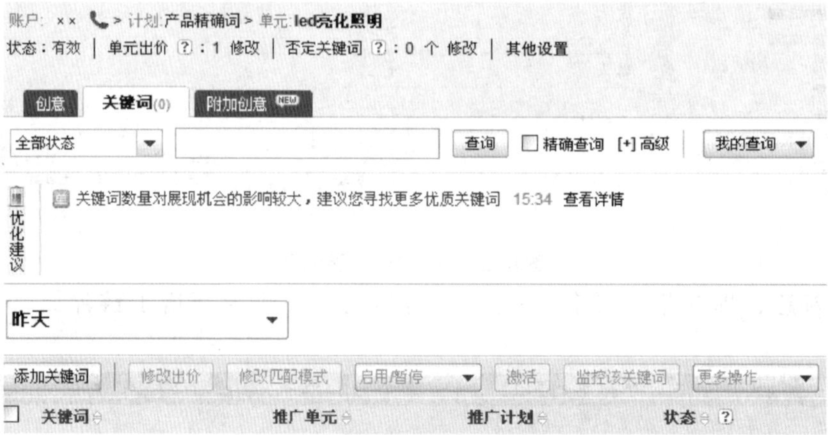

图6-32　关键词添加页面

②在“搜索关键词”处进行搜索后，会出现很多关键词，例如输入“光模块”。黑色马头表明近期搜索量异常火爆。马头后的“　”按钮的作用是添加关键词，在点击后该关键词会出现在左上角的已选择关键词内，点击“　”按钮后会屏蔽该关键词（如图6-33所示）。

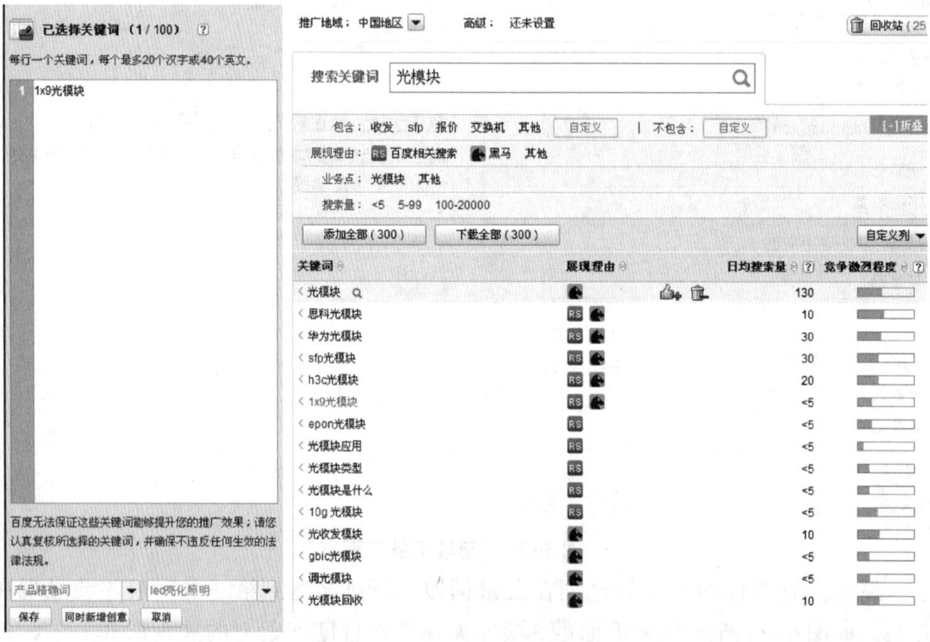

图6-33　关键词搜索结果

③点击左下角的保存后会显示以下界面（如图6-34所示）。

图6-34　关键词属性界面

这个图从小到大描述关键词所属：

1×9光模块（关键词）—led亮化照明（推广单元）—产品精确词（推广计划）。

状态处可以点击暂停键，以暂停推广该关键词。

出价处可以修改到适合市场的价格。

匹配模式有精确、广泛、短语三个模式（如图6-35所示）。精确只有在百度上搜索与相关关键词一模一样的时候才会展现相关信息。广泛：被定义为广泛的关键词，只要搜索的时候带有类似的意思或包含其中一部分，就可能搜索到我们的网站信息，但是搜索“火炉”会搜索到“电炉厂”，因此，广泛关键词要谨慎选择投放。短语：只要搜索的时候全部包含相关关键词，就可以搜索到，如关键词为“盛华”，搜索“盛华微系统”或“盛华光模块”，就可搜索到关键词“盛华”所属的创意界面。

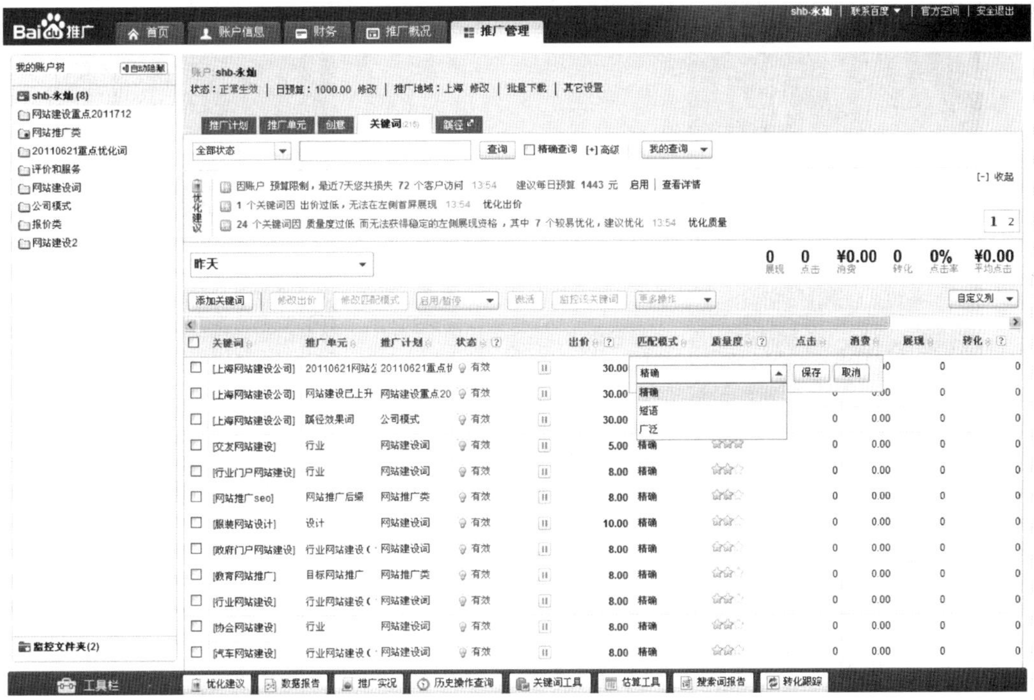

图6-35　匹配模式

（8）账户控制

在账户栏和计划栏内都有预算可以设定（如图6-36所示）。账户控制总预算量，当各个计划点击费用达到总预算的时候就会停止上架。计划预算可以高于账户预算，但还是以账户预算为准。预算可以随时调整（如图6-37所示）。

3.对比搜索引擎收录情况

（1）对比不同搜索引擎论坛博客信息收录结果

在论坛或博客里新发表一篇文章，或新建一个网站或空间，对比各搜索引擎的收录结果。

图6-36　预算设定

图6-37　预算调整

①以威锋网论坛为例在论坛里发帖，登录https：//www.feng.com/forum，注册账号，如图6-38所示。

图6-38　威锋网账号注册页面

②登录威锋网，如图6-39所示。

图6-39　威锋网登录页面

③在威锋网发帖，如图6-40所示。

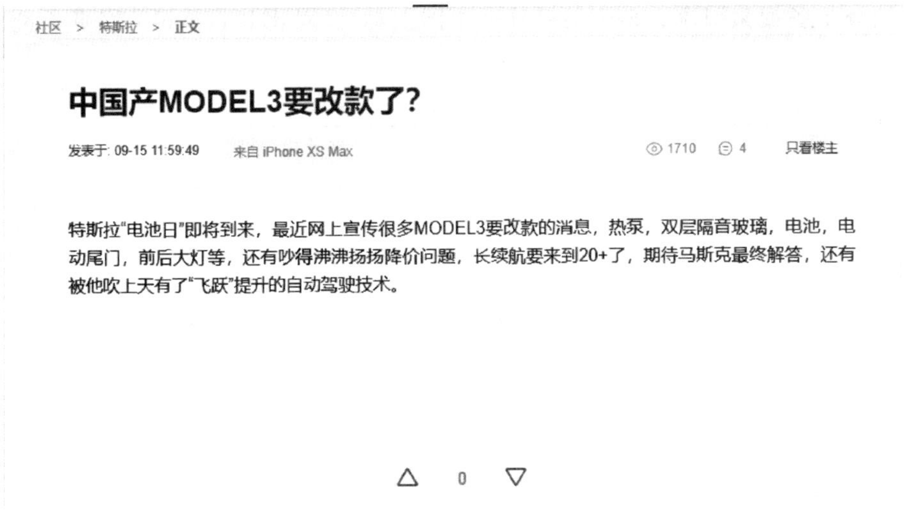

图6-40　威锋网发帖页面

④分别登录各搜索引擎，输入发帖标题搜索，查看对比收录情况，见表6-16。

表6-16　对比发帖收录情况

搜索引擎	网址	搜索结果
百度	https：//www.baidu.com	
必应	https：//cn.bing.com	
360搜索	https：//www.so.com	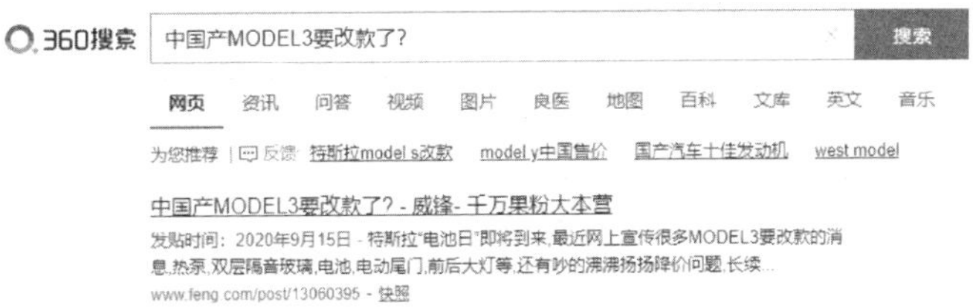

（2）对比不同搜索引擎关键词收入量。

分别登录各搜索引擎，搜索关键词“中国大学”，对比其收录相关网页数量，见表6-17。

表6-17　　对比各搜索引擎收录网页数量

搜索引擎	网址	收录相关网页数量
百度	https：//www.baidu.com	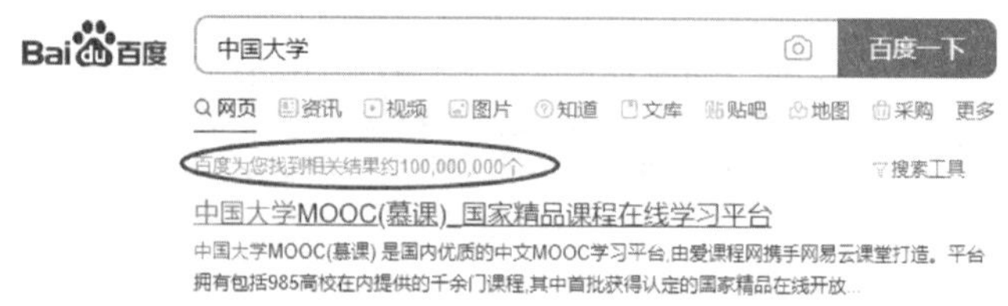
必应	https：//cn.bing.com	
搜狗搜索	https：//www.so.com/	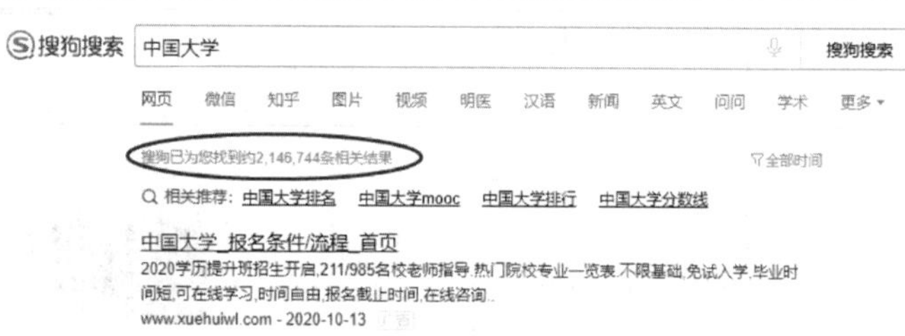

（3）对比不同搜索条件限制的搜索结果。

在百度的高级搜索（http：//www.baidu.com/gaoji/advanced.html?q）里，增加对搜索条件的限制，对比分析其搜索结果的变化。首先只限制关键词（如西安精密无缝钢管、西安无缝钢管、无缝钢管），然后加入对搜索结果显示条数的限制、对搜索时间和语言的限制等，学习高级搜索的使用，界面如图6-41所示。

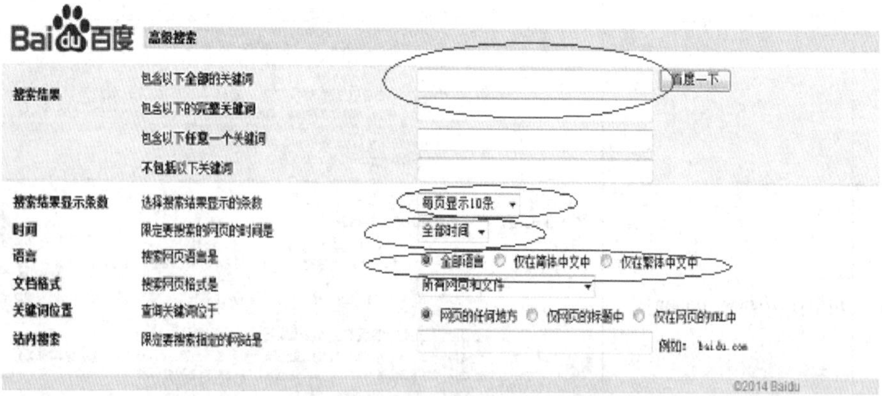

图6-41　搜索条件限制选项页面

①搜索关键词“西安精密无缝钢管”，设置参数及搜索结果如图6-42、图6-43所示。

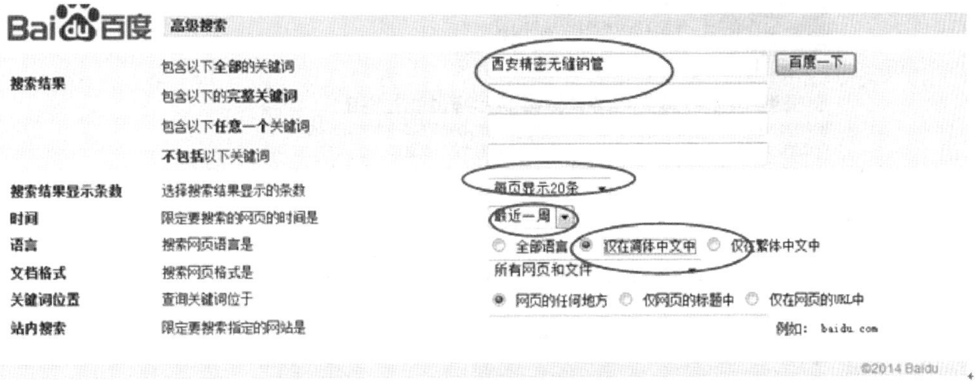

图6-42　搜索条件参数设置（1）

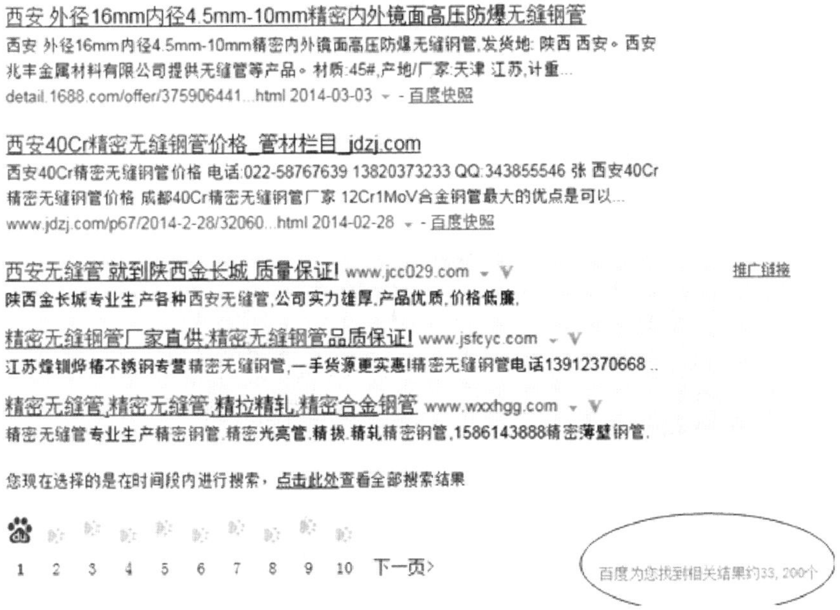

图6-43　搜索结果（1）

②搜索关键词“西安无缝钢管”，设置参数及搜索结果如图6-44、图6-45所示。

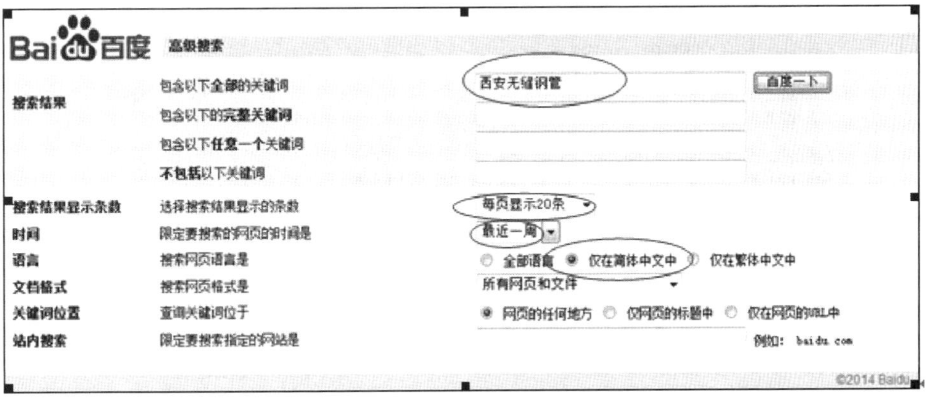

图6-44　搜索条件参数设置（2）

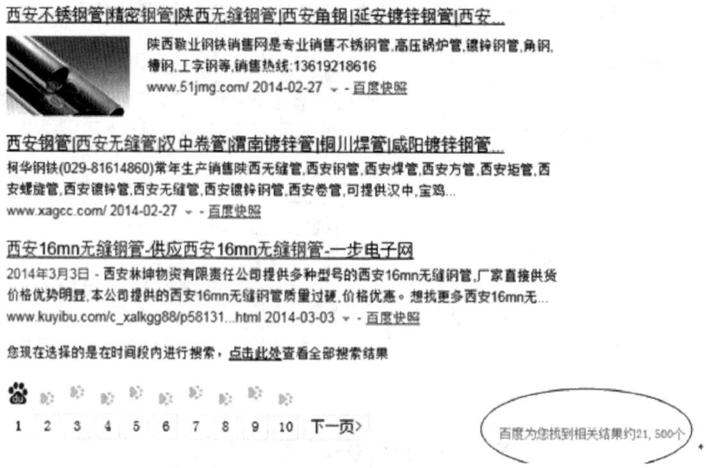

图6-45 搜索结果（2）

③搜索关键字“无缝钢管”，设置参数及搜索结果如图6-46、图6-47所示。

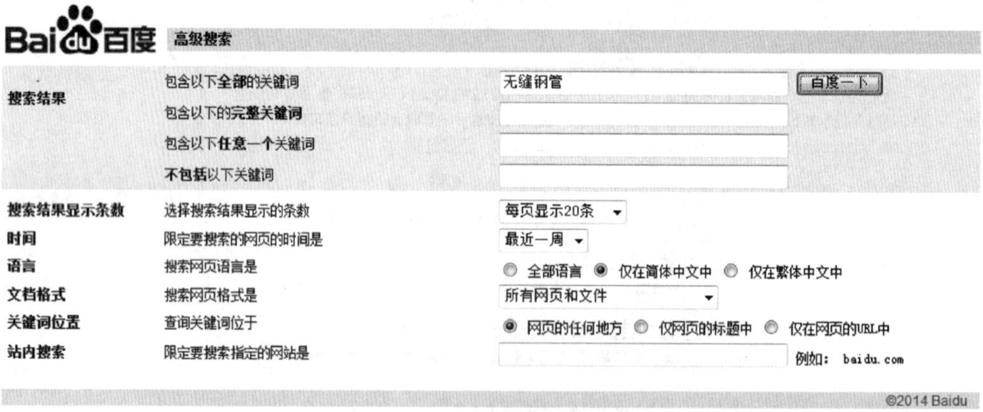

图6-46 搜索条件参数设置（3）

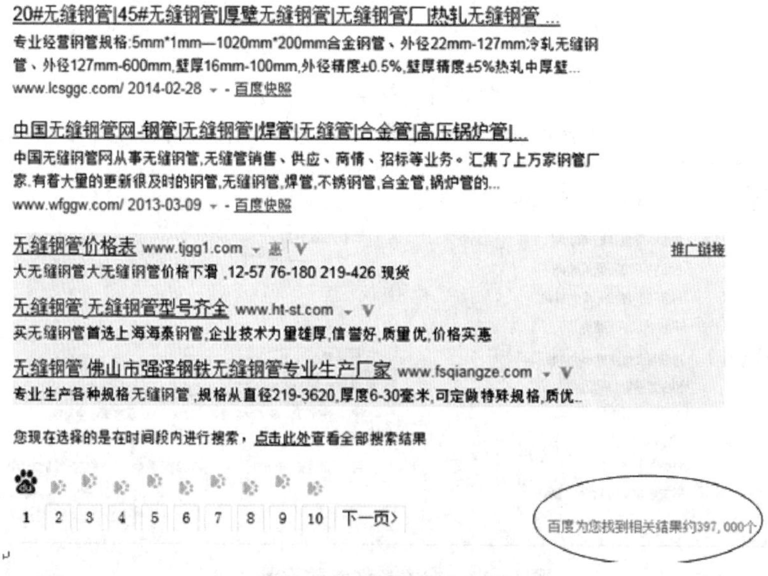

图6-47 搜索结果（3）

四、实训成果

将上述用户研究报告等内容记录在Word文档中，形成实训报告。每一位同学提交一份实训心得。

五、实训评价

根据实训作业质量进行考核，实训作业与课堂表现建议比例5∶5。

考核以A、B、C、D、E五档等级制进行评价。

A：独立完成实训作业，能正确完成实训步骤，实验思考深入且能联系实战场景，工作量大，课堂表现优秀。

B：独立完成实训作业，能正确完成实训步骤，实验思考较深入，工作量较大，课堂表现良好。

C：独立完成实训作业，能基本正确完成实训步骤，实验思考有一定思考，工作量体现较好，课堂表现一般。

D：实训报告完成度基本满足要求，能基本完成实训步骤，实验思考能体现工作量，课堂表现基本满足要求。

E：不能完成实训作业，无法正确完成实训步骤，无实验思考，未体现工作量，课堂表现差。

六、资料来源

佚名. 实训三 搜索引擎营销实训［EB/OL］.［2014-11-06］. https：//wenku.baidu.com/view/80e1a50fa98271fe900ef956.html#.

第七章

营销综合能力培养模块

第一节　战略营销沙盘运营规则

项目　战略营销沙盘运营规则学习

一、实训目标

1.掌握战略营销沙盘的基本运营流程与规则。

2.掌握沙盘软件系统的使用。

3.理解沙盘运营与营销决策。

二、实训描述

本实训要求学生组成小组，每个小组组成一虚拟企业，并担任相应角色。在本实训中，学生分小组学习战略营销沙盘的基本规则，并进行沙盘摆盘训练，为下一阶段沙盘模拟运营做准备。同时，学生小组还需确立虚拟企业的经营目标、经营理念等，并进行公司确立陈述。

学生小组建组完成后，指导教师讲解沙盘的基本流程与规则，并给出相应的学习资源。学生根据指导教师演示与讲解按沙盘教学年流程步骤完成教学年运营。

完成任务所需的准备事项：沙盘系统调试与初始化；各小组建组所需的表格；沙盘系统教学年流程所涉及的数据。

任务规划见表7-1。

表7-1　　任务规划

步骤	主要工作	所需时间	地点
1	实训小组组建	1学时	沙盘实验室
2	沙盘流程与规则学习	3学时	沙盘实验室
3	沙盘教学年运营	5学时	沙盘实验室

三、实训步骤

1.战略营销沙盘实训小组的组建

实训班级由20～50名学生组成，每5～6名学生组成一个实训小组，即一个销售分公司。组内成员分别担任总经理、市场调研部经理、促销部经理、直销部经理、渠道管理部经理及客户服务部经理等职务，并由总经理担任组长。实训小组形成4～8个相互竞争的团队。

按实训要求由学生自行组队（或教师指定）并完成如下团建任务：

各组学生讨论规则，在规定时间内确定公司名称与经营目标、口号。

各组营销总监按次序上讲台介绍自己公司，内容包括公司名称、团队成员介绍与经营目标、营销口号，还可阐述公司经营理念及愿景等。

指导教师对各实训小组的团队名称、团队介绍、经营目标、口号进行点评。

团队组建见表7-2：

表7-2 **团队组建**

<table>
<tr><td rowspan="7">1.团队名称：

2.团队经营目标、团队愿景及口号：

3.团队特色：</td><td>团队角色</td><td>姓名</td><td>学号</td></tr>
<tr><td>总经理</td><td></td><td></td></tr>
<tr><td>营销总监</td><td></td><td></td></tr>
<tr><td>直销经理</td><td></td><td></td></tr>
<tr><td>分销经理</td><td></td><td></td></tr>
<tr><td>运营总监</td><td></td><td></td></tr>
<tr><td>客服经理</td><td></td><td></td></tr>
</table>

2.战略营销沙盘流程与规则学习

（1）战略营销沙盘认知：营销管理沙盘实战模拟训练体系，是将学生扮演的营销总监及各个经理角色置身于一定复杂程度的模拟市场环境之中，分析市场环境并制定决策，与小组成员协作配合，在竞争中取胜，并在模拟竞争中体验市场营销战略的得失。该沙盘实训要求学生只有综合运用所学知识并不断积累模拟经验，才能完成整个模拟过程。在沙盘模拟实训过程中，每个学生都可全身心体验市场调查、市场定位、产品定位、定价、促销、渠道管理、人员管理、客户服务等各个环节的操作，从体验中感悟营销管理的真谛，进而提高技能。

（2）战略营销沙盘盘面简介：战略营销沙盘是对现实企业及市场的仿真，盘面符号代表企业的组织结构、流通渠道、市场分布等。战略营销沙盘将虚拟企业面对的市场分为三块，企业可选择在哪个市场中投入营销资源来进行销售。

（3）战略营销沙盘中的虚拟企业初始状况讲解：销售分公司初始资金；销售分公司品牌资产等。

（4）战略营销沙盘运营流程学习：销售分公司年初流程工作；销售分公司年中（4期）流程工作；销售分公司年末流程工作。

（5）战略营销沙盘运营规则学习：

指导教师指出沙盘规则内容页面，由各实训组对运营规则进行研读。

指导教师对规则进行简单解释，实训组如果对规则不清楚或有异议可向指导教师提问。指导教师需要解答各实训组提出的问题。

3.战略营销沙盘教学年运营

指导教师按教学年流程引导学生进行沙盘运营步骤，并解释与步骤相关的运营规则。在教师指导下，实训组要完成2年的教学运营流程，并逐步掌握运营流程与规则（见表7-3）。

表 7-3 **沙盘课程教学年流程（部分）**

公司：______________ 教学年

操作流程			角色分工	资金归口	记录（四个周期）			
					一	二	三	四
年初	1	年初/上年度剩余总经费	总经理		250			
	2	年初/上年度剩余市场营销运营经费	营销总监		50			
	3	市场信息与商业情报调研	营销总监		3			
	4	公司市场营销战略规划	总经理/营销总监		√			
	5	申请市场营销运营经费	营销总监/总经理		50			
	6	年初人员盘点	营销总监		√			
7		期初总经费盘点	总经理		200	170	120	116
8		期初市场营销运营经费盘点	营销总监		97	70	33	33
9		制定/调整人均基本工资	营销总监		√			
10		制定直销员业绩奖励	直销经理		√			
11		ISO 体系认证	总经理	总经费	2	2	2	0
12		期初产品库存量盘点	运营总监			√	√	√
13		人员调整	营销总监		×			
14		人员招聘培训——紧急招聘培训（随时）	营销总监	营销经费	14	0	0	0
15		分销商市场（产品）调整费	分销经理/营销总监	营销经费	0			
16		三、四星级分销商招募	分销经理		×			
17		直销部/分销商建设	直销经理/分销经理/营销总监	营销经费	13	8	0	0
18		经销商订货	分销经理/总经理	总经费	6			
19		更新应收款/应收款收现	总经理	总经费	0	0	0	0
20		销售点统计	客服经理		√	√	√	√
21		……						

四、实训成果

组长将上述用户研究报告等内容记录在 Word 文档中，形成实训报告。每一位同学提交一份实训心得。

五、实训评价

根据实训作业质量、小组表现进行考核，实训作业与课堂表现建议比例 5：5。

考核以 A、B、C、D、E 五档等级制进行评价。

A：独立完成实训作业，小组分工有序，正确地进行实训步骤并有优秀课堂表现。

B：独立完成实训作业，小组分工与实训步骤正确有序、课堂表现良好。

C：独立完成实训作业，小组分工与实训步骤出现较少错误，课堂表现一般。

D：实训报告完成度不足，小组分工与实训步骤错误较多，课堂表现基本满足要求。

E：不能完成实训作业，小组分工与实训步骤混乱，课堂表现差。

六、资料来源

蒋定福. 市场营销沙盘模拟教程［M］. 北京：首都经济贸易大学出版社，2018.

第二节　营销战略营销沙盘模拟运营

项目　战略营销沙盘第1—6年模拟运营

一、实训目标

1.应用战略营销沙盘的运营流程与规则制订营销计划。

2.应用沙盘软件系统实施模拟运营。

3.根据计划与运营情况总结反思。

二、实训描述

实训小组按照战略营销沙盘的基本规则，进行沙盘模拟运营训练。实训小组需根据规则制订虚拟销售公司的营销计划，并根据计划与实际运营情况做出运营决策，再在沙盘系统中执行相应流程。每一个沙盘运营年度结束后，实训小组需根据自身的运营状况进行总结，并完成经营心得记录。

完成任务所需的准备事项：沙盘系统调试与初始化；各小组运营所需的表格；沙盘实训报告相关材料等。

三、任务步骤

1.实训小组组织

按实训分组安排各小组成员在战略营销沙盘就位，并学习掌握实训流程（如图7-1所示）：

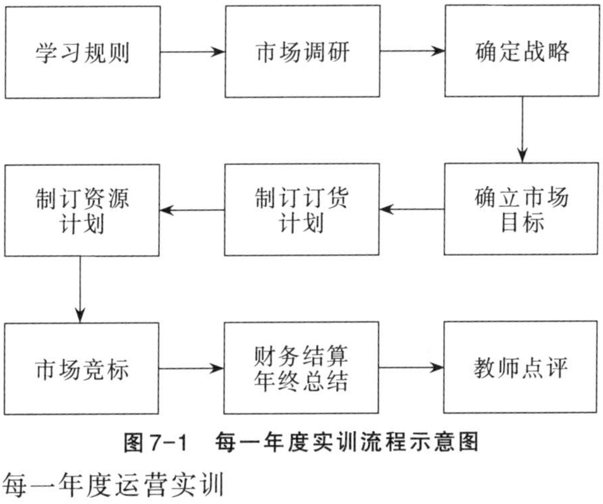

图7-1　每一年度实训流程示意图

2.战略营销沙盘每一年度运营实训

（1）申请购买收费的市场信息。各小组可向沙盘系统申请购买收费的市场信息。不购买收费市场信息的组可直接进入下一步骤。

（2）制定营销战略。各小组根据收集到的市场信息制定营销战略，再由各组市场调查部经理主持。

（3）招聘人员与渠道建设。各小组根据计划建设直销部、经销商，并招聘直销员、业务员与客服。

（4）产品生产与运营。各组填写生产计划，并在沙盘系统中进行产品生产与运输。

（5）填报竞标单。各组填写竞标单，以确定促销费用与产品价格。

（6）市场开标。系统展示年度各市场产品订单，各小组按竞标次序获取订单。

（7）直销交货。各小组按订单实施交货流程，并取得订货账款。

（8）经销商供货与销售情况。各组按营销计划为经销商供货，系统同步后得出分销价格，各组取得经销收入。

（9）年终结算与排名。各组支付年终各项费用，并核算当年净利润，最终按经营评分进行排名。

3.战略营销沙盘年度运营评价

指导教师根据各小组的沙盘实际操作步骤进行补充讲解，并纠正错误操作。

指导教师宣布年度运营结果，要求各小组市场调研部经理准备自我评价。

各小组市场调研部经理依次上讲台进行自我评价，归纳并总结在年度运营中的得失。指导教师在每组自我评价后进行简单点评。

四、实训成果

组长将上述用户研究报告等内容记录在Word文档中，形成实训报告。每一位同学提交一份实训心得，要求：

每组成员按自身角色定位撰写运营总结，撰写要点包括：

1.基本信息。你在团队中的角色是什么，这一角色的职能是什么，在运营流程中主要做哪些活动。

2.角色认识。你对你所承担的角色岗位有什么样的认知，在沙盘流程中所规定的角色职能和你对营销岗位的认知有没有区别。

3.运营工作。在历年运营周期中，你的主要任务是什么，你是如何规划的，实际的操作是否一致，最终对实际运营起了什么样的作用。

4.运营感悟。沙盘运营有没有加深你对营销运营及相关角色的认知。在运营过程中有没有产生策略上的失误，原因是什么，如何改进。你感觉最大的收获是什么。

五、实训评价

组长归总组内各成员的总结，并将每一年度的运营记录放在Word文档中，发送到指定邮箱或在线课程平台。

根据实训作业质量、小组表现进行考核，实训作业与课堂表现建议比例5：5。

考核以A、B、C、D、E五档等级制进行评价。

A：独立完成实训作业，实训总结能有效总结运营决策的收获与问题，并有深入思考，小组分工有序，正确地进行实训步骤并有优秀课堂表现。

B：独立完成实训作业，实训总结能较有效总结运营决策的收获与问题，并有对问题的较深入思考，小组分工与实训步骤正确有序、课堂表现良好。

C：独立完成实训作业，实训总结能总结运营决策的收获与问题，并有一定思考，小组分工与实训步骤出现较少错误，课堂表现一般。

D：实训报告完成度不足，实训总结尚能记录运营决策，满足基本要求。小组分工与实训步骤错误较多，课堂表现基本满足要求。

E：不能完成实训作业，小组分工与实训步骤混乱，课堂表现差。

六、资料来源

蒋定福. 市场营销沙盘模拟教程［M］. 北京：首都经济贸易大学出版社，2018.